オバマ

「黒人大統領」を 救世主と仰いだ アメリカ

越智道雄
Michio Ochi

明石書店

もくじ

序章

オバマ版・合衆国大統領心得

本書の狙い

本書では、第1章がバラック・オバマの少年期、第2〜4章が彼の異性との葛藤と結婚まで、第5〜6章が政治的人間への自己創出という具合に、主人公の「評伝」的要素が中心となる。従って、読者諸氏は感情移入が容易となるだろう。

オバマがアメリカの最高執政官（大統領）となって以後を描く第7章以降は、オバマがアメリカの多様な状況、アメリカ人の込み入ったマインドセットを映し出すプリズムや反射鏡の機能を果たすことになる。

アメリカ人のマインドセットでおそらく読者が驚かれるのは、「茶会派（ティーパティアーズ）」の心理で、ほとんどモンスターかゾンビを思わせる。モンスターの語源は「警告／前兆」なので、茶会派のような人間類型がアメリカに集団的に登場したことは、この覇権国家の自爆の「前兆」なのかどうか？

第9章は、茶会派と「2分の1混血児大統領」とが相互にプリズムとなって産みだされる「瘴気（しょうき）」を現実の事例で示したものである。「オバマが開いたパンドラの箱」こそ、この大統領がもたらしたアメリカの光と影では、後者（影）の典型であり、その「影」にこそ茶会派が深く関係している。目下、「影」による「光」の冒涜によって、世界はオバマを凡庸で優柔不断な第2級の大統領と勘違いし始めている。しかし、彼の政権が近い将来、「歴史の遠近法」の中に安置されるとき、「影」が濃ければ濃いほど、「光」が閃光を放つことを、世界は知るだろう。

この「瘴気」は、当然、奴隷制が白人の心理的汚泥(おでい)から立ちのぼらせた臭気ガスで、時代ごとに度合いも質も違う。最も激しい「瘴気」は、南北戦争前後と公民権運動前後だった。本書ではこれらに割く紙数がないが、主人公バラック・フセイン・オバマが立ちのぼらせる契機を作った、新たな「瘴気」の一端を、第9章で嗅ぎとって頂きたい。よくも悪くも、この「瘴気」こそが今日のアメリカの最先端を形成していると言えば、読者諸氏はにわかには得心が行かないのではないか?

第7章以降は一見、万華鏡に似てくるが、氾濫する多様性をひきまとめているのはあくまでオバマ自身である。従って、評伝より、アメリカの政治・社会・経済を「メガ文化」と見る角度が入ってくる。

第7章と第8章は、オバマが最高執政官として成就した「リーマン・ショック」からのアメリカ救出、「オバマケア」と愛称される国民皆健保、金融改革法（ドッド＝フランク法）の3つに絞って政治的力動の渦中から「メガ文化」のよじれを展望する。

以上の3つは、世界史的な流れでは、「脱魔術化(ディスエンチャーントマント)」と呼ばれてきた心理的・社会的傾向に属する（これを使いだしたマックス・ヴェーバーの用語は「エンツァウブルンク」）。これは、一般的には「近代化」と呼ばれてきた。しかしながら、「近代化」は「開明化」しか含意しない単純な用語で、「蒙昧化」にしがみつく人間心理の暗部を捉えていない。「脱魔術化」には、「開明化と蒙昧化の綱引き」が含意されている。「開明化／近代化」を「脱魔術化」で表せば、他方、「蒙昧化」は「再魔術化(リエンチャーントマント)」（アーネスト・ゲルナー）という新語で表せる。「脱魔術化」を峻拒、「再魔術化」にしがみつく茶会派の「瘴気」の謎は一挙に解明される。

第7、8章では、「開明化（オバマ）vs蒙昧化（茶会派）の綱引き」を、オバマ大統領が「開明化」の結実としようとした右記の3点を通して描く。さらには第11章では史上17人目の再選大統領となったオバマをさらに奈落に引きずり込もうとする茶会派と共和党右派の蠢動、第12章ではオバマが第2期政権の成果とすべく奮闘中の包括的移民法案、第13章では反温暖化法案をめぐる政権vs共和党右派の揉み合いを通して、例の綱引きを形象化する。

以上、第7、8、11、12、13、終章では、オバマの執政ぶりは政治的大渦に呑まれて細切れでしか描けない。他方、第10章は、最高執政官としてのオバマの姿が一貫して眺められる希有な例として、オサマ・ビンラディン作戦における彼の指揮ぶりを披露する。ここでは、最高司令官としての大統領の決断と、それが命令系統の最先端において実行される過程が一貫した見取り図を通して俯瞰できる。

序章と終章の前半（325頁まで）は、いわば、第7章以降の「主題の拡散」をなおもオバマ大統領個人に引き止めておく視点としてお読み頂きたい。いずれもホワイトハウスにおけるオバマの日常に焦点を合わせた。勝手を言わせて頂ければ、第7章以降を読まれる途中で、いま1度、序章をおさらいし、終章前半を先読みして下さると、オバマ「個人」と史上初の「2分の1混血児大統領」の「機能」とがうまく噛み合うかと思われる。

本書の主題は「現在進行形」なので、終章の後半は、脱稿以後の新展開を記す補遺となる。

「決断の回数を切り詰めないと持たない」

アメリカ史上最初の「2分の1混血児大統領」の日常とその心構えを、つぶさに紹介したマイクル・ルーイスの記事、「オバマの流儀」（『ヴァニティ・フェア』2012年10月号）は、大統領職に徹する日々の緊張を生活次元から描き出した、得難い資料である。

　ホワイトハウスでの日課では、妻ミシェルと2人の娘らが22時に就床後、オバマは未明の1時まで起きている。その間、議会TV（ESPN）を見るか、アイパッドのサーフィング、読書、時間帯が異なる外国元首への電話、原稿執筆などに費やしてから床に就く。午前7時にめざめるや、30分後には寝室上階にあるジムに現れ、8時半まで日によってルームランナーか重量挙げ、その後にシャワー、紺かグレイのスーツを身につける。そそくさと朝食（ちなみに、家族や招待客の飯代は、大統領が支払う。ホワイトハウス厨房の料理は結構なお値段。だから、節約のため、大統領居住区にはキチネットあり）。

　さて、その後、オバマは5種類の新聞に目を通すが、大半はすでにアイパッドでおさらいずみ。すぐさま、国家安全保障関連の報告を受ける（大統領就任早々は毎朝驚きのニュースだらけだったが、政権4年目だと驚くのは「月に1回」程度）。大統領一家の居住区がある中央部の建物2階からウエスト・ウィングの大統領執務室までは、70ヤード（65メートル弱）。この「通勤距離」が未明1時の就床を可能にしてくれるわけで、日々白髪が増えていく激職の、ほぼ唯一の埋め合わせとなる。

　ちなみに、初代の報道担当官、ロバート・ギブズは、目覚ましを4時半にセット、疲労が溜まるとその時刻に起きられたことがなかった。それでも6時には部署に就いていた（住まいからの「通勤」後である）。職務は深夜に及ぶ。日に18～20時間は、ほぼ全てのスタッフには常識で、気分は「7日間、毎日24時間」労働。政権半年目でギブズは、「マットにのびたヘヴィウエイト・ボクサーの気分だった」と言う。恒常的な睡眠不足は、運転禁止の酒量と同じ状態を引き起こす。リーマン・ショックと2つの戦争、オバマ健保への対処に追われたオバマのスタッフは、代々の大統領スタッフより厳しい日程が続いたが、ブッシュのスタッフも、「9／11」から2つの戦争、リーマン・ショックで、18～20時間を強いられた。

大統領執務室の机は、ケネディ大統領の長男ジョン＝ジョンが机下から顔を覗かせていた例のものである。この机をどけて別の机にしたのはジョンソン大統領で、ニクソンもフォードもそちらを使っていた。ジョンソンは、当時は閑職だった副大統領の自分に配慮してくれたケネディ大統領に感謝していた。しかし、弟のロバート・ケネディとは犬猿の仲だった。無名の教員養成大学出の彼は、アイヴィ・リーグ出の多いケネディ側近に対しても劣等感を抱いていた（拙著『ブッシュ家とケネディ家』朝日選書／『大統領選からアメリカを知るための57章』明石書店）。しかし、新たな執務机に録音装置をつけたのはジョンソンで、ニクソンはその録音装置をホワイトハウス全体に張りめぐらして、ウォーターゲイト事件となり、墓穴を掘った。

おそらくジョンソンは、録音装置によって大統領としての自身の生き生きとした息吹を記録に残したかったのだと思われる（なにしろ、「大統領としての息吹は、刻々に刻まれる『アメリカの歴史』なのだ」という昂りが当人にはある）。

しかし、ジョンソンのナイーヴな願いは、ヴェトナム戦争の泥沼化で叶わなかった。筆者は、ジョンソンが戦争の展開に懊悩のあまり、この執務机の向こうで椅子についたまま巨体を前のめりに顔が床につきそうなほど折り曲げ、机の蔭で大きな片手で顔を覆う異様な写真を見たことを忘れられない。大統領が追い込まれる窮地の究極の姿で、筆者にはそれ以上の懊悩の姿勢をとらざるをえなかったリンカーンの姿が重なり、いつの日かオバマがその異様な姿勢をとる幻影が消えないのである。

オバマは「大統領としての息吹の記録」というジョンソン案には同感ではあったが、政敵に「言質をとられる」ことを恐れて録音装置はＮＧとした。本書の第7～12章および終章で触れる、オバマ大統領を取り巻く異様な雰囲気から見れば、当然の措置だろう。

ケネディの執務机を大統領執務室に戻したのはカーターで、このことから逆にフォードが自分に大統領になるきっかけを作ってくれたニクスンにいかに気を遣っていたかが窺える（1960年の大統領選で自分を惜敗させたケネディに対するニクスンの憎悪はジョンスンを凌いでいたから、ケネディが使った執務机に戻すはずがなかった）。

報告や内輪の相談が乱れ飛び、外部の人間の公式訪問を受ける執務室は、芯が疲れる。オバマがホワイトハウス内で人目を避ける私室は別にある。大統領執務室の外には大きなパティオがあり、オバマはここで1人になるか、議会の要人らをここへ誘い出して、バスケットボールを軽く投げつけたりする（相手が憎たらしい共和党議員だと、本気でボールを叩きつけたいところだろうが）。ここはレーガンが造らせたというので、「レーガン・パティオ」と呼ばれ、レーガンがマーガレット・サッチャーとくつろぐ写真が残されている。ケネディ時代、殺風景な芝生だったこの一角に、ケネディが少しずつ木を植えさせ、カーター時点で野外卓が置かれ、レーガンに至って簡便な息抜きの場に模様変えされた。

以後の大統領は勝手にホワイトハウスをいじくると、批判を覚悟せざるをえなくなった。トニー・ブレアがブッシュ息子に贈ったチャーチルの胸像をオバマがキング師の胸像に取り替えただけで、ロムニーは2012年の大統領選では「私が必ずチャーチル胸像を元に戻す」と誓ってみせた。

さて、ルーイス記者は、エアフォース・ワンの長旅を利用、「30分だけ私が大統領になるゲイムをやらせて」とオバマにねだり、その形で「大統領の心構えを教えてほしい」と頼んだ。記者はこれを3回、大統領につき合わせた。オバマはまずこう「教えた」。「肝心な課題は、アメリカ国民がきみに投資した希望と夢を常に念頭に置くことだね。ブッシュはよく知らないが、クリントンはよく知っている。しかし、どちらの大統領も、その心構えで任務に取り組んだはずだ」と。

3回目は、細部にわたった。「運動は欠かせない。これ抜きには、いつかブレイクダウン（自己崩壊）してしまう」。オバマは、前述の毎朝1時間のジム以外にも、プロ級の、20歳も年下のバスケット選手を集めて本格的なプレイをやっている（第8章）。マウスピースを入れていないと、体がぶつかり合って前歯が折れる激しさ。日々の激務で褶曲（しゅうきょく）を起こす精神に、激しい運動で一時的に正気を回復する必死の手だてなのだ。

「それと、たいていの人なら1日中念頭を去らないくらいの大問題が日々起きてくる。そいつを心から削ぎ落とさないと自滅する。ぼくが毎日紺かグレイかしか着ないのに気づいただろ。決断の回数を切り詰めようとしてるのさ。何を食うか、何を着るかで決断などしてる余裕がない。他の決断事項が多すぎるんだ。決断毎にドッと消耗するので、肝心なことでの決断の余力を残しておかないと持たない。だから買い物はすごくこたえる」。買い物は実に漫然としたタイプの決断の連続で、おまけに各決断に要するパワーは半端ではすまないからだ。

「つまり、些事に気を向ける余裕がない。これは高くつくよ。ぶらぶらできないんだ。何かに驚くのがすごくむつかしくなる。思わぬ発見ができる瞬間も経験できない。何年も会っていない友人に、レストランでバッタリ出くわすってこともない。匿名でいられる人生の安心感と何かに驚けること――この2つが生活からなくなるってのは、残酷な状態だよ。きみはそれに適応しないといけない。ところが、適応なんかできゃしない。少なくとも、ぼくはだめだ」。

かりに筆者がオバマの立場に置かれれば、せめてその日何を食べるか、何を着るかの「些事」は「大きな気晴らし」になるだろう。それを自ら切り捨てるオバマは、その「気晴らし」が自身に「弱さ」を許す原因と見切っているのである。

ルーイス記者が不気味に思ったのは、何かが起こる度に、大統領が決断を迫られることで、しかもその何かが、たいていの場合、大統領を巻き込んで起こる点だった。毎朝目を通す5つの新聞にはたいていオバマの悪口が載っている。テレビをつけても同じ、いや新聞よりひどい。記者がそう言うと、オバマは首を振って、「ケイブルTVのニュースは見ない」と言った。特に右派のフォックスTVのオバマ攻撃は、正視に耐えない。

エアフォース・ワンの機上で側近がうっかりボスがテレビを見ないことを失念して、「議会TV（C-SPAN）」を見ているところへオバマが入ってきた。出演者がしたり顔で、ある件でオバマが下した決断の背景説明をやるのを見ていたオバマは、「へーエ、そうだったのか、知らなかった！」と首を振って出ていった。

オバマは、ルーイス記者に「大統領心得」としてこう諭（さと）した。「世間が『バラック・オバマ』と呼ぶキャラがいる。しかし、それはきみとは違う。これが分かったのは、大統領選だったね。この『別人』をぼくの意識から濾過しなくちゃいけない。でも、このおとぎの国で暮らしてると、あまり濾過できないんだよね」。

アメリカ人や世界中が、最も現実が集約された空間と思い込んでいるホワイトハウスやエアフォースワンが、実は正気の人間にとっては「おとぎの国」なのだ。ひっきりなしの決断を強いられること、しかも「正気の自分」が「世間がバラック・オバマと呼ぶキャラ」へと引き剥がされる。

さらには、右派のケイブルTVニュースは、日々、オバマを「お化け（ボーギーマン）」扱いしては、「キャラ」を途方もない形にねじ曲げる。今世紀半ば前にアメリカは有色人種が白人を数の上で凌駕する統計データが出て以来、右派には圧倒的に白人が結集した。「茶会派（ティー・パーティアーズ）」は、その最前衛である。

本書では、茶会派におもねる典型として幾度か言及されるニュート・ギングリッチで同党の「横紙破り」ぶり、つまり不道理ぶりを見ておいて頂きたい。2012年3月19日、オバマ政権は2日前に出た国連決議を踏まえて、リビヤのカダフィ政府軍に爆撃を断行した。それまでギングリッチは同年の共和党予備選での演説でも、「何をぐずぐずしてる。国連抜きでやれ」と急き立てていた。ところが、空爆の4日後、ギングリッチはテレビで「私ならリビヤ介入はやらなかった。ニュース・メディア目当ての大受けを狙っての介入だ」と非難した。ギングリッチの豹変は、ニュース・メディア自体の豹変と一致していた。民主党左派からも非難が渦巻いた。まさに「おとぎの国」である。

ルーイス記者が不気味に思ったもう1つの点は、大統領が日々対応しないといけない事柄の雑然たる多様性だ。催し物を祝う式典での祝辞、リーマン・ショックで瓦解寸前のウォールストリート救済の会議、前記のようにメディアが勝手に大統領の意図を分析して見せるギャップに気が遠くなる思いを味わい、オバマが提示した筋の通った提案（金持ちへの増税など）を共和党多数の連邦下院議会がオバマ提案だというだけで強硬に反対するのに耳を貸し、一転、戦死した兵士の両親と話し込む――これが1日に詰め込まれればたいへんだ。人間は感情の動物だが、以上の異質極まる幾つもの感情の谷間を1日のうちに飛び越えていかないといけない。その異質さゆえに消耗度は一層高まる。

もっとも、たいていの人々は、この雑然さを自身の勤務先の会議で経験ずみだ。筆者も教授会の執行部会議でそれと似たものを経験した。教授会にかける条項を、事前に検討しておく会議だが、これを国政レベルに置き換えれば、閣議に当たる。他方、教授会は議会に相当するから、執行部会議では各条項に対して噛みついてくる教授会員らの顔を念頭に置いて、想定質問をやる。だが、各条項は事務局によってあらかじめ「条項化」されているので、「雑然たる多様性」とは映らない。ルーイス記者は、編集会議は経験しても、この種の会議（編集会議）は「条項化」の度合いは少ないので、大統領執務室での会議が多数の事務局員がそろえた資料に基づいた、結構整然たるものであることを理解し難いきらいはある（拙著『なぜアメリカ大統領は戦争をしたがるのか？』アスキー新書）。

「おとぎの国」で正気を維持するには

昨今のメディアでは、自ら「キャラ」を演じて、深みのある自分自身をわざと「表面」だけに切り詰めるのが常態になっている。「渋み」というような、「裏面」と「表面」の長年の相互作用からしか生まれてこない立体感のある人格的な醸成作用は消えつつある（ちなみに、「シブミ」は英語に加えられているのだが）。若者ばかりか老人まで、「表面」を売りにする始末。

人間には「裏面」は不要だからと切り捨て、「表面」だけが実態だとする傾向は、言うまでもなくメディアのせいだ。メディアという「表面」だけが現実となる世界が、本来の現実を押し退けて、「仮想現実」を創り出したのである。つまり、本当の現実とわれわれの間にメディア（媒体）が介在すると、媒体が現実に取って代わる――これが「仮想現実」なのだ。アンディ・ウォーホルの成功は、この傾向の典型を自分の描く版画で「表面」だけの作品として体現させた点にある。これこそが、「ポストモダニズム」の基本構造である（拙著『アメリカ合衆国の異端児たち』日経プレミアシリーズ）。

これは正気の沙汰ではない。むろん、オバマも「表面」の輝きによって人気を得た。ところが、右記のように、彼はその状態を「おとぎの国」と呼び、切り捨てられかけた自分の「裏面」に固執することで、「世間がバラック・オバマと呼ぶキャラ」を「濾過」しようとする。

オバマの振舞いで一貫しているのは、感情を演技の道具にしないこと、つまり見せ場で演技としての感情を炸裂させ（典型がアドルフ・ヒトラー）、世論を露骨に誘導しないことである。

この「誘導」は、頻繁に「リーダーシップ」と勘違いされる。例えば、オバマが「国家債務上限引上げ」を第1期政権はもとより、第2期政権でも、共和党から阻まれている（前掲拙著『大統領選からアメリカを知るための57章』明石書店）。ビル・クリントンはこれに苛立（いらだ）ち、「憲法修正第14条では、大統領行政特権で国家債務上限引上げは認められている。私なら、この特権を行使する。裁判にかけるなら、かけてみるがいい」と力んだ。

「憲法修正第14条」は、いわゆる「再建憲法修正条項」、第13条〜第15条の１つで、元来、奴隷制廃止関連の修正条項である。最初の第13条の下院での強行採決は、スピルバーグの『リンカーン』（２０１２）で描かれる。その第14条が、なぜ「国家債務上限引上げ」の大統領行政権限に関係するのか？　元来、第14条以降は、リンカーンが暗殺されて以後に、ユリシーズ・グラント政権（共）下で成立、第14条は元奴隷の市民権保護、第15条は元奴隷の投票権保護が中心だった。

しかし、第14条は、資産としての奴隷を喪失した旧南部同盟諸州の債務に関わる条項を含んでいたために、債務全般にまで拡大解釈されてきた。まことに法律とは融通無碍ではないか！　以下、やや長くなるが、クリントン発言の趣旨を説明する。この説明は、同時に茶会派と彼らに牛耳られる共和党右派のゾンビぶりをいかんなく描出できる。

共和党下院は多数を頼みに「国家債務上限引上げ停止」の法案、「削減・上限・均衡法案（ＣＣＢＡ）」を、２０１１年7月19日に強行可決した。「停止」の具体策は、債務引上げには憲法修正と同等、つまり両院で３分の2以上の「圧倒的多数（スーパーマジョリティ）」の条件を賦与したことだった。むろん、茶会派は欣喜雀躍（きんきじゃくやく）した（国家債務引上げ停止でアメリカ合衆国政府が破産しようと知ったことではなかったのである！　彼らがゾンビたる所以）。民主党側は上院で迎え撃ち、民主党党首、ハリー・リードは「かつて合衆国上院に上程された法案では最悪の１つ」と切って捨て、２０１１年7月22日、51対46の僅差で法案を棚上げした。上院民主党の堅塁は突破できなかったが、かりにこれを突き破っていても、「ナッジ型」（第7章）のオバマはめったに抜かない伝家の宝刀、大統領拒否権を抜き放つ覚悟でいた。

さて、なぜクリントンが「第14条で国家債務上限引上げが認められている」と息巻いたのか？　オバマ政権の財務長官、ティモシー・ガイトナーは、「『国家債務上限設定』は第14条に照らして『違憲』であるばかりか、国債金利の支払いのみならず、社会保障その他の年金受給者への債務不履行の点でも『違憲』だ」と、てこでも引かなかった。さらには、「大統領には国家債務上限引上げの是非を一方的に断行できる権限があり、かりに連邦最高裁に共和党と茶会派が訴えても、最高裁は大統領の権限拡大を認めるか、訴状自体を却下する」という、専門家の意見も出た。

奴隷制支持者の末裔を多く含む茶会派と共和党右派のなりふり構わぬ攻撃に、オバマと民主党が奴隷制払拭の「再建期憲法修正条項」の1つを振りかざして撃ち返す光景は、何とも壮絶だ。とうてい21世紀に入って13年目とは思えない。日本で言えば、佐幕派の会津が未だに反封建制の最前衛となる薩長土肥に白虎隊で切りかかって、またしても玉砕する、白黒時代劇を思わせる。おまけに、共和党こそ１５０年前にはリンカーンの政党で、民主党は奴隷制の政党だったから、何をかいわんや。

さて、本題に戻る。面白いことに、オバマは自分のこの特性（感情を演技の道具にしないこと）を「大統領を演じる上でマイナスとなるぼくの諸点」の1つに数えている。「感情を演技の道具にしない」のではなく、「感情を演技の道具にでき
ない」というのだ。理由は、感情を演技すると、「ぼくが対応している人々を侮辱している気がする」と、彼は言うのである。つまり、とりも直さず、「侮辱」はオバマ自身に及ぶからだろう。ヒトラーが「感情を演技の道具にした」大前提は、彼の徹底した大衆蔑視にあった。そして、大半の民主国家にお

いても、政治家の多くが感情を演技の道具にして大衆操作をやるのは、大衆蔑視が前提になっている。

オバマはさらにこうも言う。「怒りを演技すれば、ぼくはアメリカ人を真剣に受け止めていないことになる」。つまり、自分自身を真剣に受け止めていないことになるからだ。「本来の自分らしさ（オーセンティシティ）を維持したほうが、アメリカ国民に対する奉仕が良質になる」と言うのである。

オバマが珍しく感情を露（あらわ）にしたのは、例えば銃規制案が共和党はもとより、自党議員の一部の造反（選挙区事情）で流れたことに怒ったときだった。

政治家に演技はつきものという今日の風潮の中では、珍しい部類に入る姿勢だろう。これは歴代大統領では、リンカーンにしかなかった資質だと言い切れる（ジョシュア・ウルフ・シェンク著『リンカーン――うつ病を糧に偉大さを鍛え上げた大統領』明石書店・拙訳）。ワシントンすらここまでは徹底していなかった。歴史家の間の評価では右の2人と上位を争うフランクリン・ローズヴェルトは、良家の御曹司の倨傲（きょごう）に満ちていた。

例えば、南北戦争について、北部側も南部側も「神はわが方に味方される」と言い張っていた。リンカーンにはこれが「手前勝手」としか思えなかった。リンカーンはこう考えていたからである。「人間には勝手に『神意はわれにあり』と言う資格はない。神意はあくまで神のものである。非は奴隷制に固執した南部にあり、反奴隷制の北部には必ずや神意が味方されるというのは傲慢だ。北部も奴隷制に対して手ぬるかった――神意はそれを咎めておられるかもしれないではないか」と。

従って、いつ果てるともしれない「大内乱」にうちのめされながら、リンカーンはこう見ていたのである。「南北双方の罪が清算されたとは、神は見定めておられない。だからこそ、戦乱に終わる兆しが見えないのだ」と。結果的に、大内乱の戦死者が南北双方で62万5０００人と、建国から今日までアメリカが戦争で失った兵士ら１３０余万の半数に迫った惨害を、リンカーンは独特な「神意」観によって納得しようとしていたのだろう。

だが、リンカーンはあくまで「聖書対自分」だけの信仰心で、特定宗派には距離を置いていた。南部の教会は60〜70万もの奴隷を資産として所有していたのである。

リンカーンの目が笑っているときですら深い悲しみをたたえていたことはよく知られている。オバマの目はそれほどではないが、筆者にはそこには常に覚めた表情が浮かんでいる気がしてならない。2009年9月9日、下院での演説でオバマ大統領が「私が実施する健保は不法移民に適用しない」と言って、オツムがパーの共和党議員から「嘘つけ!」と野次られた。このときも、大統領は怒気を発することなく、困惑の目つきになって「それは違う(イッツ・ナット・トゥルー)」と穏やかに言っただけだった。背後に控えた下院議長のナンシー・ペロシ、上院議長兼務の副大統領ジョー・バイデンのほうが、驚き、キッとなってその議員を睨みつけ、その後やっと首を振り、無知蒙昧を誇りとする手合いに出会ったとき、人が見せる、オバマと近い当惑の表情に戻った。

ハワイに残してきた白人の祖母の死を告げたとき、大統領の目にうっすらと涙が滲んだが、「覚めた感じ」は残っていた。あれこそが、彼の「本来の自分らしさ(オーセンティシティ)」がチラと顔を覗かせた瞬間なのかもしれない。祖母の死をあくまで「私事」の域に止めようとする強い意志の顕現である。彼女は、白人の祖母として混血の自分を育て上げてくれた、万感籠もらざるをえない存在だったのだが。

オバマが珍しく「私事」を口にしたのは、アトランタの伝統ある黒人大学、モアハウス・カレッジでの卒業式での演説においてだった(2013年5月20日)。息子を捨ててケニアへ帰ってしまった実父オバマ・シニアを、アメリカ黒人男性に多い、家族を見捨てる弊害と対比させ、強く黒人男性の家族への責任感の強化を卒業生や在校生に訴えたのである。「生涯、私はミシェルと2人の娘たちに対して、私の実父が実母と私に対して放棄した義務を果たす努力をしてきた」。そして実母を、「勇敢なシングルマザー」と讃えたのだ。〈もはや、積年の差別を言い訳に家族を捨てるな〉とクギを刺したのである。

「特に厄介だった日はここに来るんだ」

ルーイス記者が本当に聞きたかったのは、「大統領職にはあなたが現実に感じていることを容れる場がない以上、その感情を心のどこへ容れるのか?」ということだった。残念ながら、「記者が大統領になれる30分」は時間が尽きてしまったのである。それは、ずいぶん先でオバマが書き残す回顧録で回答がなされるだろう。

さて、ルーイス記者はその数日前、「大統領職が要求する感情の諸相の範囲と、オバマがその諸相を移動する速度」について質問していた。オバマはこう答えている。「いちばん肝心な課題の1つは、国民に対して自分の心を開いておくこと、自分が遂行していることの意味を確信し、その遂行がこちらを麻痺させるほどの凄味があってもへこたれないだけの自信を維持することだね。やるふりだけですませるのは、大統領にとっては大へまだが、かといってやるふりをしないと別な危険が待ち受けてもいるわけで」。記者が「それは残酷な話じゃないですか」と言うと、オバマは「そうだよ。その通りだ。だから時にはその残酷さを抱え込んで、その日の最後に吐き出すしかなくなる」と答えている。つまり、午前1時の就寝までに何とかして「吐き出す」わけだ。

「感情を演技の道具にできない」以上、史上最初の「黒人大統領」に対する一部白人の反発を追い風にしてきた共和党を説得する際にすら、オバマは「本来の自分らしさ」を繰り返し巻き返し営々と発揮する。「議会を脅してこちらの思いどおり動かすのは筋が通らない」と、彼は言う。この発言の中身は、ともに上流階級だった2人のローズヴェルト大統領、特にセオドアが得意とした手法で、「ブリー・プルピット」と呼ばれる。

ホワイトハウスを説教壇に使って、拒否権行使の脅しや世論を武器に議会を外側から威嚇するのだ。国家債務上限引上げをめぐって、共和党下院議員らのごり押しに耐え抜くオバマにクリントンがしびれを切らしての前述の発言も、柔軟な「ブリー・プルピット」行使の要請だった。

他方、ジョンスン大統領が幾多の成果を上げ得たのは、上院議員時代に議会のメカニズムに通暁(つうぎょう)し、その人脈を駆使して「細かい手数を打つ(マイクロマネジ)」ことができた結果だった。それについて、オバマは記者にこう言う。「しかし、当時は『茶会派』はいず、右派のケイブルTVニュースもなかった。もっとも共和党多数の今日の下院はかつて自分たちが唱えてきたことを、ぼくが唱え出しただけで強硬に反対、国益を損なうわけだから、共和党自ら自分で多大な犠牲を払っているんだけどね」。「共和党側が唱えてきたこと」の1つが、国民皆保険の要(かなめ)、「強制加盟(インディヴィデュアル・マンデイト)」（第8章）だった。ところが、これをオバマが唱え出しただけで、共和党は年来の主張をかなぐり捨てたばかりか、一転、狂ったように攻撃を始めたのである（共和党のご都合主義の豹変ぶりの一例は、すでにギングリッチで触れた）。

そこでオバマには、これしかない。「世論を醸成して、野党が反対できない枠組みを形成する。その際、特定使用の予算配分とか相手の身内を高官に任命する裏技は、今日日(きょうび)、使えっこない」。

スピルバーグの『リンカーン』は、奴隷を自由民に解放する「憲法修正第13条」の連邦下院通過に対して、リンカーンと国務長官のウィリアム・H・スーアドが、ロビイストを使って弱みを持つ北部民主党議員の買収に専念、辛うじて法案通過にこぎつけるドラマだった。奴隷解放宣言だけではその趣旨を法制化できないため、「第13条」通過は膨大な戦死者を日々量産している大内乱の犠牲を埋め合わせるためにも絶対命題だった。とはいえ、「買収」はいかに非常事態だったとはいえ、「今日日使えっこない裏技」である。

法案審議は議会が表舞台、ホワイトハウスは裏舞台だから、大統領には不満な議決が出た場合、拒否権を発動するドラマ以外、元来出る幕がない。下院で痛烈な鍔迫り合いが展開される最中、リンカーンが幼い息子とたわむれるしかない光景は象徴的だ。

スピルバーグがこの映画を制作した意図の1つが、オバマの再選にあったことは、映画の最後をリンカーンの再選就任演説（1865年3月4日）でしめくくったことからも透けてみえてくる。前記の「神意」についての見方は、この演説で開陳された。この40日後、4月14日、第16代大統領は暗殺されるが、唯一残された演説写真では、リンカーンの左背後のバルコニーの聴衆の中に暗殺者ジョン・ウィルクス・ブースの姿が写っている――暗殺時点同様、彼は大統領の背後にいて、2度目の就任演説の趣旨から暗殺を決意したのである。

さて、ルーイス記者がエアフォース・ワンで「1日だけ自由にできる日があったら、何をしたいか？」と聞くと、オバマは「考えたこともないが」と断って、ハワイ時代、祖父母の家が近かったワイキキ・ビーチで車を下りて、車のキーをタオルにくるみ、サーフボードを横抱きにして海へ入り、いい波が来るのを待ち受けたことを語り始めた。「ツイてれば、いい波は6つか7つ、よくない波もそれくらいある。ツイてれば、波を楽しんでから車に戻り、夕日が沈むのを眺めた」と答えた。

今ではそれは叶わないので、オバマは別な折り、記者を、大統領執務室と同じ卵型だが壁を黄色く塗った「イエロウ・オーヴァル・ルーム」へ連れていき、そこのバルコニーへ出て、「ここがホワイトハウスではいちばんいい場所だ」と言った。そこは「トルーマン・バルコニー」だ。ホワイトハウスを特徴づける巨大な柱廊玄関の太い円柱の間から、サウス・ローン、ジェファスン・メモーリアル、ワシントン記念碑などが見える（サウス・ローンは、ホワイトハウスをわれわれが庭園側から眺めた場合、手前のでかい楕円形芝生の向こう側に見える、やや小さめの円形芝生）。

「柱廊玄関」と書いたが、正確には、ホワイトハウスの庭園側は「裏」になる。欧米の大邸宅は、正面玄関は質素で、庭園がある裏側に贅を尽くす。ホワイトハウスの正面玄関は、何の変哲もない角柱造りになっている。

さて、このバルコニーは、65年前、トルーマン大統領が造らせたものだ。いや、造らせようとしてチェックすると、ホワイトハウス全体の石枠外装を内側から支えてきた木枠全体の腐食で倒壊の危険が出てきて、大統領は内部を削り取って鉄骨枠に変える大改造を命じたのである（この大改造の内部は、映画『エンド・オヴ・ホワイトハウス』（２０１３）に描かれる。同映画パンフレットの拙稿「『9／11』を凌ぐ中枢テロ」参照）。

「ここがホワイトハウスでいちばんいい場所だ」と繰り返した後、オバマはこう言い足した。「ミシェルと２人で夜ここへ来て、ただ座ってるんだ。ホワイトハウスの外へ出た気がかすかにするのはここだけだね。バブルから逃れて外に出たって気がする」。つまり、「おとぎの国」での「バブル」を逃れた気になれる唯一の場所だと言うのである。オバマ夫妻がホッとできるのは、ワシントン記念碑などの外界の眺めに加えて、このバルコニーがホワイトハウスでやっと一時的に「私人」に戻れる場所、２階の大統領居住区にあることにも起因している。

しかし、ルーイス記者には、これだけの才幹に恵まれた人物には、場所が狭すぎると思えた。記者が、「ここはちょっと居心地が悪いなあ。あなたには悪いけど」と言うと、大統領は笑って言った。「来たまえ」。大統領は記者を案内し、同じ居住区階にある「リンカーン・ベッドルーム」に招き入れた。「特に厄介だった日は、ここへ来るんだ」と言いながら、大統領は卓上を覆っていた緑のフェルト布をとると、手書きの原稿を指し示した。ゲティスバーグの演説草稿だった。

この演説は、リンカーンの署名が入り、１８６３年11月19日の日付と演説タイトルが書き込まれた唯一の草稿である。その日4時間前、オバマ大統領は、シリアで無辜（むこ）の民が政府軍によって殺されることから救出する手だてで頭を痛めていた。今彼は、その言葉に思いを籠めれば特別な威力を持つことを理解していた別な大統領、すなわちリンカーンの言葉を読んでいたのである。

この極めて短い演説の背景は、以下のとおりだった。すなわち、「建国宣言」（1776）の平等条項が奴隷制に関するかぎり、アメリカ史の巨大な「未完事項」となっていた。この現状の改変を完遂すべく、ペンシルヴェニア州南部の戦場で3155名の北軍兵士らが戦死した（南軍戦死者は4708名。3日間の戦闘で南北両軍合計7863名が死んだ）。この演説は当時としては、文飾が全くない異例の文面ゆえに、後世、散文の模範とされてきた。この演説は、これらの戦死者を葬る墓地の献呈式でなされたのである。3155名の戦死者こそ「未完事項の完遂」、すなわち「新たな自由の誕生」の動因だったこと、これこそが演説の趣旨で、有名な結辞、「人民の、人民による、人民のための政治云々」はあくまでその帰結である。

スピルバーグは、映画『リンカーン』冒頭で南部の白人兵士と北部の黒人兵士の、白兵戦による死闘を延々と描き、その後、戦場慰問に来たリンカーンに、黒人兵士の1人がそらんじていた例の結辞を口にしながら去っていく。この結辞を真先に口にする有資格者が黒人兵士だったのだ。

しかし、オバマ大統領がホワイトハウスで日々、巨大な「白人アメリカ」の反発に対処する心構えを自らに言い聞かせるのに役立つ第16代大統領の言葉は、以下のものだろう。「誰に対しても悪意を抱かず、誰に対しても慈善の心をもって、神がわれわれに見させて下さる正しいことを断固として信じ、未完の仕事を完遂しようではありませんか」。これこそは、リンカーンが再選後の就任演説で表明した結辞だった。スピルバーグも、映画をこの演説で結んでいるのである。

第1章

「ぼくが帰るべき故郷は『多元文化的アメリカ』だ」

「モリスンのベイビー」を買収してのけたユダヤ系弁護士

この章タイトルは、筆者が1990年代末、首都ワシントン郊外のアレグザンドリアの部屋数45という小体な洒落たホテルで会見したユダヤ系の若手弁護士、ピーター・グリンバーグの口から出た台詞だ。彼は、差押不動産買収専門の弁護士だった。

1980年代、米加豪NZ（ニュージーランド）など、多民族社会化した「英語圏新世界」諸国では、「多元文化主義」はバズ・ワード、つまり流行語だった。190を越える民族集団からなるアメリカは、その数だけの野菜でできた「民族のサラダボウル」で、その混成民族集団を「建国の父たち」（WASP、ケルト系プロテスタント、少数の仏系）が考え抜いて組み上げたアメリカ憲法その他が「統一的ドレッシング」としてつなぎ合わせている――それが「多元文化的アメリカ」だというのである。

それは「総人口の99％が日本人」という国で暮らしてきた者には、観念としてしか理解できないきらいがある。筆者はこの弁護士の言葉のおかげで、やっと多元文化主義を現実として分かった気がしたのである。

30代半ばを過ぎたばかりのグリンバーグは、筆者が泊まっていたそのモリスンズ・ホテルをWASPから買収したのだった。もっとも、モリスンはあのジョン・ウエインの本名（マリオン・ロバート・モリスン）と同じケルトの姓で、おまけにこちらのモリスンはカトリックではなくプロテスタント。だから厳密にはWASPではなかったのだが、「非アングロサクスン」のケルトでもプロテスタントなら「準WASP」扱いされる。例えば、クリントン元大統領は「スコッチ＝アイリッシュ」、彼の夫人ヒラリーはウエールズ系で、いずれもケルト、そしてプロテスタントだ。

「このちっちゃなホテルは、モリスンのベイビーだった。だから採算度外視で金を注ぎ込んで首が回らなくなった。それをユダヤ系とイタリア系に買い叩かれた。これ自体が多元文化的因果応報というものじゃないかね、え?」。

イタリア系とは、グリンバーグの相棒の差押物件専門の弁護士である。2人とも、配偶者はそれぞれ別の民族集団に属する「非WASP」で、彼の両親も宗旨が違っていた。「そういう育ち方をしてきた自分の帰っていくべき故郷は、『多元文化的なアメリカ』以外にありえない」──彼はそう言ったのだ。つまり、ユダヤ系のアメリカではなく、「多民族的アメリカ」が「故郷」だというのである──彼の子供が有色人種と結婚すれば、本格的な「マルタイレイシャル（多民族的）アメリカ人」が生まれてくる。そういう多民族的複合社会こそ、「自分の帰っていくべき故郷」だというのだ。

また、多元文化主義は、「非WASP」によるWASPの支配権奪取の戦いでもあった。だから、「モリスンのベイビー」を奪ったことを「多元文化的因果応報」だと言い切る不敵な台詞が、グリンバーグの口から出てきたのである。この台詞は、ともすれば単に「全ての民族が相互依存と相互活性化に励みましょう」という、生ぬるい考え方と勘違いされがちな多元文化主義を、ダイナミズムの次元から分からせてもくれた。

つまり、多元文化主義は、1960年代のカウンターカルチャーから派生した必然的な枝分かれであり、いずれも左派の「文化革命」だった。

ニクスン以降のアメリカでは、右派が巻き返す別の「文化革命」が起きて、「第二の南北戦争」とか「文化戦争（カルチャー・ウォー）」と呼ばれて久しい。オバマに敵対する「茶会派（ティパーティアーズ）」は、右派文化革命の2012年時点の最先端である。

そのくせ、このユダヤ系の弁護士は「モリスンズ・ホテル」の名は残したのだ。「戦勝記念碑だからね」と、彼は力んだ。その顔に薄笑いが浮かんでいたのは、「WASP風の小体で洒落たホテルは、ユダヤ系の姓を冠するより客がつき易い」現状を暗に示していた。

筆者はヴァージニア州政府観光局の招待でこの州を回っていたのだが、提出した取材項目の1つ、「生きた多元文化主義の現場を見たい」という要請に応えて州観光局側が、こういう粋な設定、つまり、「WASPのホテルを買収して、そのオーナーに納まった非WASP」を紹介してくれたのである——しかも筆者の宿舎を弁護士の「戦果」（モリスンズ・ホテル）にあてがい、その戦果の場での会見をセットアップしてくれたのだ。これだけでも、アメリカの多元化ぶりのほどが窺える。

ヴァージニアの竜頭蛇尾（アンタイクライマックス）

なお、招待してくれた当時の州知事（共）、ジョージ・アレンは長老派なので、スコットランド系の「準WASP」と思われるが、後に実母がスペイン・ユダヤと判明、実母の強い意思で一家はそれを隠してきたと知事は弁明した（とはいえ、「多元文化主義」のおかげで、アレン知事はすぐさま「ユダヤ系の血を誇りに思う」と発言）。

スペイン・ユダヤは「セファルディム」と呼ばれ、「アシュケナージム」、つまり「ドイツ・ユダヤ」と「ロシア・ユダヤ」という多数派に比べて世界に50万人か60万人くらいしかいない。今日のアラブと同じセム族で、旧約聖書に登場したユダヤ教徒の血筋だ。他方、アシュケナージムは民族系統がセム族とは異なるテュルク語系なので、いわば今日の大半のユダヤ系は旧約聖書のユダヤ教徒の地位を簒奪したことになる。

さらに、皮肉なのは、アレンは２００６年の中間選挙中、自州の連邦上院議員への再選をめざす演説で、民主党候補が送り込んだインド系の選対員を指さして「マカカ」呼ばわりする失言で味噌をつけた。マカカは『ライオン・キング』で使われてわれわれにもおなじみになった。アフリカに入植したフランス人が猿や黒人に対して使った蔑称である。当時のアレンは、08年の共和党の大統領候補の呼び声高く、06年の再選への挑戦は大統領選の前哨戦と見られ、おかげで失言後も民主党候補と接戦を続けた。しかし、結局はものの見ごとに敗退したのだ。２０１２年には、再び上院議席に挑んだが、06年よりも手ひどい敗北を喫した。実母の背景秘匿よりも、マカカが６年たっても祟ったのである。筆者としても、多元文化主義の視点からヴァージニアを探訪させてくれたアレン夫人のためにも、竜頭蛇尾の結果をマジで残念に思う。

さて、筆者がアメリカの多民族性を書く度に、日本では〈またか！〉という顔をされる。なにしろ、99％が日本人という異様な国なのだ――つまり、「日本ＷＡＳＰは99％」いるのである！「アメリカＷＡＳＰ」は、１７９０年の国勢調査時点ですらケルト系プロテスタント、つまりスコットランド系、スコッチ＝アイリッシュ（北アイルランド）、ウエールズ系を入れても２５０万人、総人口の62・５％、それが２１０年後の２０００年度国勢調査では12・９％にすぎなくなっていた（実数、３６５６万４４６５人）。それでも、ＷＡＳＰ風の名を持つホテル（モリスンズ・ホテル）のほうが客の入りがいいのだ。

99％である日本人はやたら「国際性」とか「国際化」を叫び、大学の学部名にもこれらの言葉が躍る。しかし、弁護士がホテル名を自分のユダヤ姓、グリンバーグに変えれば、直ちに「国際ホテル」化、ユダヤ系かせいぜい「ホワイト・エスニック」（カトリック白人）か有色人種しか泊まらなくなってしまう。そう、かつて白人専用ホテルに宿泊を拒まれた有色人種が泊まれたホテルこそ、「国際ホテル」と呼ばれたのだ。

ちなみに、「グリーン」ならＷＡＳＰ姓。ハリウッドがユダヤ系への隠微な差別を最初に描いた映画『紳士協定』（１９４７）では、主人公のＷＡＳＰ作家グリーン（グレゴリー・ペック）は「グリンバーグ」を名乗る。ユダヤ系への隠微な差別を取材すべく自らユダヤ系に化けるのである。

また、シアトルの「国際地区」は、アジア系の居住区なのだ。そして、ＷＡＳＰが「われわれの代では違うが、子供らの代では国際的になり、孫たちは国際人よ」と言えば、「子供らが非ＷＡＳＰか有色人種と結婚、孫にその新たな血が入る」ことを意味する。しかし、日本人の「国際化」は、白人への指向性というヴェクトルしか持たない。

という次第で、多元文化主義とは、（１）ＷＡＳＰから非ＷＡＳＰへ、または（２）白人から有色人種へのヴェクトル、すなわちマルタイレイシャル（多民族）化へのヴェクトル、このいずれかを持つと断定できる。

「アメリカ史の弧を覆す光景」

とはいえ、２００８年秋、ついに「マルタイレイシャルな合衆国大統領」が登場したとき、アメリカ人ですら「マルタイレイシャルという微妙さ」をすっとばして、オバマを「黒人大統領」に単純化してしまった。以下の挿話はその典型となるだろう。

『ワシントン・ポスト（ＷＰ）』は、トルーマン大統領からレーガンまで８代の大統領にホワイトハウス執事として仕えたアメリカ黒人、ユージーン・アレンのことを報道した。ホワイトハウスの主となったオバマが、就任宣誓式にそのアレンをゲストとして招待したのである。ＷＰは、アメリカの、いやアメリカ黒人の、長い道程を象徴する取り合わせとしてこのニュースを報道、アメリカ人の多くは、いや、辛酸をなめてきたアメリカ黒人すら、単純に感銘を受けた。

アレンは、65年暮らした糟糠の妻とオバマに投票と決めていた。ところが、大統領選の前日、妻は86歳で夫の脇で眠っているうちに死んだのである。その悲壮感を抱えたまま、また妻の遺体を残したまま、アレンは1人で「奇跡の候補者」に投票すべく家を出た。

みごと当選を果たしたオバマ側は、すでにホワイトハウスを辞めていたアレンと彼の息子と娘を就任宣誓式に正式に招待した。「それはアーメンと言うしかないな」――これがアレンの台詞だった。仕えた8人の大統領は、1人も彼を宣誓式に招待していなかったのだ。

その代わり彼を手なずけはした。フォード大統領夫人は、夫の誕生パーティでは「今夜はジーン（ユージーンの愛称）の誕生日でもあるのよ！」と言いふらし、レーガン夫人は彼と妻を、ドイツ首相ヘルムート・コールを招いた夫の公式晩餐会に招待した。

総じて民主党大統領より、共和党大統領のほうがアレンの手なずけ方に長けていたのは、ニクスン以降、共和党が差別的な南部白人を票田としていたことへの埋め合わせだった（この背景は、前掲拙著『大統領選からアメリカを知るための57章』明石書店参照）。なぜか？　南部白人は、奴隷や召使としての黒人との接し方に、北部白人より慣れていたからだ。南部白人の召使黒人のあしらい方から黒人のご機嫌とり手法を学んでいた共和党大統領たちは、アレンの琴線のくすぐり方を心得ていた（アレンの記憶に色濃い翳を残したのは、ニクスン、フォード、レーガンである）。

逆に、ケネディは、サミー・デイヴィス・ジュニアが白人妻を伴ってホワイトハウスのパーティに登場したとき愕然となり、顔が真っ赤に上気、パーティ場に配置された写真家らにこの「人種横断的カップル」を撮るなど指令を発した。これは、ケネディが差別的というより、「民主党は黒人贔屓だ」とする保守派白人からの反動的非難を恐れてのことだった。ところが、南部白人を票田に切り換えたニクスンは、彼らの怒りを気にする必要はなく、手もなくこの大歌手を懐に取り込み、ホワイトハウスの「リンカーン・ベッドルーム」に泊め、ヴェトナム戦争や黒人のビジネス・チャンスを語り合い（ニクスンが票田としての黒人優遇に本腰を入れたことは前掲拙著参照）、1972年の大統領選の共和党大会（マイアミ）では、大歌手はニクスンを衆人環視の前でハッグしてみせた。

さて、オバマの宣誓式では、『ワシントン・ポスト』記者が逐一、アレンの感動ぶりを伝えた。ホワイトハウス付きの海兵隊員に招待席へ案内された彼は、同じ招待席に、コリン・パウエル、ブッシュ父、カーターの姿を見かけて興奮した。

ちなみに、南部出の民主党大統領については、アレンはクリントンの思い出をまるで語らず、公民権法と投票権法に署名したジョンスンは複雑な性格ゆえにアレンも複雑な思いだったが、気さくなカーターには心底なじんでいた。この大統領は、アレンを、キャンプ・デイヴィッドに招待、食堂へ後から入ってきたカーターは、アレンの隣が空席なのを見て、「ここは誰の席かね、ジーン？」と聞き、「誰のでもありません、大統領閣下」と答えると、「結構、ならばジーンの隣に座ろう」と答えて、その通りにした。アレンは、なぜクリントン夫妻に全く触れないのか？　民主党大統領では如才なさでは抜群の彼が、なぜアレンの心を掴めなかったのか？

ある夕方、ホワイトハウスのキチンでアレンがふと顔を上げると、入口にポツンと人影が見えた。マーティン・ルーサー・キング・ジュニアだったのだ。さすがにこの公民権運動家は、ホワイトハウスの執事とメイドにどうしても会うと大統領に言い張ったのだった（相手はケネディかジョンスンのいずれか）。キングは、アレンのタキシードのカットを褒めたという。

ついに宣誓式に登壇したオバマにアレンは、「まさに私が投票した人物だ。いやあ！　見物（みもの）だね、ホント！　あそこに立つ彼の姿、いやはや、何物にも代えられないね」と叫んだ。そんなアレンとオバマを見比べて、『ワシントン・ポスト』記者は「アメリカ史の弧を覆す光景」と呼んだ。コロンビア映画は、このアレンの映画、『ザ・バトラー』を２０１３年８月に封切った――出てくるのはケネディ、ジョンスン、ニクスン、レーガンらで、オバマは登場しない。しかし、「アメリカ史の弧」を描くには、オバマの宣誓式の場面は欠かせまい。

その後、物語は虚構化され、長さの関係で大統領も５名に減らされ、虚実とり混ぜたものに変わった。主役を演じるフォレスト・ウィテカーは、さすがオスカー受賞者、演技上の核心をこう語った。「ホワイトハウスの外で公民権運動が荒れ狂っていた時期、アレンは、その興奮を押し隠して業務に励んだ。そこをどう演じるかだ」。映画の邦題は『大統領の執事の涙』、２０１４年２月封切。

『ワシントン・ポスト』の記事ゆえに、数百通のファンレターがアレン宛に舞い込み（遠くはスイスから）、伝記執筆の依頼、数十ものＴＶ出演依頼が来たが、彼は全て断った。アレンは、２０１０年３月31日、腎臓病のために90歳で身罷（みまか）ったが、その８日前（３月23日）、「茶会派」など差別的な右派白人におもねる共和党の熾烈な抵抗を退けてオバマ大統領が彼や心あるアメリカ人全ての「ベイビー」たる「オバマ健保」（第８章）に署名する姿だけは見届けての死だった。葬儀には数百名が押し寄せ、教会ではホワイトハウス式部官（海軍少将）が登壇、オバマ大統領の弔辞を代読した。歴史をホワイトハウス執事として舞台裏から見届け続けてきた黒人に対して、史上初めて最高位の政治舞台に立った黒人からの惜別の言葉だった。

だが、オバマは「黒人大統領」ではなく、「多民族的（マルティレイシャル）大統領」なのである。これは忘れてはならない重要なポイントだ。

祖父母――キャンザスからハワイへのオデュッセイア

オバマの最初の自伝、『父から受け継いだ夢』（1995）の冒頭では、実母の両親、つまりオバマの白人の祖父母がオバマの実父（ケニアのルオ族）をほとんど伝説か神話の人物のように受け入れていた様子が語られる。特に祖父は、ケニア人の婿の「自信」の深さを「それが成功の秘訣だ」と褒める。オバマの白人の祖父は自らの「自信」に引け目があり、他者の自信に惑わされる傾向があった。それゆえに、祖父は祖母との結婚を認められず、駆け落ちしたのである。

祖父母は、合衆国でも深南部に次いで差別的な一角、キャンザス州の出で、2人は駆け落ち後、紆余曲折を経て、最も非アメリカ的なアメリカ領土、ハワイへと辿り着いた。従って、祖父母がひとり娘とルオ族の留学生の結婚を認めた背景を、孫息子のオバマは祖父母の駆け落ちに絞り込むしかなかった。

当時、アメリカの半分の州において白人と黒人の結婚は、法律で禁じられていた（全米でこの悪法が撤廃されたのは1967年）。ただし、祖父母と実母が育ったキャンザス州は1887年に解禁。この州は自由州と奴隷州の境界州で、いったん奴隷州になり、一転、自由州になった歴史がある。

奴隷制廃止運動などアメリカの理念的側面は、ニューイングランド、つまりピューリタンの入植地からきた（詳細は、2008年のオバマ当選の文化史的背景を扱った拙著『誰がオバマを大統領に選んだのか』NTT出版参照）。

他方、キャンザス州と言えば、前述のように、1度は奴隷州、一転、自由州になったとはいえ、常に反黒人、反連邦の保守的風土の最北端に位置していた。ニューイングランドですら、娘が黒人と結婚すると言えば、おいそれと認めるわけにはいかなかったのに、オバマの祖母の母親、つまりオバマの曾祖母に至っては「南部同盟」唯一の大統領、ジェファスン・デイヴィスの又従姉妹（またいとこ）だったのである（大統領選候補になると、メディアはもとより、候補の選対が率先、専門家を雇って家族の系図を調べあげる。DNA鑑定が導入されて以後、かなり前の世代まで逆上れるようになった）。そのくせ、祖母にはチェロキーの血が混じっていた。祖父が孫（オバマ）にその事実を告げ、わざわざ祖母の横顔を見せたのも、祖父の想像力の狭さを感じさせはするが、彼としては背一杯、孫の黒人の血へと歩み寄ろうとしていたのだ。むろん、祖母の母親、オバマの曾祖母はジェファスン・デイヴィスの又従姉妹、と言われただけに、チェロキーの血を深く恥じて口外を禁じていた。

一概には言えないが、この祖父の家系がバプティスト、祖母の家系がメソディストだったことは、両者の性格差を表していた。つまり、祖父の放埒さ、祖母の手堅さである。直近の例では、ビル・クリントン（サザン・バプティスト）とヒラリー・ロダム・クリントン（メソディスト）がいる。サザン・バプティストでも、クリントンは副大統領アル・ゴアともどもリベラルだが、この宗派は近年まで超保守派に執行部を乗っ取られていた。いわゆる「キリスト教右派（クリスチャン・ライト）」としてレーガンやブッシュ息子を当選させた南部勢力の中核だったのである。

アメリカでは、田舎ほど、宗派は戸籍簿や市民権に匹敵する。他方、駆け落ちはそれらからの離脱だから、祖父はバプティズムを捨て去り、ハワイではユニタリアン・ユニヴァーサリスト教会へ通っていた。

ユニタリアンは、キリスト教を不可解なものにしてきた三位一体説を忌避、神格を「一位（1ペルソナ）」に統合したもので、ハーヴァードが拠点となり、前記のニューイングランドのリベラリズムに磨きをかける内的エンジンとなった。ユニタリアン・ユニヴァーサリスト教会を、祖父は「5つの宗教を一緒にしたようなもの」と受け止めていたから、宗教面で先に起きていた「多元文化主義」の一環だったと言える。

しかし、ここで祖母の手堅さが出た。彼女は、並列的に5つの宗教の混ぜ合わせという祖父の安易な考え方を否定したのである。文化は「違い」が基本で、多元文化主義は「文化的差異」を重視する。祖母は祖父の安直な混ぜ合わせを、「宗教は朝食のシリアル」とは違うと反論した。

とはいえ、キャンザスから祖父母が駆け落ちした原動力は、祖父の放埓さ、いや「直観的な人道主義」にあった（南部では、人道主義は社会と相いれない放埓さに貶められてしまう）。オバマ父子に入れ込んだ祖父の姿勢が付け焼き刃でなかったことは、以下の例でも分かる。ハワイに辿り着く前にテキサスで妻やひとり娘が遭遇した黒人やラティーノの学友への差別に祖父が激怒、特に黒人の娘とわが娘が仲よくしている場面をからかった生徒らの名を聞き出し、仕事を休んで校長に談判に行った。埒があかないと分かると、直接、生徒らの親に電話、逆に「あんたの娘の躾けが悪い」と非難されたのである。

つまり、こういうことだ。キャンザスに残れば、100％の差別主義者、そしてうだつの上がらない人生、ねじれた共同体の接着剤としての保守的な宗派との折り合いをつけることが「堅気」となる。それができないからこそ祖父は、西へ西へと流れた点では、アメリカ人にはおなじみの「西進衝動（ブッシュ＝オン）」だったが、その最果てのハワイでひとり娘がケニア人留学生と結婚（式はあげていない）と混血の孫息子を遺産として残してくれたのである。従って、祖父がアメリカ伝統の西進衝動に憑かれて、ついにはアメリカの西の最果てまで流れてきながら、保険の外交員で終わった、これならキャンザスにいても同じことだったという説も出てくる（ラリッサ・マクファーカー「調停者——オバマの由来」『ニューヨーカー』07年5月7日号）が、それは当たらない。祖父がオバマを孫として受け入れるには、キャンザスではなく、ハワイまで辿り着く必要があったのだ。

三界に家なき「ダブル・アウトサイダー」

この祖父母のことは、高校での黒人の学友レイですら、「すごい人だ」と言ってくれていた。さて、その祖父母が口論になった。理由が、銀行（祖母は高卒ながら何と副頭取）へ出勤のバス停で乞食から金をせびられて怖いから祖父に車で送ってくれと言ったからだった。と聞いても、オバマ少年にはピンと来なかった。しかし、祖父から祖母が恐れた乞食が黒人と聞いて、オバマ少年は「みぞおちを殴られた気がした」。祖父は、祖母が乞食が黒人だから怖がったことに腹を立てていたのである。

祖父の怒りは複雑だった。祖母は自分より収入が少ない祖父（保険外交員）に銀行への送り迎えをしてもらうことを遠慮、バス通勤に切り換えていた。にもかかわらず、バス停での出来事ゆえに再び送迎を夫に依頼したことにこそ、祖父の怒りは起因していた。つまり、祖母に引け目を覚えていた祖父は、祖母が黒人を怖がったことに怒りを転嫁したのである。

オバマ少年は、早くも身を建て直して、今日のオバマを思わせる対処法を思いついた。祖母の理由を批判しつつも、彼女の恐怖心はいずれ治まるから、今回は自分が送っていくと告げたのだ。祖父は、沈黙の後、「こんな話をしてすまない」と孫に詫びた。孫は、祖父の肩に手をかけて軽く励ました。また沈黙の後、祖父は気をとり直して立ち上がり、「自分が送っていく」と告げ、祖母と2人で出ていった。

祖父母に育てられる孫は、以下の理由で見る者に「もののあわれ」を感じさせ易い。これは日本の概念だが、子供はあの世で年をとって死んだ者がこの世へ赤子として生まれ変わり、老人はこの世で死ぬとあの世へ赤子として生まれ変わる。こうして永劫に輪廻を繰り返すのだ。従って、子供と老人はともにあの世との境界線の近くに位置していることになる。これに対して、壮年期の親は最もその境界線から離れた位置にあって、わが子をこの世の荒波へと送り出そうと、荒々しく躾ける。他方、祖父母はあの世への境界線が近い共通項を孫と共有しながら、わが孫をこの世の荒波へと送り出さなければならない。その切なさは計り知れないものがある。孫も切なさを敏感に感じとれるほどの者でなければ、その後の人生での十全な、偏りの少ない成功は見込めない。

だからこそ、駆け落ちしてまで自分たちの成功に賭けた祖父母は、「自分たちの捨てきれない希望を全て、〔孫の〕成功に注いでくれた」と、オバマは自伝に書いているのだ。しかし、半分は自分の同胞、つまり黒人であるバス停での乞食が、「未だに2人に新たな恐怖を与えうる」ことを、ひとり家に残った孫は苦く噛みしめたのである。

この苦さは、少年には噛み砕きかね、オバマは祖父の黒人の友人、フランクを訪ねる。フランクは偶然、キャンザスの祖父と80キロ離れたウイチタ郊外で育ち、ハワイで初めて知り合った仲だった。認められない詩人でもあるフランクは終始、椅子の背に凭れ、目を閉じたまま少年の悩みを聞き取った。フランクは、やはり目を閉じたまま、祖父を「基本的にはいい人間だ」と断ってからこう答えた。「私が彼を理解しているのと同じように、彼が私を理解するのは不可能なんだ」と。つまり、祖父はフランクの住まいではすやすや眠れるが、フランクには祖父の家で安眠できない。「どんなに疲れていても、気を抜けない。生き残るためには、油断できないんだ」と。それから目を開いたフランクは、こう告げた。「お祖母さんが黒人を恐れるのは、黒人が白人を嫌っていることが直観できるためなんだ」と。「黒人の血を半分持つ孫がいても、その『現実』は変わらないのだ」とも言い足した。

フランクは、そのまま眠り込んだ。車へ引き返すオバマの足元の地面は「いつ割れ目ができてもおかしくない」ほどぐらついていた。つまり、混血児は、黒人以上に「油断できない」のだ。人生の罠の数は混血の度合いだけ増える。

自伝では「フランク」としか書かれていないが、この人物はフランク・マーシャル、アメリカでは数少ない正規の共産党員、さらに当時は極めて珍しい「オープン・ゲイ」だった。

フランクの言葉は、混血児ならではの絶対的な孤独をむき出してみせた。黒人生徒と一緒になって「白人連中は」と言いだしたとたん、祖父母や母親の姿が浮かんでくる。オバマのこの内的ぶれを、後年、ニューヨークで知り合った白人ガールフレンド、ジェナヴィーヴ・クックは、いみじくも「ダブル・アウトサイダー」の心理と呼んだ。「人種と文化を横断する存在」という意味だった。このときもオバマは、「自分が詐欺師のような気がする」とジェナヴィーヴに告げている。黒人と違って、オバマ少年はフランク宅はもとより、祖父母宅でもすやすや眠れない、そして後述のように実にできた白人女性である、ジェナヴィーヴとの関係にも安住できない、三界に家なき存在ということになる（第2章）。

しかし、まだオバマは思い知ったわけではなかった。後年、ロサンジェルスのオクシデンタル大で彼は、「多民族的な美女」に「黒人学生協会」の集会への参加を誘って、拒否される。父親がイタリア系、母親がアフリカ系＆仏系＆ネイティヴ・アメリカン系の混血である彼女は、「どうしてこの中から1つだけ選ぶ必要があるのよ？」と泣きそうな声で切り返してきたのだ。「何でも肌の色の問題にするのは、黒人よ」と。筆者に言わせれば、この点（肌の色を問題にすること）では白人のほうが上を行っているのだが。

多民族系（マルタイレイシャル）が多いハワイでは、混血児を「ハパ（hapa）」と呼ぶ。それだけに本土に比べて混血児には多少は楽な風土だった。オバマは、本土ではオクシデンタル大の彼女に比べてまだしも肌の色に鈍感でいられたことになる。

高校時代、オバマ少年は、黒人文学を読みあさる（この中でラルフ・エリスンの『見えない人間』は、後にニューヨークでも繰り返し読むことになる／第3章）。自分の中の白人の血を呪ったマルカムXの勁烈（けいれつ）さについていけず、黒人の学友レイからは「どうやったら黒人になれるか、わざわざ本なんか読む必要ないさ」と一蹴されてしまう。オバマは思わず、「黒人になる真似」と口を滑らせて、レイからは「人ごとみたいに言うな」とクギを刺された。そのレイを、オバマは「場合によっては自分の敵に回る可能性のある要注意人物」と感じるのである。これは、2008年の大統領選で、ジェシ・ジャクスンを始め、幾多の公民権運動家が、「黒人に特化しない政策」を掲げるオバマに公然と反発したことの予兆だった。

オバマは、「黒人と白人の世界を行ったり来たりすることを学んだ」。とはいえ、黒人生徒のパーティに誘った白人生徒2名が初めてマイノリティの立場を体験、怯（ひる）みに怯んで中座を求め、連れ帰る車中で白人主流社会でマイノリティの立場の辛さを常時感じている黒人に同情を披瀝すると、オバマは2名を「その場で殴ってやりたかった」のである。

『招かれざる客』の主人公の再来としてのオバマ

自伝には書かれていないが、オクシデンタル大でのオバマ青年は「オーリオウ（Oreo）」と呼ばれていた。オーリオウはヴァニラクリームを挟んだ円形のチョコビスケットだから、チョコ色に挟まれた白というわけで、「白人のように振る舞い、考える黒人」を指す蔑称である。

外がチョコレート色、中身が白のビスケットの含意は、皮が黄色で中身が白い「バナナ」が「白人のようにしゃべり、考える黄色人種」を指すのと似ている。かくいう筆者は懸命に真似して磨きをかけてきた英語発音ゆえに、シドニーでの国際PEN大会でやらされたスピーチの後で、その前夜知り合っていたばかりのウガンダ作家から苦笑いとともに「バナナ」呼ばわりされた。1970年代終わりの話である。

オクシデンタル大はロサンジェルスの大学だけに、ブラック・パンサーやブラック・モズレムに与（くみ）する「黒人分離主義者」は学生間に多く、彼らは「多元文化主義者」のオバマを唾棄していた。とはいえ、双方の融和を図る学生はいて、ルイス・フックという、「アフリカ中心主義」の団体UJIMA（「集合活動と責任」）を率いる上級生が仲立ち役を務めた。「オバマは誰とでも適応できたから、こちらが彼を受け入れるかぎり、いい奴だったよ」と、フックは言っている。

とはいえ、本章冒頭で触れた「ぼくが帰るべき故郷は『多元文化的なアメリカ』だ」と言い切った、あのユダヤ系弁護士に比べれば、オバマはなんたる「ダブル・アウトサイダー」ぶりを強いられたことか！

しかし、筆者は、「黒人と白人の世界を行ったり来たりする」ことこそ、オバマの並外れた才能開発の原動力になったと確信している。黒人、白人を問わず、過剰なアイデンティティ固執は頑迷さと視野狭窄（きょうさく）の原因となってきた。本書では、オバマの「アイデンティティ綱渡り」が、一見、悲壮感をかきたてながらも才能開発に繋がる有利な側面をヒタと見据えてきたい。

その点の確証を1つ。オバマをハーヴァード・ロウ・スクールで教えたクリストファ・エドリー二世は、オバマを「自分自身との折り合いが極めてよかった」と言っている。「まるで血圧を自在に下げられる人間のように、異常なまでの冷静さ」があったというのである。別の友人に言わせると、こういうことだ。「誰に対しても、あんたはおれとつき会うには頭が悪すぎるって態度がまるでなかった」。官僚主義など、誰でも文句が言える欠点に対しても、オバマは批判よりも欠点の改善法を提示した。強いて言えば、医師の診断に似ていた。そう言えば、最初の自伝で断行したオバマ自身の内面に対する容赦も仮借もない「生体解剖」も、医師の診断を思わせるではないか！

その結果、彼は自分に対して以下の診断を下した。「生まれつき、ぼくは物事に本気で興奮しないタイプだ」。そして、正反対の人間類型として以下の例を挙げる。「極右のTVパーソナリティは陰謀史観論者というディーモンにとり憑かれている。経験上、人はおたがい知り合えば知り合うほど誰もが人間らしく見えてくるのに、彼らの場合、自分がディーモンでいたいから、いつまでもぼくをディーモンとしか見られない。おかげで自分や視聴者を二進も三進もいかない羽目に追い込み、現実の代わりに悪夢、妥協の代わりに不能を好む」。つまり、極右パースナリティは、陰謀史観というディーモンを「再魔術化」のエンジンに使っているわけだ。

他方、オバマは、自身の矛盾や葛藤ばかりか、社会の矛盾や葛藤まで、妥協させようとする。その結果、後述のイリノイ州基盤の連邦上院議員選挙（２００４年）では、実に共和党票を40％も獲得するに至るのだ（第6章）。

年配の読者諸氏は、映画『招かれざる客』（１９６７）でシドニー・ポワティエが演じた黒人医師ジョン・プレンティスこそオバマの登場を予告していたと感じられるのではないか。プレンティスは、名門医学部を擁するジョンズ・ホプキンズ大、ひいてはイェイル大を出て、「世界保健機関（ＷＨＯ）」から委託されてアフリカの疫病調査でノーベル賞にも値する成果を上げ、おまけにハワイ大学（！）を訪問中、サンフランシスコのリベラルな新聞王ドレイトン夫妻のひとり娘（むろん白人）ジョーイと恋に落ちる。オバマの母親はハワイ大学に学び、しかもひとり娘だった。

ジョーイは、両親にこう告げる。「彼ってそれは冷静で、何にでも自信があって、内側にどんな緊張も持っていないの」と。67年時点、黒人はもとより、白人にも黄色人種にも、こんな人間はいるはずがないと勘違いされていた。ところが、どうだ。彼女のプレンティス観は、以下のオバマ像とそっくりではないか。「まるで血圧を自在に下げられる人間のように、異常なまでの冷静さ」（エドリー）、「生まれつきぼくは物事に興奮しないタイプだ」（オバマ）、「自分に対して極めて折り合いがよかった」（エドリー）。

おまけにジョーイは両親にこう告げる。「私と彼の間に生まれた混血児たちは、大きくなったら合衆国大統領になって、彼らの政権はどれも混血閣僚で構成されるはずよ」と。彼女の両親は、父親が新聞発行者、母親が現代美術の画商である。後述するオバマの白人ガールフレンド、ジェナヴィーヴ・クックの母親は、インドネシア建築の美術面での専門家なのだ（第2章）。

あまりの相似形に気味が悪くなるではないか。映画の両親が娘の恋人が黒人と分かって衝撃を受ける光景も、1959年、オバマのケニア人の父親をひとり娘から紹介された彼女の両親（後にオバマの祖父母となる）が、娘婿となる黒人とぎごちないディナーをとった光景と重なり合う。

以上の暗合に気づいたアメリカ人は多く、ポワティエをオバマに描き変えたマンガを見かけた（新聞王の邸宅玄関に現れた黒人男性が、ポワティエではなく、オバマになっていたのだ）。この暗合を、08年の大統領選直前に最も精緻に書いてみせたのは、当時まだ『ニューヨーク・タイムズ』でオプエド欄に書いていたフランク・リッチだった。彼がユダヤ系リベラルであることは、シカゴのユダヤ系がオバマを押し立て、「ユダヤ系最初の大統領」と呼ぶに至る、後述の事実と照応する。

暗合はまだ続く。共和党員でありながら人種問題では極めてリベラルな裁定を下し続けた最高裁長官アール・ウォーレンの法廷が、映画と同年、「人種横断結婚」を違憲としたのである（前述のように、16の州でこの種の結婚は厳禁。従って、ハワイでなく南部諸州であれば、オバマの両親は結婚できなかった）。さらなる暗合は、同じ1967年、ケネディとジョンスン両政権で国務長官を務めたディーン・ラスクが、スタンファド大学生の実娘が、ジョージタウン大出で、NASA勤務の黒人男性と結婚することになって、ジョンスン大統領に辞任を申し出た。大統領は辞任を許さなかった。南部出ながら歴史的な公民権法と投票権法に署名した大統領の沽券（こけん）がかかっていたのである。

リッチは書いている。「大半のアメリカ人にとって、オバマはつい昨日、初めてディナーに来た気がする」と。映画『招かれざる客』の原題は、『今夜、誰がディナーに来るか分かる？（ゲス・フーズ・カミン・トゥ・ディナー）』なのだ。リッチは続ける。「万が一オバマが火曜日にホワイトハウスを勝ち取れば、歴史が仮借なく前進したことに対して多くが喝采し、少なからぬ者たちが泣くだろう」と。そしてリッチはこうも書いているのだ。「そしてわれわれは思い出すだろう。この国は深刻な窮地に落ちて、この黒人男性に助けを求めたが、それは彼がわれわれをその窮地から救い出してくれると期待するだけでなく、彼こそはわれわれを救出してくれる最強の指導者にみえたからなのだ、ということを」。ちなみに、「プレンティス」の語義は「徒弟」であり、当惑した白人がアメリカの舵取りという「下働き」を委ねるにふさわしい姓であるのも皮肉の至りと言える。

ただし、オバマは、白人女性との結婚を拒否し、黒人女性と結婚したのだが。

前記のエドリー教授は、オバマがここまでの深い冷静さを身につけた原因こそ、最初の自伝で自分を抉り抜いた「生体解剖」ゆえだと言うのである。たいていの政治家は、万策尽き果てたとき、例えば、筆者がアメリカの夜のフリーウエイで見た、ヘッドライトにすくみ上がり、あっと言う間にひき殺される鹿のように、自滅する。その政治家が日頃深々と自身を「生体解剖」して「備え」をしておけば、万策尽きたとしか思えない袋小路も実は脱出口や突破口だらけで、立ちすくみはしないですむ。

これはかなり一般的な才能開発法で、別にオバマ独自というわけではないのだが、歴代大統領ではオバマがリンカーンに似て、「備え」の懐が深々としている。リンカーンは自身の「大鬱病（メイン・ディプレッション）」との格闘ゆえに、懐が深くなった（ジョシュア・ウルフ・シェンク『リンカーン――うつ病を糧として偉大さを鍛え上げた大統領』明石書店・拙訳）。オバマは、両親の複雑な背景ゆえに、その只中での辛い自己調整ゆえに、懐が深くなったのである。

男性ならどなたも覚えがあると思うが、思春期にガールフレンドが定まらないと、つまり「ステディ」な相手が決まらないと、日本社会総体から拒否された気がする。

その記憶から思っても見られよ。オバマの白人の母親は、ケニア黒人の父親との間に彼を生んだ。母親とガールフレンドは、日本のような99%が日本人という異様な社会では、姑vs嫁としての水と油の異質性が強調される。しかし、アメリカのような多民族社会では、母親と妻が同一民族である場合の意味合いのほうが重要度が高い。

さらに言えば、オバマの祖父は、自分のひとり娘が息子であったらという未練から、自身の名、スタンリーを与えていた（祖母と娘は、後に女性名のアンを追加）。スタンリー・アン・ダナム――両性の名を持つ白人の実母の存在感は、オバマが生涯に1度会ったきりの黒人の実父の夢幻的な「不在」とオバマの内面で常に競り合っていたと思われる。

発掘されたジェナヴィーヴ・クックとの関係

さて、オバマは、自伝では「ニューヨークには愛した女性が1人いた」と簡単に記しているきりだが、ビル・クリントンの伝記でピュリッツァア賞を獲得したデイヴィッド・マラニスは、オバマとの会見で大統領から

「この女性は複数の実在白人女性を合体させた虚構的人物像だ」と認める言質を得た（45分の約束が倍の90分に達したこと自体、オバマが自身の白人ガールフレンドのその後の人生への悪影響を慮ったと同時に、自身の内面形成の最も微妙かつ誤解を生みかねない領域に深刻に配慮したことが窺える）。マラニスが入手していたのは、オクシデンタル大時代の白人ガールフレンド、アレックス・マクニアとの間で交わされた書簡、ニューヨーク時代に交際した白人女性ジェナヴィーヴ・クックの日記だった。マラニスは、後者に面会している。

一概には言えないものの、若くして日記をつけ出す者には、自身のアイデンティティを突き止めずんば止まずという傾向がある。オバマが自伝にあれだけの細部を盛り込めたのは、若い時期から記帳が始まっていた日記に負うところが多い。他方、ジェナヴィーヴの日記は高校時代の１９７５年の記帳開始だから、後述する彼女の実母が離婚、アメリカ上流ＷＡＳＰと再婚したことによる激変が契機になっていたと思われる。

なお、ジェナヴィーヴとの交際時期が重なる点で重要なのは、パキスタン留学生たちで、オバマが彼らに話した自身のめざす人生コースは、白人女性らが見て取ったオバマ青年の内面図とかなり共鳴している。

ジェナヴィーヴとの交際期間は、１９８３年のクリスマスから1年半。オバマはコロンビア大を出て半年、「ビジネス・インタナショナル（ＢＩ）」（１９５４創立）で企業への投資情報その他を提供する業務につき、家賃の高いアッパー・ウエストサイドに３寝室の部屋を借りるだけの収入を得ていたが、その暮らしに不満を抱いていた。

すでに１９８３年、「コミュニティ・オルグ」の仕事に照準を合わせており、ＢＩ社への就職は奨学金返済が目的だった。ＢＩは世界に人員を配置していたものの、総勢２５０名の小規模なコンサルタント会社で、すでに乗っ取られて存在しないが、当時の上司（女性）はオバマ青年は「他の同僚に比べて極めて老成、世故にも長けて、見かけはゆったりだが、内側はしっかり抑制がとれていて、あの年齢では稀な例だけれど、自分というものを掴んでいた」と語っている。

ジャカルタの暗合

オバマがすぐさまジェナヴィーヴのオーストラリア訛りに気づいたのは、実母とジャカルタに滞在した時期、多くのオーストラリア人の英語を耳にしていたからだった（オーストラリア英語は、流刑された下層階級の英語。「エイ」を「アイ」、「アイ」を「オイ」、「オウ」を「アウ」などと発音。いわゆるロンドン弁（コクニー）の系譜）。また、オーストラリアは、隣の大国インドネシアに政治経済はもとより、文化外交の手も深々と差し入れている。その一端は、スカルノ政権転覆の騒乱を背景に特派員、メル・ギブスンが活躍する映画『危険に生きる年』（1982。監督ピーター・ウィア／原作1978。クリストファ・コッシュ／拙著『オーストラリアを知るための58章』明石書店）。

それどころか、偶然、2人のジャカルタ滞在時期は重なっていたのである。オバマの実母がインドネシアの文化人類学的調査、ジェナヴィーヴの実母がインドネシア建築の調査に携わっていたのだ（ちなみに、ブッシュ政権が残した大不況からの合衆国経済救出に獅子奮迅の活躍をしてのけた後、オバマ政権の前財務長官を務めたティム・ガイトナーも、親の勤務の関係で、オバマと同時期、インドネシアに滞在）。

ジェナヴィーヴは、オバマより3歳年上だった。このことは、彼女が彼の実母の代替機能を有していたことを窺わせる（自身の人生を開発すべく、オバマは実母との事実上の決別を決意していた）。

ジェナヴィーヴの実父、マイクル・J・クックはオーストラリアの外交官（駐ヴェトナム大使など）、実母のヘレン・イビッスンはメルボルンの銀行家の令嬢、自身は建築美術史家だったが、娘が10歳のとき離婚した。その後ヘレンは、ワシントンの国立美術館法律顧問、フィリップ・C・ジェサップ二世と再婚した。義父の父親フィリップ・C・ジェサップ一世は外交官で、赤狩りのマッカーシー上院議員から国務省の容共主義者としてつるし上げられた。にもかかわらず、トルーマン大統領は彼を国連大使に任命（赤狩り派多数の上院で承認を阻まれ、大統領の非常措置での暫定任命）、後にケネディ大統領によってハーグの国際法廷判事（1961－70）に任命され、以後はジョージア大学法学部、自身の大学院の母校コロンビア大（オバマの母校）、ウエルズリー・カレッジ（ヒラリー・クリントンの母校）で教鞭をとった。

コネティカット州ノーファクのジェサップ一族のカントリー・ハウスの図書室には、義父の父フィリップ一世が代々の大統領と並んで写った写真が掲げられていた。オバマとの別離から数年後、ジェナヴィーヴは、エジプト人会計士と結婚するが、『ニューヨーク・タイムズ』（1988年10月23日）社交欄に出た告知によれば、結婚式（22日）は「コズモポリタン・クラブ」で挙げられている。この排他的クラブは、ニューヨーク市における上流ＷＡＳＰの牙城、アッパー・イーストサイドに1909年に作られた上流女性クラブで、エレナー・ローズヴェルト、長編小説『大地』（1931）を書いたパール・バック、文化人類学者マーガレット・ミードなどがメンバーだった。実母ヘレンがここのメンバーだったのだ。つまり、ジェサップ家は、代々のアメリカの上流ＷＡＳＰで、タウン・ハウス自体もアッパー・イーストサイドにあった（この地区については、拙著『ニューヨークからアメリカを知るための76章』明石書店参照）。

カントリー・ハウスに招かれたオバマに対して、ジェサップ夫妻は何のわだかまりもなく彼をもてなした。14エイカーもある敷地内には木立やせせらぎに加えて小振りな湖まであり、湖面に浮いた紅葉を分けてカヌーを進めながら、夫妻は周囲の地形の創成、氷河が削ぎあげた湖、先住民たちの歴史をオバマに語り聞かせてくれた。

ニューイングランドの紅葉の鮮烈さは比類がなく、オバマが以下の印象を抱く舞台装置となった。すなわち、オバマは自分とジェナヴィーヴの世界は「ケニアとドイツほどもかけ離れている」と感じた。「一緒に暮らせば、結局、自分は彼女の人生に合わせて生きるしかない。もっとも自分は、これまでの人生のほとんどをそうやって生きてきた。2人のうちでアウトサイダーとしての生き方を心得ているのはこちらのほうだ」とも。

「彼の距離感、油断のなさが怖い」

ところが、ジェナヴィーヴこそ、ジェサップ家に違和感を抱いていたのである。前述のように、同家のカントリーハウスの図書室には義理の祖父が大統領らと並んで写った写真が掲げられており、その厳粛さには彼女も違和感があった。後にマラニスから右記のオバマ側の違和感を指摘されたジェナヴィーヴは、オバマのほうこそ易々とアメリカ主流体制への違和感を乗り越えてホワイトハウス入りしたことに皮肉を感じることになる。

実母ヘレンが、美術史家の素養ゆえに違和感を感じていなかったのに（美術は上流WASP最大の資産）、ジェナヴィーヴはアメリカの上流WASPの社交界に入っていけないものを感じていた。だから、オバマと別れて以後、エジプト男性と結婚したのだ（この点が、有色人種と結婚したオバマの実母との類似）。

さらに言えば、建築美術家という専門職を持つ実母ヘレンには、文化人類学という専門職を持つオバマの実母との類縁性があった。自立した実母へのわだかまりという点で、ジェナヴィーヴとオバマには共通項があったのだ（オバマの場合、これに実母が白人である要素が加わった）。ジェナヴィーヴのこだわりは、彼女も、その妹と弟も、実父の姓クックを捨てなかった点に反映されていた。

この疎外感は「地球の反対側（アンティポード）」で生まれ育ったオーストラリア人の共通の特徴だが、かといって全てのオーストラリア人がイギリスやアメリカに溶け込めないわけではない。ルパート・マードックは、『ロンドン・

タイムズ』買収で対英コンプレックスを乗り越えると、自身の「世界一周メディア網建設計画」実現に重宝な覇権国家アメリカの中心、ニューヨークに拠点を置き続けている。ところが、父親のいびりに近い英才教育に反発した彼の長男ラクラン・マードックは後継者の地位を投げ出し、母国オーストラリアへ引きこもってしまった（拙著『大英帝国の異端児たち』日経プレミアシリーズ）。

しかし、ここではジェナヴィーヴが、オバマに白人女性との未来を閉ざす契機を与えてくれた点に絞ろう。何のわだかまりもみせずにオバマをもてなした彼女の義父と実母以上に、ジェナヴィーヴは実にできた女性だった。その彼女が、日記に残したオバマ青年像は、示唆に富んでいる。例えば、彼女がオバマ青年に「アイ・ラヴ・ユー」と言うと、彼は「サンキュー」と答えたのである。

これは、愛情交換のルールに反する回答だ（普通、「アイ・ラヴ・ユー、トゥー」か「ソー・ドゥ・アイ」と返す）。おそらく敏感な彼女は、オバマが白人女性との未来を閉ざそうと決意すべく、自分と交際していることに気づいたと思われる。それは、彼が男女両性の名（アン・スタンリー）を持つ実母の存在感を自身の人生から薄めることにも繋がっていた。自分の部屋でオバマがインドネシアの男性がつける長い腰布（サロン）姿だったのも、意図的だったとしか思えない。

この解釈は過剰な踏み込みと思われるだろうか？　後述するパキスタン留学生の1人は、オバマを指してこう言い切っているのである。「こと、自身のアイデンティティ構築についてこれほど慎重な人物は見たことがない」と。ジェナヴィーヴ自身、こう書いている。「まだ22歳なのにどうしてあんなに老成しているのかしら。彼の口許には苦笑とからかうような笑みが浮かんでいるというのに、彼の存在感（ゼアニス）……つまり、彼の距離感、距離感、距離感、そして油断のなさが怖い」と。

「油断のなさ」こそはまさに、祖父の黒人の友人フランクが、オバマ少年に告げた警告の言葉ではなかったか！

ジェナヴィーヴは、その懸念を口にしたらしい。彼は彼女にこう答えたのだ。「自分の柔らかい部分に輪を描いて、無垢や天性の弾力を感じる能力を守るため」と。これは極めて常識的な言葉で、筆者自身、未だにこの手で自身の劣化を食い止め続けている。オバマはありのままの内面構造を口にしただけなのだ。

だが、ジェナヴィーヴは、こう日記に記しているのである。「そうは言うけど、彼はその柔らかい部分を他人や私に見せまいと躍起になっているように思える」と。そして、「性的な熱気はあるけれど、それ以外は鋭い切れ味で、私は尻込み、そんな彼が腹立たしい。彼の熱気は私を騙している」とも。

それでもジェナヴィーヴには、そんなオバマこそがジェサップ家や実母からの逃避先だったのだ。とはいえ、彼女の懊悩（おうのう）は、とりも直さずオバマ青年の実に微妙な心の襞（ひだ）をみごとに探り当てている。「あなたは相手の手札を相手の手から抜き取っては注意深く精査するくせに、自分の肚の内はほとんど相手に見せないポーカーフェイスを貫く――それもこちらを武装解除するやり方で。私には感じで分かる――あなたが頭と心から丹念に全てを濾過していく強さを。その油断のなさが私には壁の断片、いいえ、ヴェイルに見えてしまう」と。

「彼の体には黒人の骨はほとんど入っていなかった」

この油断のなさの背後に、オバマが「飛ぼう」とするイカルスの機能を隠していることを、１９８４年初頭、ジェナヴィーヴは嗅ぎ取っていた。すでにオバマは公民権運動やカウンターカルチャーの戦術的劣化を百も承知で、しかもビジネス界での成功には無関心だった。２００８年にオバマ陣営の合言葉となる「チェインジ」は曖昧模糊たる対象ではあったが、実は公民権運動という、相も変わらぬ「黒人中心主義」すら戦術的劣化と見切る斬新さにあふれていた――つまり、公民権運動の団結主義、集団主義が、個々人の才能錬磨と責任感を曖昧化し、例えば黒人の大学への進学率は「アファーマティヴ・アクション（女性・マイノリティの進学・雇用・昇格・ビジネス契約の優遇措置）」のおかげで劇的に上昇してはいても、卒業率は最低で、競争力に劣ることが露呈、これが公民権運動という集団主義の弊害と見られ始めて久しかった。オバマの「チェインジ」は、黒人に特化すれば、「今こそ黒人は白人との単独での競合に耐え抜けるだけの個人主義を手札に切り換えるべきだ」と主張するものだったのである。

しかし、社会に「変革」を引き起こすためには「パワー」を得ることが大前提だった。政治的改革は、パワー抜きには絵に描いた餅である。ブルックリンのプロスペクト公園でマンガのスーパーヒーローを演じる男の子を、オバマとジェナヴィーヴが2人して見かけた。ホノルルでの少年時代そのヒーローに夢中になった記憶をオバマから聞いて、ジェナヴィーヴは「スーパーヒーローの人生を実地に生きる」ことがオバマ青年の個性の極めて強い原型であることを感じ取る。だが、オバマ青年は容易に内心を披瀝しようとはしなかった。

オバマはジェナヴィーヴに、この2年前、実母スタンリー・アンに彼女を養う役目から自分を解き放つと通告、相手が落ち込んだことを告げていた。ほぼ相前後して、ジェナヴィーヴも実母と義父の家を出ていた。象徴的なことに、ジェナヴィーヴは、相手が自分に依存し、自分が相手に依存することを、おたがいに忌避していると感じるのである。ジェサップ家のカントリー・ハウスに呼ばれたとき、オバマ自身、ジェナヴィーヴとの縁を続ければ、「彼女の人生に合わせて生きる」ことになると直観していたではないか。

哀切なのは、2人がよく行った例のプロスペクト公園でジェナヴィーヴがオバマに全力疾走を挑み、相手を打ち負かした場面である。彼は日に3マイル（5キロ弱）走っていたのだ。オバマとの駆け比べを、ジェナヴィーヴはこう記している。「私は疾走、体が異次元へと変形するのを感じた。彼を引き離すにつれて、自分の体が薄い平らな箱に変形し、正確に箱の隅から四肢が突き出し続けていた。ゴールの街灯を見据えて疾駆、背後で彼が『ぼくの負けだ!』と叫んだ。でも、私は勝てた気がしなかった。負けたバラックはまさかという感じで、その週末まで動揺が続いたからだ」。ジェナヴィーヴが勝てっこない競争を挑んだ動機は、縷々披露してきたように、彼女が相手に感じるもどかしさを一時的にせよ吹っ切ろうとしてのことだったろう。思いもかけず勝ってしまい、彼女は「気分はよくない」と相手に告げたが、すかさず彼は「たぶん男を打ち負かして悪い気がしてるんだろ」と答えた。

ジェナヴィーヴは、マラニスによれば、「バーラック」と、rを軽く巻き舌風に発音したが、それはオバマ当人の発音だった。

この全力疾走場面では、ヒラリー・クリントンですらオバマとの決戦に敗退した、あの2008年の運命の予備選が重ならずにはいない。

オバマが獄中の実父の夢を見る場面は、自伝に書かれている。書かれていないのは、彼がその夢を見た朝、「深刻な動揺を来した彼」をジェナヴィーヴが懸命に慰めたことだ。夢では、「実人生でオバマ二世が一度も一世の口から聞いたことがなかった台詞、『バーラック、いつも言いたかったのは、お前をどれほどいとしく思っているかということだ』と言われ、息子はその父をハッグして涙を流した」のである。

夢でしか聞けなかった実父の愛情表現は、その不在性においてオバマをアイデンティティ追求に駆り立てるもので、ジェナヴィーヴは鋭敏にもオバマを人種と文化両面で疎外された「ダブル・アウトサイダー」と見切るのである。「彼は黒人に見えはする。しかし、本当に黒人だったのか? 彼は時折、『自分が詐欺師のような気がする』と漏らした。それほど彼は白人だった。彼の体にはほとんど黒人の骨は入っていなかった」。

その年(1984年)の夏、彼女は気づいた——「黒人か白人かの両面価値を解決すべく、彼は黒人の道を行かざるをえないことがありありと見て取れた」のである。そして、交際の初期、相手から聞かされていた「思春期に思い描いた理想の女性」を探して、オバマは自分の人生に登場する娘たちとつきあってきたわけだ。しかし、ジェナヴィーヴは、〈自分はその範疇に入らない〉と感じたのである。なぜならば、その範疇に入る女性として彼女の「脳裏に浮かび続けた」のは、「非常に強く公正で、戦える、しかしよく笑え、経験を積んだ黒人女性」だったからだ。

ジェナヴィーヴは、大胆にも、また聡明にも、右記のことをオバマに告げた。「自分の先行きの道程が黒人女性との道行きにあるとする私の絶対的な確信に彼は非常に励まされた様子だった。もっとも、そういう一緒にいて心地よい黒人女性がいるかどうか、彼は首を傾げはしたが、私は『いいえ、彼女はあっちにいるわよ』と答え続けた」のである。これまた、哀切さではプロスペクト公園における疾走に引けをとるまい。

ジェナヴィーヴが自身にこう見切りをつけたように、オバマも自伝で「ニューヨークの白人ガールフレンド」との以下の絶縁場面を語っている。ある黒人劇作家の新作喜劇をオバマが彼女と見たのだが、当然、観客の大半は黒人ばかり、彼らは騒々しく大笑い、拍手喝采だったのに、見終わって彼女は「どうして黒人はあんなにしょっちゅう怒っているのか?」とオバマに聞いた。オバマは、「記憶さ。誰だってユダヤ系にどうしてホロコーストを覚えてるのか? なんて聞かないだろ」と答えた。彼女は「そうではない。怒りは袋小路だ」と答え、劇場の前で大喧嘩になった。車に戻ると、彼女は泣きだし、「私は黒人になれない。なれるものならなりたいけど、なれない。私は私でしかありえない。それでは不十分なのね?」と言った。

それが「不十分」であるらしいことは、例えば、ハリー・ベラフォンテの夫人は、公式の場に出るときは肌を黒く塗って出たことからも窺える。おそらく夫よりも、夫人自身が「黒人になる」べく切羽詰まったあげくに案出した戦略だったろう。

ところが、マラニスとの会見では、オバマはこの劇場前での場面はジェナヴィーヴ相手ではなく、別の白人女性相手だったと認めた。

ジェナヴィーヴとの関係は、正確には1985年5月23日、終わりを迎えたが、オバマの場合、いよいよイカルスの飛翔が始まる。1年間勤めたビジネス・インタナショナルは1984年12月に辞め、その半分強の給与で環境問題や学生援護のオルグに雇われる。だが、すでに地平線にはシカゴが浮かび出ていた——2年前の1983年4月29日、最初の黒人市長、ハロルド・ワシントンが劇的に登場していたのである。「合衆国公民権運動委員会（USCRC）」が、1959年、「アメリカで最も差別分離された都市」と決めつけたあのシカゴについに転機が訪れていたのだった。

オバマは給与が下がって3寝室の貸間は出て、ジェナヴィーヴの部屋に同居した。年金のつく仕事を求める彼女と口論になるなど、飛翔の助走段階に入った彼との間にできた齟齬（そご）が、この同居によって加速され始めた。そのくせ彼女は、クリスマスにハワイへ里帰りする相手に高価なセーターを買い与え、穴だらけの彼のセーターをもらい受ける。オバマが祖父から受け継いだ古いそれを身につけることを、ジェナヴィーヴは好んだのである。これまた、哀切極まる挿話だろう。つまり、混血の孫を彼なりの及び腰で愛した白人の祖父の逡巡を、非血縁のジェナヴィーヴがそのセーターを通してまとったのだから。

自伝ではオバマがケニアの異母妹オーマに、「彼女を押し退けた。喧嘩やり始めたもので」と告げているが、ジェナヴィーヴにしてみれば「私の理解では押し退けたのはこちらよ。同棲すれば消えると思った彼の自発性の欠落が結局は彼の疵（きず）みたいなものと分かったので」ということになる。1985年3月、別居、以後も週末に会っていたが、5月23日の日記に「バラックが私の人生から消える」と記した。交際の日記を読み返して、「私が求めていたような感情レベルの関係をバラックが抑制しているという意識が終始抜けなかった」ことを原因と見ている。これが、「自発性の欠落」である。オバマの「抑制」を、彼女は人の「感情に傷痕を残す癖（エモーショナル・スカーリング）」とも呼んでいる。そして、相手が彼女に夢中になれない以上、前述の「強い黒人女性」の登場を待つしかないと、日記を締めくくるのである。

コロンビア大学――「人種と階級が合体」するアメリカの知能中枢

自伝では、オバマはオクシデンタル大とコロンビア大の交換留学生プログラムに受かり、ニューヨークにやってきた当日（1981年8月25日）、貸間への鍵が間違っていて入れず、モーテル代がなかったので野宿、めざめて消火栓で体を洗っているホームレスの列に加わる。真夏だからこそできた荒技だった。

これはニューヨークから食らった最初のみごとな顔面パンチだったが、その部屋に同居した相手がサディクというパキスタン人だった。オバマは書いている。「ぼくはアメリカの人種と階級が合体している、ほとんど数学的な精緻さを掴み始めていた。それは部族戦争の結果である深刻さと獰猛さで、単に街頭にドッと溢れ出るばかりか、コロンビアのトイレの便座に座っていても壁の落書きにも、ユダヤ差別やその他の差別語がぶちまけられていたのだ」と。

多元文化度が高いハワイから本土の西端ロサンジェルスに来て初めて洗礼を受けた「部族戦争」は、つまり主に黒人ギャングとラティーノ・ギャングの内部抗争が黒人対ラティーノの「人種戦争」、いわゆる「黒茶戦争」に変質する直前だった（拙著『カリフォルニアからアメリカを知るための54章』明石書店）。しかし、ニューヨークでの「部族戦争」はギャング次元から学生次元での社会登攀競争にまで激化していたのである。

その登攀競争の最大の激戦地の１つこそ、コロンビア大学だった。ハーレムと隣り合わせたこの大学は、アメリカの文化人類学発祥の地だが、その講座を開設したユダヤ系のフランツ・ボアズはナチスを逃れてきた人物だった（『菊と刀』のルース・ベネディクトの師匠）。いや、支配人種ゲルマンに最高位を与えるナチスに対して、「未開部族、文明国民、どの文化にも優劣はない」と断じる文化人類学こそ、ナチスの「一元文化主義」に断固対抗する世界観、「多元文化主義（マルタイカルチュラリズム）」の原点だった。

ドイツ系ながらボアズの弟子、アルフレッド・L・クロウバーがカリフォルニア大バークリー校に文化人類学の講座を開設したように、スタンリー・アン・ダナムが在籍したハワイ大学へも講座開設が広がっていったのである（ボアズの弟子、トーマス・トルボット・ウォータマンがカリフォルニア大から１９２０年代、ハワイ大に移った。姓から見てユダヤ系の可能性あり）。なお、クロウバーこそ、あのアーシュラ・K・ル＝グウィンの実父だった（短編集『コンパス・ローズ』ちくま文庫・拙訳）。

また、パレスティナ人のエドワード・サイードも、コロンビア大で教鞭をとった（オバマは彼の科目を履修）。筆者は２００４年、彼の後継者と言える、インド系ウガンダ人マフムード・マムダーニの研究室を覗いた（彼の著書に『アメリカン・ジハード――連鎖するテロのルーツ』岩波書店・拙訳）。筆者がサイードのことを聞くと、マムダーニは身を乗り出して恩師の死を告げた。「プロフェッサー・サイード・イズ・デッド！」と一語一語区切って言ったのは、むろんこちらの無知を信じられない思いからだったろう（逝去は前年の２００３年9月25日）。それだけに、彼にとって恩師の価値の深さが推し量られた。マムダーニはアフリカから帰ってきたばかりで、古びた室内には調査先から郵便小包で送った資料の山ができていた（それまで筆者が見てきたアメリカやオーストラリアの諸大学の研究室ではいちばん広々として天井が高かったのだが、それでも狭く見えるほど）。彼と「学食」へ行っても、アジアか中東の大学の雰囲気だった。マムダーニがおごってくれたのは、カレーだった。

ちなみに、彼の妻は映画監督ミラ・ナイールで、彼女が造った『虚栄の市』が封切られたばかりだった。19世紀の大英帝国の貴族機構を色仕掛けでのしあがっていく貧しいイギリス女性ベッキー・シャープをヒロインとするサッカリーの原作小説（1847－48）では、ナイールの母国インドが言及される。英人将校ドビンの赴任先、すなわちイギリス植民地時代のインドが出てくるのだ。ナイールは、『虚栄の市』をインドのアングルから描き直したのである。

旧植民地側から旧宗主国イギリスを描き直す傾向は、ディケンズの『大いなる遺産』（1961）を、オーストラリアに流された流刑囚側から描き直したピーター・ケアリーの『ジャック・マッグズ』（1997）がある。これは、サイードが唱えた「オリエンタリズム」や「ポスト・コロニアリズム」の大きな流れの一環で、「多元文化主義」の大河へと流れ込む大きな支流だった。

おびただしい後発移民が激しく競合するアメリカ最大の都市ニューヨーク、その知的中枢コロンビア大学、そこでオバマが所属したコロンビア・カレッジ（政治科学科）には、後にオバマが「チェインジ」実現の手段として求める「パワー」の現場にいた教授陣がいた。その典型が、カーター政権の国家安全保障アドヴァイザーとして辣腕を振るったズビニュー・ブレジンスキー（ポーランド系）、国連大使ザルメイ・カリルザド（アフガニスタン系）だった。マムダーニの著書では、ブレジンスキーが糸口をつけ、レーガン政権下のCIAがアフガニスタンへのソ連侵攻軍に対抗すべく編制した「ムジャヒディーン」にオサマ・ビンラディンがいた事実が暴露されている（つまり、最初、このテロリストは親米だったのだ！）。この因縁に加えて、2011年5月2日にはオバマが大統領としてそのビンラディンをパキスタンで仕留める。また、ブレジンスキーは、オバマ大統領の智慧袋では別格的な存在でもある。

オバマが手さぐりした才能開発と人生登攀競争の要諦

前述のように、オバマにはパキスタン人留学生らとの因縁もあった。その舞台までコロンビア大だったのである。この留学生らとオバマの「移動祝祭」（ヘミングウェイが自作につけた題名）、つまり各自の部屋（河岸）を変えての酒席談論には、あのジェナヴィーヴ・クックもつき合っていた。パキスタン留学生の中には、オクシデンタル大からの編入生が多かったし、彼らはオバマと示し合わせて編入試験に臨んだことが窺える。編入前からオバマは、彼らの母国で自宅に滞在する仲だった。パキスタン留学生らは、今日の中国人留学生同様（拙著『覇権国家アメリカの「新・中国封じ込め政策」の全貌』李白社／発売ビジネス社）、母国では特権階級の子弟である。例えばシーア派とスンニ派の家系同士でも、欧米化によって、少なくとも出先でいがみ合うことはなかった。

中でもコロンビア・ロウ・スクールの院生、ミール・マーブーブ・マフムードは、前述の文通相手の白人女子学生、オクシデンタル大のアレックス・マクニアとともに、オバマの「イカルス的飛翔」の方向を示唆する重要な糸口を残している。

アレックス・マクニア自身は、ジェナヴィーヴほどの穿ったオバマ観は出せず、むしろ彼女宛に出したオバマの手紙こそ糸口になる。

後先になるが、ジェナヴィーヴは、スウォースモア大（ペンシルヴェニア州）という、アメリカ独特の大学形態、リベラル・アーツの有名大学を出ていた。

アレックス宛の手紙で22歳のオバマは、これらのパキスタン学生らが挙(こぞ)って大金が掴めるビジネス界をめざし、ハワイの名門高校である母校プナホウの卒業生らも主流化に熱心だと書いている（この名門高校へは、祖父が保険会社の上司の口利きで孫を入れたのである。パットン戦車軍団で戦った祖父は、GI奨学金で大学入りした戦友仲間にはなぜか入っておらず、孫息子に社会登攀競争を託したのだ）。続けてオバマはこう書いている。「この2つのグループに対しては羨望を禁じえないが、自分を支えてくれる階級、組織、伝統もないぼくとしては、別の道を選ぶしかない」と。不在のケニア人の父、自身の専門職に熱心な、多元文化的人生を送る南部白人の母、あの祖父母ですら、これら3つを提供してくれなかった。そしてさらに以下の驚嘆すべき結論が来る。「疎外感を和らげる唯一の方法はあらゆる階級の伝統の全てを吸収、それらをわがものとし、同時にぼく自身をそれらの一部とするしかない」と。つまり、あらゆる分裂の上に浮かび出るしか自分の浮かぶ瀬はないというのだ。

筆者自身、学生に説いてきた才能開発の要諦は、オバマの手口と響き合う。すなわち、（1）自分が籍を置いている集団のらせん状の上昇運動に巻き込まれず、その集団から自在に出たり入ったりすること、（2）所属集団以外に最低3つは別の集団に関与、同じくそれら内部でのらせん状の上昇運動を横目にやり過ごして出たり入ったりを反復（このおかげで所属集団によって視界を遮られずにすむ）、（3）それら4つの集団と等距離の虚空に自らを宙吊りにし、4集団の監視と、それらからの養分の吸収に専念すること、だった。追加事項としては、（4）「同年集団（ピア・グループ）」に合わせて、自らの個性を磨耗させないこと、である。この（4）は、各集団内での競合関係を横目でやり過ごすことで、各集団内で荒れ狂うらせん状の上昇運動を無視することに繋がる。

ちなみに、後で知って驚いたのだが、以上はユダヤ系の才能開発の要諦でもあった。ユダヤ系の親たちは、わが子の個性磨耗を恐れて、「同年集団」を遠ざけるか、せめてわが子の役に立ちそうな「ピア」だけを選別する（拙著『新ユダヤ成功の哲学』ビジネス社）。

さて、オバマは、アレックスにこう書いた。「特定の階級、組織、伝統——これら3つは、どれもバラバラには受け取れないし、かりにそうしたところで長持ちはしない」と。つまり、ジェナヴィーヴと一緒にジェサップ家の、つまり上流WASPの階級・組織・伝統に潜入するとしても、「長持ちはしない」というのである。

いや、オバマはまだ進路が掴めていなかった。アレックスに伝えたところでは、卒業後、インドネシアかハワイに帰り、「他者と繋がり、他の勢力と繋がって、彼らの問題をぼくのものとし、ぼくの問題を彼らの問題とする」と書き送り、事実、かつて4年間暮らしたインドネシアに戻ってみて、「繋がる」ことにしくじるのである。理由は、オバマが実母とその再婚相手のインドネシア男性ロロ・ソエトロと暮らしたのはスカルノ政権時代、再訪した時期は彼の政権転覆（1965年）以後のスハルト政権時代だったからだ。

触媒としてのパキスタン留学生たち

他方、マフムードから見て、オバマのパキスタン留学生らとの交遊は、アメリカへの落下傘降下に踏み切る前の国際的座標軸構築の戯れという次元だった。オバマは、1981年にはオクシデンタル大とコロンビア大で同窓のパキスタン青年らの母国や一族が進出していたシンガポールなどを訪れていた（無一文だから、少なくとも宿と食事はパキスタン留学生の親に提供してもらったと思われる）。シンガポールに対しては、「海に囲まれた広大なスーパーマーケット。合衆国、日本、香港、その他東南アジアのさまざまなエリート一族のビジネスの場で、全てが売り買いされながら、無意識の満足感は得られる辻褄の合わない場所」という印象を記している。

つまり、シンガポールに託してアメリカでのビジネス活動への空疎感が表明されている。ただ、パキスタンへの印象には、ケニアの実父の家系にイスラム教徒がいたこととの関連が影を落としていた。当時のパキスタンは、イスラミストの独裁者ジアーアルハークの支配下にあった（1978–88）。にもかかわらず、オバマが招かれた学友らの親の邸宅では激烈な政治論議や宗教論が戦わされていたのだ。

ある意味で30年後、オバマが仕留めることになるビンラディンも（第10章）、母国イエーメンや第2の母国サウディアラビアを超越（一説には後者が生国）、テロリストという神出鬼没の「国際人」だったと言える（だから「異形の異邦人」としてパキスタンに匿われていたわけだ）。さらに言えば祖国ウガンダ（祖父がインドから移住）を捨ててコロンビア大で教鞭をとるマムダーニもまた、祖国パレスティナを捨ててコロンビア大の重鎮となった師匠サイードの顰（ひそ）みに倣う国際人であるわけだ。

国際ビジネス網はマフムード青年には現実感があったし、彼やパキスタン留学生と交際していたオバマにもある程度は自身の選択肢として視野に入っていた時期があっただろう。少なくとも、マフムードはそう感じていた。

ところが、ジェナヴィーヴがオバマと自分が同時にたがいに離れようとしているのに気づいた時期、彼女はオバマがパキスタン留学生仲間からも離れようとする気配を察知していた。そして、マフムードもそれに気づいていたのである。前述の「こと、自身のアイデンティティ構築について、これほど慎重な人物は見たことがない」という感嘆は、作家マラニスに対してこのマフムードがオバマの究極の印象として口にしたものだった。彼はマラニスにこう続けている。「あれは彼にとって重大な時期だった。最初のシフトは国際人からアメリカ人へ、次のシフトは白人から黒人へだった」。そして、後者こそ「最大のシフト」だった。なぜならマフムードによれば、「彼には黒人の友人は決して多くはなかった」のである。コロンビア大はハーレムに隣接していたにもかかわらず、だ。

オクシデンタル大時代の「オーリオウ」から「国際人」への志向はパキスタン学生らとの交遊で試された上で押し退けられた。そして、白人及び白人女性への志向はジェナヴィーヴで試されてから押し退けられた。

『見えない人間』に先取りされていたオバマ

さて、マフムードは、もう1つ、この時期のオバマについて興味深い事実を報告している。前述の黒人作家、ラルフ・エリスンの『見えない人間』（1952）を手垢がつくまで繰り返し読んでいたというのである。この小説は、すでにハワイの高校時代に読んでいたのに、なぜこの時期にこれほど詳しく再読したのか？　むろん、この時期、オバマは「人生の一回性」に深く思いを入れ、幾つかの選択肢から一筋の道程に絞り込む必要に迫られていた。マフムードによれば、オバマがエリスンの代表作を繰り返し読んでいた期間は2、3カ月で、読んでいたのは「アメリカは何本もの縒り糸で織られていて、ぼくはそれらを識別はするが、そのままにしておく。この国の大いなる真実は『勝者は何も得られない』ということだ。人生は生きられなければならないのであって、コントロールされるべきではない。人類は、確実な敗北に立ち向かって活動を続けることによってのみ勝利を得るのだ」という箇所だったというのである。

この後でマフムードは、マラニスに対して前述の「こと、自身のアイデンティティ構築についてこれほど慎重な人物は見たことがない」、次いで「国際人でなくアメリカ人、白人ではなく黒人へのシフト」というオバマ観を披露したのだった。

「何本もの縒り糸」は、明らかに多民族社会を指し、それらを「識別はするが、そのままにしておく」とは以下の認識を指していた。すなわち、白人の「ヨーロッパ中心主義」、それに真っ向から立ち向かう黒人の「アフリカ中心主義」も、煎じ詰めれば自分らの「縒り糸」だけ抜き出して太らせる「一元文化主義（モノカルチュラリズム）」にすぎず、多民族社会の利点を自ら否定し、必然的に自滅の道を辿るという認識である。多民族社会は、単数の縒り糸によって「コントロールされるべきではなく」、その多様性の受容によって「生きられなければならない」。

では、「確実な敗北によってのみ勝利を得る」とは？　この含意は、一元文化主義の「敗北」によってのみ、多元文化主義の「勝利」が得られる――これ以外にありえないではないか。

『見えない人間』の主人公は、白人の建物の地下室で白人の電気を盗み、皓々（こうこう）たる照明の下で過去を語る「名のない黒人」に設定されており、ドストエフスキーの『地下生活者の手記』（１８６４）の意匠を借りて書かれたという。

このロシア近代化以前の大作家は、18世紀半ばに世界で最初の産業革命を遂げて日の出の勢いの大英帝国、一方、産業革命の伝播が１００年は遅れ、いや明治維新によって急激な欧化を遂げた日本にすら後れをとった祖国の現状を深刻に懊悩する視点で、この作品を書いたのである。作家の死後14年、ロシアは日露戦争で日本にすら敗退する。世界中からロンドンの万博会場、「水晶宮」に押し寄せ、機械文明の精髄に見とれ賛仰する人々の姿に、作家は「彼らは『これこそついに達成されてしまった理想ではあるまいか！』と思い込んでいる」と書き、「これに対抗するには膨大な量の否定精神が要る」と危機感を吐露した（『夏象冬記』１８６３）。この「吐露」の翌年書かれた『手記』の中では「水晶宮」が執拗に抵抗（「否定精神」）の標的として繰り返し語り手の脳裏に現れる（詳細は拙著『幻想の郊外――反都市論』第８話・青土社参照）。作家は、「否定精神」をロシアの開化の遅滞にこそ求めたのだ。

エリスンの場合、奴隷制によって強いられてきたアメリカ黒人の後進性がドストエフスキーの『手記』の懊悩に照応している。エリスンの語り手は、１９２０年代から30年代、南部で雄弁能力で白人から注目され、他の黒人青年相手に目隠しボクシングを「バトル・ロイヤル」で戦わされるなどした後で、権威ある黒人大学への奨学金が入った鞄を与えられる。その後、舞台は黒人文化の花開くハーレムに移り、語り手は雄弁術で脚光を浴びて共産党とおぼしき組織に関わり、黒人を利用する白人党幹部と黒人中心主義の黒人党員の板挟みで翻弄される（このプロットは、「ヨーロッパ中心主義」VS「アフリカ中心主義」の確執であり、２００８年の大統領予備選と本選挙でまさにオバマ候補が綱渡りを強いられた板挟みだった）。

ここで、オバマがなぜ手垢がつくほど『見えない人間』に読みふけったか？　という理由の一端が見えてくる。自身の進路に悩んでいたハワイでの少年時代、白人である祖父母との物理的な疎隔の埋め合わせに頼った黒人詩人、フランク・マーシャルが、主人公に投影されていたからだ。マーシャルは、党員証を持つ共産党員だったのである（第１章）。われわれにはやや唐突で抽象的に思える主人公が、オバマ青年の場合、マーシャルによって十分な存在感を賦与されていたのだ。祖父がキャンザスを逃れてハワイまで辿り着いたのとはかなり異なる背景で、同じくハワイで終（つい）の住処を得た黒人詩人にして男色家の共産党員は、小説の中ではどこへ避難するのか？　それは「アメリカ社会の地下」だったのだ。

ハーレムで起きた暴動で、主人公も放火、逃走中、警官らに追われてマンホールに落ち込み、警官に蓋をされてしまう。以後、この黒人主人公は、白人の独占的電力会社から電気を盗んで、「ブロードウエイより皓々たる地下生活」の中で、自身の長いピカレスク的遍歴を物語るのだ。（「地下」は合衆国領土の西のさいはて、ハワイと重なる）。主人公が盗むこの照明は、とりも直さず、「真実は光、光は真実」を指し、その光すら白人に独占されてきたことを意味する。語り手は、「白人から奪還した叡知の光」によって自身の冒険的遍歴を物語った（「物語（ストーリー・テリング）」こそ自身の行動の軌跡の総点検作業。オバマが「飛翔」に先立って自伝を書いた根本理由でもあった）。そのあげく、語り手は党のために自分を犠牲にせず、個人としての自分の複雑さを尊重するホゾを固めていよいよ地下から出ていく決意をするのである。地上に出ても「見えない人間」の本質を貫徹する決意だったのだ。

地下を出た後の主人公の人生は、オバマが引き継ぐ。それはキャンザスからともに異なる道筋でハワイへ逃れた祖父とフランク・マーシャルと違って、ハワイから本土へと逆走し、ついには合衆国大統領になりおおせる道筋だった。生きて孫のその逆走を見届けた白人の祖母の思いはいかばかりだったろうか？

「きみはぼくが合衆国大統領になれると思うか?」

『見えない人間』の語り手の決意は、半世紀以上後に起きた公民権運動という「集団闘争」を棄て、あくまで自身の能力を磨き上げ、多民族社会においてあくまで「個人」として激しい競合に参画する黒人の路線変更を先取りしていた。

オバマが高校時代によく分からずに読んだこの小説を、コロンビア大からビジネス・インタナショナル社時代に再三読み直したことは、前述した「階級、組織、伝統なしの自分」をアメリカの複数の「階級、組織、伝統」に同化、融合させ、その融合の中に「見えない自分」(黒人であることを強調しすぎない自分自身)を流し込むマジックとピタリと合致していたためかと思われる。

エリスン自身も、「またぞろ黒人の抗議小説を書くのは真っ平御免で、私のやるべきことは黒人であってアメリカ人である者の窮地に隠された人間的普遍性を明らかにすることだった」と言っているのだ。これこそがまさに、オバマが模索の果てに掴んだ境地であり、しかも彼の場合、「黒人と白人の混血児で、まだ十分にアメリカ人になり切れていない者の窮地」であり、「その窮地に隠された人間的普遍性」だったのである。それは、エリスンの主人公より一層複雑な「窮地」だった。

ただ、オバマ青年はマフムードに以下の決定的な言葉を吐いたことになっている。おたがい知り合って数カ月とたたないうちに、彼はこのパキスタン留学生にこう聞いたというのである。「きみはぼくが合衆国大統領になれると思うか?」と。冗談ではなかった。「極めて真剣な問いかけで、少なくともぼくの頭では明らかにそれこそが彼の究極の目標だと見てとれた」。マフムードはこう答えるしかなかったのである。「もしアメリカが黒人大統領を受け入れる用意ができれば、なれるだろう（ユー・キャン・メイキット）」と。

今日の日本では、学生時代に自国の最高位をめざすと公言すれば冗談ととられるのが関の山だが、例えばヒラリー・ロダム（後のクリントン）の母校では、「合衆国最初の女性大統領はヒラリーよ！」と思い込んでいた同窓女子学生が多かった。トルーマンの国務長官を務めたディーン・アチスン（あのフィリップ・Ｃ・ジェサップ一世の上司、アチスン自身が上流ＷＡＳＰ）の孫娘はその筆頭で、彼女はヒラリーの卒業演説（一学生の卒業演説を、大メディアが全国にＴＶ中継した）に高名な祖父を連れてきたのである。

ヒラリーはオバマのように、生涯の目標を口外はしなかった。周囲が勝手に騒ぎ立てたのである。それだけに外国人の留学生（マフムード）とはいえ、オバマが野望を口外したことにこの青年（オバマ）がいかに端倪（たんげい）すべからざる精神の広大さを保持していたかが窺えるではないか。

もっとも、後述するシカゴの弁護士事務所シドリー＝オースティンでは、白人弁護士の間で「バラックは大統領の素材だ」という話題がしきりに出たという。オバマはそこで一介の見習い弁護士で、後に妻となるミシェル・ロビンスンの指導を受けていたにすぎなかったのだ――むろん、『ハーヴァード・ロウ・レヴュー（ＨＬＲ）』の編集長兼会長で、この両職についた最初の黒人ではあったのだが。

もっとも、オバマが１９９０年、ＨＬＲの会長に選ばれたときは、『ニューヨーク・タイムズ』、『ボストン・グロウブ』、『ロサンジェルス・タイムズ』、『シカゴ・トリビューン』、『ヴァニティ・フェア』、そしてＡＰ通信が「横顔」を掲載した。東京大学の相似物のトップになっても、大手各紙が書き立てはすまい。むろん、オバマがＨＬＲ始まって以来最初の黒人会長だったせいだが、ＨＬＲ会長ポストはアメリカ社会のらせん状の上昇気流の動向の目安になっていることになる。

ヒラリー・ロダムにせよ、オバマにせよ、周囲に対してそういう夢のような予測をかきたてるオーラがあったにしても、アメリカ人が人の将来性を大統領幻想に連結する傾向はおそらくこの国特有の何かを物語っている気がするではないか。

ところが、肝心の黒人の間では、この幻想が乏しかった。例えば、ミシェル・ロビンスンの兄クレイグは、未来の義弟オバマから黒人最初の大統領になる野望を聞かされると、こうクギを刺した。「イヤー、イヤー、オーケイ、うちへ来て、グレイシー叔母さんに会いなよ――つまり、誰にもそんなこと言うんじゃないぜ！」と。

少なくとも、オバマはマフムードにだけ「野望」を口にしたわけではないことが、この挿話から分かる。ただ、近い将来の義兄にまでそれを口にした理由は、義兄を通してミシェルに自分がどういう「見えない人間」、つまり「非日常的な別人」を内に孕んでいるかを、それとなく伝えてほしかったのか？

第4章 ミシェル

今後物語るオバマのアメリカ政界での冒険譚において、「黒人としてのオバマが見えすぎる」度に、保守派白人はもとより、革新派白人ですら心穏やかでなくなるのである。その度に彼は、「普遍的アメリカ人」を演じてみせなければならない。

しかし、その前に、ジェナヴィーヴ・クックが約束した「非常に強く公正で、戦える、しかしよく笑え、経験を積んだ黒人女性」が実体化した、ミシェル・ロビンスン・オバマを瞥見（べっけん）しておかねばなるまい。実際、ミシェルがあまりにジェナヴィーヴの予測通りの黒人女性なので、かえって後者の炯眼（けいがん）に驚く。と同時に、ジェナヴィーヴがめざとくも、ミシェルのような強い黒人女性を必要とするオバマの「弱さ」をも鋭敏に探知していたのか？――すなわち、1人では大統領への飛翔を貫徹できないオバマの「弱さ」を探知していたのか？という気さえするのである。

「ミシェルのオバンビ」

ミシェル・オバマは、身長5フィート11インチ（ファースト・レディでは、エレナー・ローズヴェルトと同じでダントツ）、体躯は女子アスリートを思わせるほど引き締まり、骨盤ががっちり張っている。オバマと並んでの印象では、身長はジェナヴィーヴ・クックと近い。ジェナヴィーヴが真先に上げた「強さ」では、例えば以下の場面が印象的だ。オバマの連邦上院選挙（２００４）の最中、彼の地元共同体への貢献の低さをあげつらう過激派黒人が演説会場の教会に集結、不穏な雰囲気だった。地元とは、黒人が集中するシカゴのサウスサイドである。ミシェルの地元でもあったので、彼女は煽動を未然に抑え込む巷の呼吸を身につけていた。教会の裏口から出て表に回った彼女は、単身、猛者たちに向かい合うとこう聞いたのである。「あんたら、何か文句あんの（イオール・ハヴ・エニ・トラブル・オア・サムシン）?!」。猛者たち全員がその場で凍りついた。

この挿話を告げたのが元ブラック・パンサー仲間、当時、地元新聞の発行者で、彼に言わせれば、「連中は市長はもとより、黒人仲間では泣く子も黙るジェシ・ジャクスンの面さえ張れる手合いだった」。ジャクスンは、キングの弟子の１人ながら、はったりと弁舌では師匠を凌ぎ、１９８４年と88年の大統領選の民主党予備選で、本命候補ら（84年がウォルター・モンデイル。後の駐日大使。88年がマイクル・デュカーキス）を脅かす快進撃を見せた、シカゴ公民権運動最大のボスである。

オバマの軍師として名高いユダヤ系のデイヴィッド・アクセルロッドによれば、「敵選対からオバマに対して不当な攻撃がなされて、われわれ選対がそのまやかしを暴いて反撃しなければ、彼女は黙ってはいない。クンバヤ（神頼み）するタイプじゃないよな、彼女は」（「クンバヤ」については後述）。シドリー＝オースティン弁護士事務所でも、普通、パートナーに昇格するには5～7年はかかるが、ミシェルは息せき切って階梯を駆け上がろうとした（その点、夫と似ていた）。オバマより3歳若かったが、プリンストン大を出てハーヴァード・ロウ・スクールへ進学したのは、シカゴで地元オルグをしていたオバマより先だった。従って、前述のようにシドリーでも先輩だった。

アメリカ本土に自分の拠って立つ基盤（シカゴのサウスサイド）を探す歳月分だけ、オバマは時間を要した。それに対してミシェルは、ついに白人と競合できる才能を輩出できるまで成熟を遂げてきた黒人同胞の基盤、つまり生まれ育ってきたサウスサイドから、いきなり「飛翔」を始めたのである。ミシェルの2つ年上の兄、クレイグも地元のシカゴ大でMBAを取得、モーガン・スタンリー・ディーン・ウィター入社、次いで小振りな投資会社のパートナーシップを獲得、高給を得ていた。彼らの父親は市の浄水場のボイラー係だったから、この兄と妹は黒人が公民権運動という集団活動から白人やアジア系に伍して競合する個人レベルでの戦いへと鮮烈な転進をみせた新世代を代表していた。

しかし、2人はニューヨークのビジネス・インタナショナル社を1年で辞めたオバマ同様、高給は得られても人間的要素に乏しいこれらの職種を捨て去るのだ――兄は元々バスケット選手としてプリンストン大へ進学しただけに（身長6フィート6インチ、あのジョン・ウエインより2インチ高い）、ブラウン大（ロード・アイランド州にあるアイヴィ・リーグの1つ）を皮切りに各大学でのコーチ業へ転進、他方、妹はシカゴ市の政治官僚機構へ河岸を変えたのである。

幼いころから、ミシェルは兄を凌駕してきた。兄によれば、「オフィスごっこ」を妹から持ちかけられ、「お兄ちゃんを社長にしたげる。あたしは秘書でいいから」と言われて話に乗ると、何もかも妹がやって、兄は祭り上げられるだけ、「要はあいつのゲイムだったわけさ」。つまり、兄によれば妹は「天性のリーダー」だったのだ。プリンストンに兄を訪ねたミシェルは、「あたしのほうが兄貴より頭いいんだから」と、スポーツ奨学金の兄と違って正真正銘の学力だけで同大へ入学した。

兄は父親の穏やかな風貌を受け継いだが、妹が兄以上に競争的だったのは、公民権運動の発展的分枝として生まれた「統合校」に通った結果だったろう。1960年代後半から、リベラルな白人判事を主体に白人有志が黒人活動家と連携し「統合維持運動（インテグレイション・メインティナンス）」を起こした（拙著『アメリカ「60年代」への旅』朝日選書）。これは、居住空間と教育空間でのでき上がっていた人種分離の環境を是正する苛烈なもので、当時のリベラル白人の差別是正の理念の高さには筆者も舌を巻き、〈これでアメリカ白人積年の罪科も帳消しになるか?!〉と色めき立ったものだ。

しかし、人間性はそれほど単純ではない。リベラル白人が強行した「贖罪的突出」は、多くの白人の間に猛烈な反発を引き起こした。その最たるものが「バス通学（バシング）」だった。白人校には黒人生徒を、黒人校には白人生徒を、遠距離もものかわ、バスで通学させたのである。リベラル白人が多いはずのボストンですら、その彼らが白人校に黒人を送りこむバスに投石した。

シカゴは、後述のように「全米で最も差別的な都市」と言われ、統合維持運動は出遅れ、「統合校」の登場も1970年代へと大幅にずれ込んだ。ミシェルは、そのシカゴでの「統合校」発足の初年度に長いバス通学に耐え抜き、白人生徒と競り合った。雄偉な体格からスポーツを奨励されたが、学力向上一本に的を絞り込んだ。彼女が通った高校は、「マグネット・スクール」と呼ばれるタイプで、芸能専攻やスポーツ専攻という、黒人生徒を磁石のように魅きつける魅力的な専攻を用意していたのだが、彼女は見向きもしなかったのである。当時の教師の1人は、「統合初年度だけに、ここへ来るのは極めて実験的で、ミシェル・ロビンスンはカリキュラムと民族の多様性こそ、自身の才能開発に資すると見切った」と評価している。

筆者は、1989年、前述のジェシ・ジャクスンが自身の「虹の連合／PUSH」運動の拠点にしていた、元教会のコミュニティ会議、つまり近在の大型町内会（200人くらい）を覗いたが、「黒人と言えば、やれバンドマンだ歌手だ、スポーツ選手だという時代は終わった。われわれも、医師、学者、弁護士などの職種に参画しなければならない！」との声が飛び交っていた。ぽつぽつと白人の姿も見かけた。彼らが発言しないのが気になった。PUSHとは、「人類救済人民連合」の頭字語である。

一方、オバマは彼女との家庭では、義兄クレイグ・ロビンスンと違って、「大統領」はおろか「社長」もやらせてもらえず、ごみ捨て、洗濯、ベッドメイキングもやらされた――娘らに対して率先垂範（すいはん）を強いられたのである。少なくとも大統領になる前は。

また、オバマの存在が全米に知れわたったのは、２００４年、ジョン・Ｆ・ケリー前上院議員（２０１３年、ヒラリー・クリントンの後任としてオバマの国務長官になった）がブッシュ息子と対決した大統領選でケリー候補を支援した演説（第５章）だった。登壇寸前の夫に、「とにかく台なしにはしっこなしよ、バディ！」と発破をかけたのもミシェルなら、演説や会見後、オバマが真先に反応を確かめる視線を送るのも、ミシェルなのだ。「バディ」は、「相棒」の意味で、実際には男性同士の呼びかけ語である。

オバマに批判的な女性コラムニストは、ミシェルに指図される彼を「ミシェルのオバンビ（オバマ＋バンビ）」と揶揄した。

「生まれて初めて、私はこの国に誇りを抱いた」

ミシェルの果断さは、兄妹の両親、特に母親マリアン（若いころの写真ではミシェルにそっくりだが、穏やか）の躾けが厳しかったためで、黒人は劣悪な環境でも必死で子育てに打ち込んできた伝統が与（あずか）って力があった。

他方、黒人とラティーノの間に「若者ギャング」が猖獗（しょうけつ）を極めだすのは、１９７０年代に始まる工場の海外逃亡による父親の失業が原因だった。息子らが麻薬稼業で家計を支えるはめになり、縄張り争いで、黒人少年や青年同士が殺し合ったのだ。黒人の家庭崩壊は、アメリカ社会の善意の表れだった「扶養児童世帯補助（ＡＦＤＣ）」にも起因していた。ＡＦＤＣは、稼ぎ手がいない家庭に「貧困線」以下の生活費を支給したが、それが皮肉にも、黒人の労働意欲を奪ったのである。

しかし、ロビンスン家のように、戸主フレイザー三世が多発性硬化症にもめげず営々と仕事に励む家庭では、母親と子供らの連携は極めて「堅気（かたぎ）」で、その躾けこそ、子供世代の一大躍進の原動力となった。母親マリアンは、幼い兄と妹にこう告げた。「先生や私たちに敬意を表するのはいいけど、疑問があれば臆せずに質問しなさい」と。

また、中流以上の白人を心底蝕んでいた偽善とも、黒人は無縁だった。ミシェルは08年の予備選中も、夫がパンを黴びさせるし、イビキをかくは、朝起き抜けの口はくさいはと、「ただの男よ」と言いふらすものだから、一部で顰蹙（ひんしゅく）を買った。「歴代大統領夫人でもダントツに夫にかしづくファーストレディを演じたナンシー・レーガンを見習え」という声まで上がった。だが、ミシェルはめげなかった。「私はバラックが生涯で出会った男性ではいちばん好きだったからこそ結婚した。しかし、彼とて完璧ではない。アメリカ人は大統領に幻想を求めすぎてきた。できっこないことをやらせて、うまくいけば偉大な大統領として国威いや増すというわけで、指導者に非現実な何かを求めすぎる過ちを犯してきた。その過ちを少しでも捨てようではありませんか」。つまり、彼女は有権者らに、「私ら夫婦はみなさんと同じ」というメッセージを発信してきたわけだ。

08年の予備選で、オバマのイラク戦争反対を、妻ヒラリーの支援に躍起のビル・クリントンが「おとぎ話だ」と切って捨てたとき、取材陣に意見を聞かれてミシェルはピシャリと「ノー（違う）」と切って捨てた。その後、ふいにおどけた口調になって、爪で虚空を抉る仕種とともに、「彼の目ん玉くり抜いてやりたいワ！」と言ってのけた。おつきの顧問の1人が眉を顰（ひそ）めると、「冗談、冗談！　お分かり？　私ってこれで厄介な目に遭うのよね」と笑顔で言い訳した。ジョークで本音を口に出すのは、お笑い芸人の常套手段で、ミシェルのように偽善抜きの人間には芸人ではなくとも、この手が使えたのだ。

もっとも、オバマ選対も、アクセルロッドが言うほど、ミシェルに振り回されていたわけではなく、結構凄腕を発揮してみせた。選対側は、「クリントン陣営は、黒人が大統領になるのは『おとぎ話だ』と暗示しているのだ」と逆ねじを食らわせたのである。

ミシェルの演説やTV出演は、ヒラリー・クリントンから女性票をかなり奪い、黒人と女性がともになめてきた不利を合致させる論点を踏まえて、夫の勢いを増殖させた。なにしろ、南北戦争前でも、南部でめざめた白人女性たちの中には、『アンクル・トムの小屋』（１８５２）を密かに回し読みし、女性差別ゆえに黒人への共感をたがいに文通で確かめ合っていた南部の白人女性が驚くほど多く、今日、彼女らの記録が多々残されているのである。

この潜在的鉱脈をヒットした確信を基に、08年2月18日、ミシェルはウイスコンシン州でこう演説した。「おとなになって生まれて初めて、私はこの国に誇りを抱いた。バラックへのご支援が拡大してきたせいだけでなく、国民のみなさんが切実にチェインジを求めているからです」。待ち構えていた右派白人が、ついにこの発言を「非愛国的」だとして噛みついた。

ミシェルの発言は、黒人やリベラル白人からすれば至極当たり前のものながら、右派白人は手ぐすね引いて待ち受けていたのだ。彼らの反撃も極めて巧みだった。サンプルを幾つか。「ミシェル・オバマがこれまでアメリカに誇りを持てなかったとの発言の非愛国性についてなるほどとの確証が出ないかぎり、私は彼女のリンチ仲間に加わりたくない」（ビル・オライリー／右派の詭弁の精緻さの典型が、この変化球的反語発言）。直球的発言では、「みなさんが彼女の言葉を以前に聞いたかどうか知りませんが、私はわが国を誇りに思っております」（シンディ・マケイン。本選挙でオバマと対決することになるジョン・マケインの夫人）。

ミシェルの黒人側の先祖たち

大統領候補ともなると、メディアや個人が一斉に祖先の系図を調べあげる。いや、選対自体が先手を打つ。敵に嘘の系図をでっちあげられて、つけ込まれないためだ。いずれの場合も、ＤＮＡを駆使する系図学者や系図機関（モルモン教の系図館はダントツ）が総動員される。

オバマの母方が、祖母の母親の血筋では南部同盟大統領、ジェファスン・デイヴィスの又従兄弟説、奴隷所有者説、何とディック・チェイニー夫人との猛烈にかけ離れた遠縁などの説（夫人自身が言いだした）など、ご記憶かもしれない。

ミシェル・ロビンスン・オバマの家系は、もろにサウス・キャロライナの奴隷だった。ご承知のように、ケニア人の血筋であるオバマにはこの奴隷の家系が欠落、「アメリカ黒人」としての認知をとりつける上で彼に大きなアイデンティティの空白をもたらしてきたのである。彼は、08年のフィラデルフィア予備選では、「私は奴隷と奴隷所有者、両方の血筋を持つアメリカ女性と結婚している」と発言している。少数派である黒人とまだ多数派を維持している白人の双方に支持をとりつけるためだ。

ミシェルの父方ロビンスン家でも、母方のシールズ家でも、白人の血筋が密かに話題になっていたが、ＤＮＡ検査と国勢調査資料の精査によって、シールズ家側でそれが完全に証明されるのは２０１２年６月のことである。白人の血筋は、極めて稀な愛情関係（例えばトマス・ジェファスンとサリー・ヘミングズ）以外、白人男性による黒人女性（奴隷）のレイプによるものだった。南部では、白人と黒人の結婚は南北戦争以後はおろか、１９６０年代まで御法度だったから、かりに愛情があっても容認が憚られたのである。

ジェファスンは、ヘミングズの間に生まれたわが子は解放したが、彼女は奴隷の地位に止めた。彼女自身、死別したジェファスン夫人、マーサの異母妹（マーサの父が黒人奴隷女性に生ませた娘）だったのだ。サリーを奴隷の境涯に止めたジェファスンの動機は、サリーが死別した前夫人の異母妹だったことで、前夫人への贖罪に由来していたのか？　とすれば、これほど精緻にして悪魔的な罪障行為はないことになる。サリー・ヘミングズとジェファスンの子孫は、今日、ＤＮＡ検査で膨大な数（数千人規模）が明らかにされたが、その多くが白人の顔をしている。

それにしても、ミシェルの大規模な家系調査は、アメリカ史上初めての出来事だったのだ。つまり、史上最初の黒人系大統領出現の可能性が迫ってきた結果だった。白人の血筋も、当の血筋側から報告と写真の提供がなされた（実母マリアンの家系シールズの白人家系側からの提供。ご承知のように、奴隷はアフリカ姓の記憶を失い、自身を所有していた白人の姓を名乗るしかなかったのである）。

アメリカにおける奴隷制の歴史をその日常性で復元、保存、観客に提示するのが「コローニアル・ウィリアムズバーグ（ＣＷ）」の演劇部門である。ウィリアムズバーグは、植民地時代のヴァージニアの首都だった。例えば、奴隷は至近距離でも白人の主人の目を正視してはならなかった。観客に奴隷を演じてみせるのは黒人俳優だが、彼らに18世紀奴隷制の約束事を演技でたたき込むのは白人俳優である。その際、白人俳優は新人の黒人俳優に対する手本として奴隷の役を演じてみせないといけない。黒人新人俳優があまりの異常さについていけないからである。

トマス・ジェファスンに法律の手ほどきをした「建国の父」の1人、ジョージ・ウイスの役を白人俳優が演じ、別の白人俳優がお手本としてウイスの奴隷召使リディアの役を演じてみせる。本来のリディア役を振られている黒人新人女優が、自分へのお手本として白人俳優が演じてみせてくれるリディア役を見る。すると、後者はまず視線を逸らしてみせてから、見学中の黒人新人女優に「リディアはウイスと絶対に目を合わさない」

と指導するのである。

今日では考えられない奴隷制時代の制約に、新人黒人俳優は仰天する。CW演劇部門総員44名中、11名いる黒人俳優は、こうして奴隷制の日常に通じていく（俳優の時給は13～18ドル）。

観客の中には怒りだす者も出てくる。中には「反撃しろ！」とアジる観客も出てくるという。

「われに自由を、しからずんば死を！」と叫んで歴史に残ったパトリック・ヘンリーは、大口の奴隷所有者だった。こと奴隷制に関するかぎり、「建国の父たち」もその恥部を担っていた事実を暴露して、アメリカ史の暗部を照射する動きは、かなり前から歴史学者らの間で主流化した。その動きに呼応して、1930年代開始のCWも、1979年以降、奴隷の歴史にも照準、1994年には奴隷市場の再演まで開始、ついに1999年、NAACP（有色人種地位向上協会）の抗議に遭遇した。しかし、奴隷制の再演方針は変えず、黒人観光客が減った。いや、白人観光客まで減ったのである。

CWの実証主義は正視に耐えないかもしれない。だが、感動を呼ぶのは奴隷制からの脱出だ。筆者にとって最もダイナミックなのは、元奴隷たちがミシシッピをシカゴへと北上してきた歴史である。数世代にわたって続いたこの「大北上（グレイト・マイグレイション・ノース）」こそは、ブルーズとジャズの北上、それと東西に交差する、白人側の音楽、カントリー・ミュージックの西進の大いなるドラマの根幹だった。この「大北上」を果たしたのが、ミシェルの母方のほうが早くも1860年代と、南北戦争直後だった点が進取の気性の激しさを窺わせる。

父方で最初に「大北上」に関わったのは、系図が辿れた初代ジム・ロビンスン（1850年ころ生まれ／1880年度国勢調査に登場）から3代目、フレイザー・ロビンスン二世、ミシェルの祖父だった。シールズ側より半世紀以上遅い。高まる差別を逃れ、経済的機会を求めてシカゴへ来たロビンスン二世は、郵便配達で暮らしを立てたが、高い誇りゆえに不満で、引退後は再び郷里へ舞い戻っている。第二次大戦では兵士として戦場に出たが、残された兵士姿の写真では、斜にかぶったGI帽の下からカメラを鋭く睨む目は不敵さに満ちて、鼻下に髭、頬はふっくらしている。憤懣の生涯だったかもしれない顔貌だ。ミシェルは、この祖父（二世）から一族の故地の話を幼いときに聞いて育った。郷里に祖父が建てた家は、彼女の父（三世）がシカゴで借りた貸間より大きかった。

しかし、フレイザー三世、すなわちミシェルの父は自分が生まれたシカゴを離れなかった。顔だちは二世と違って、極めて温和である。

南北キャロライナからフロリダに至る大西洋沿岸地帯は「ロウ・カントリー（低地方）」と呼ばれ、「ギーチ」または「ガラ」と呼ばれる最古のクレオール語が話されている。前述の「クンバヤ」もガラ語の1つで、「カム・バイ・ヒア」が縮まったもの言われる。これは神の来臨を願う呪文で、元々はアフリカのアンゴラで宣教師から耳にした英語だったと言われる。つまり、大西洋を渡る以前に黒人らが接した英語の名残とされる。

ロウ・カントリーは、蛇と蚊だらけの湿地帯で、奴隷たちは合衆国で消費されている米の半分を生産していた。『風と共に去りぬ』のレット・バトラーの生まれた大農園もサウス・キャロライナにあることになっており、米を作っていた。

ガラたちが奴隷の辛酸を耐え抜いた秘密の1つは、「高笑い」だった。あのジェナヴィーヴ・クックがオバマを待ち受けているはずの黒人女性の条件の1つに上げたのが、この「呵々大笑（かかたいしょう）」の能力だった。「私の大口はそのためにこそある」――ミシェルはそう言い放ったのだ。

50あるアメリカの「ナショナル・ヘリテジ」では、この「ガラ／ギーチ回廊」は、黒人の歴史遺産を保存する唯一のものである。縦横90インチのキルトが、地域の子供らによってつなぎ合わされ、1枚1枚に黒人のガラ／ギーチの歴史遺産が書き込まれたそのキルトは、首都で展示された。

この地域では、一時期、黒人の数が9対1の比率で白人を凌駕していた。08年の本選挙でオバマと戦った共和党候補、ジョン・マケイン上院議員の祖先は北アイルランドからサウス・キャロライナに移住してきたケルト系プロテスタント、「スコッチ＝アイリッシュ」と自称する民族集団で、マケインの祖先は奴隷50名を所有していた。

オバマがその子孫であるマケインと戦った因縁には、アメリカのねじれた歴史の残響が全米に響きわたっていた。日本人には、アメリカ専門家にすら聞こえなかったこの歴史的残響は、実は、双方の陣営はもとより、一般のアメリカ白人、アメリカ黒人の間でも陰々と鳴り響いていたのだ。

そして、ニクスン、レーガン以後、劣化に劣化を重ねた共和党にあって、マケインは数少ない廉直（れんちょく）の政治家であることもまた、因縁を感じさせずにはおかない。

ミシェルの黒人側の元祖

自分の先祖の過去を発掘される複雑な思いを、ミシェルは記者にこう語っている。「黒人の奴隷時代の歴史の発掘は恥辱の暴露過程で、同時にその物語と切り離せないプライドの発掘でもある。この国の歴史のもつれ合った特質とそのみごとさをまるごと抱擁できて気分がよくなる国民もいるかもしれないが」と。そして、こう言い切るのだ。「こういう物語は苦痛ゆえに思い出すまいとされてきたが、今こそそれを認め、前進しなければならない。それを理解する機会に接する者は多くはないが、歴史はそこにこそあり続けるのだ」と。彼女は、端倪（たんげい）すべからざる多民族系の夫ゆえに「その機会に接した」のである。

そして、南部白人の母を持つ夫と違って、5世代前におそらくレイプによって白人の血を家系に流し込まれた形の多民族系の歴史を、妻は背負っていたのだ。

「大北上」を遂げたフレイザー・ロビンスン二世の父親、フレイザー一世は、隻腕（せきわん）だった。幼いとき、太枝が倒れてきて左腕を粉砕、切断せざるをえなかったのである。16歳まで文字が読めなかった彼は、右腕のみで製材工場労働者、靴屋をやるかたわら、自学自習で読み書きを覚え、街角で黒人新聞を売り、売れ残りは持ち帰って子供らに読ませた。前述のように不敵な目つきを持つフレイザー二世（1912年生まれ）は、新聞での勉強を梃子（てこ）に成績抜群、雄弁家となり、奴隷から解放後与えられていた自由が、復活してきた差別で次々と奪われ始めると、18歳で一族の仲間について「大北上」の大群に身を投じるのだ。

ミシェルは、隻腕の父方の曾祖父についてこう語っている。「私たちの家系の長老が片腕のフレイザー、片腕の靴屋、自分の才覚で幾つもの仕事で稼ぐ男、その彼がついには自分の家作をこの町で獲得したのならば――この町で死力を奮って暮らしを立てる覚悟を果たしたのならば、それこそが私の祖父が身をもって受け止めた曾祖父のメッセージだったに違いない」と。「この町」とは、サウス・キャロライナ州都チャールストン北東へ車で1時間のジョージタウンだった。ミシェルは夫の予備選で「この町」に入り、代々のロビンスン一族が礼拝に参加してきた「ベセル・アメリカン・メソディスト監督派教会」で30名の一族が混じる聴衆に向かって、そう告げたのである。その言葉は、個々の聴衆を自分をはるかに越えた一族の辛酸の歴史へと、予備選の現在を戦慄とともに投げ返したに違いない。

そして「片腕」とは、奴隷の子孫に5世代にわたるハンディキャップを課した何物かの象徴だった。むろん、その「メッセージ」こそ彼女や兄の精神の血肉に深々と食い込み、兄妹をアイヴィリーグまで駆り立てたのだ。つまり、「ガラ／ギーチ根性」だった。

ロビンスン家初代ジムは、つまりミシェルの父方の「曾曾祖父」は、解放後もフレンドフィールド大農園に残った（農園墓地に埋葬されたが、墓碑はない）。彼の長男、ゲイブリエルはテレピン工場で働き、フレンドフィールド大農園の西に農場を購入した。ゲイブリエルの弟で、ミシェルの曾祖父、隻腕のフレイザー一世は、初代ジムの次男として１８８４年に生まれた。一世は、別の大農園の奴隷監督の息子、フランシス・ネズミス（むろん白人）に気に入られて引き取られ（１９００年度の国勢調査に、一世は「ハウス・ボーイ」と記載）、ネズミスが子供らの教育に打ち込む様子から、前述のように自学自習に入るのである。

フレンドフィールド大農園は、USハイウエイ５２１沿道から引っ込んだ所に、今日も保存されている。ミシェルは近在に住み続ける親戚を、10歳以降、親について訪ねていたが（「夜はコオロギの鳴き声でよく眠れなかった」）、彼女はこの大農園は知らず、08年の予備選で初めて訪問した。辛い記憶は家族の間で棚上げされてきたのだ。ここに丸ごと残されている奴隷小屋は、リンカーンの丸太小屋と変わらない。にもかかわらず、白ペンキの下に浮きだす木材の肌理（きめ）にも、リンカーンの丸太小屋のそれとは悲惨の度合いが違ってみえる。

南部では「過去は絶対に死なない。過ぎ去ってすらいない」

ミシェルの父方、ロビンスン一族には白人の痕跡は、まだ明らかになっていない。しかし、前述のように、母親マリアンのシールズ一族にはそれが２０１２年6月16日と22日、『ニューヨーク・タイムズ』で報道された。DNA検査の結果、アイルランド系のヘンリー・ウエルズ・シールズこそ、第44代合衆国大統領夫人の白人側の「曾曾曾祖父」に相当することが判明したのである。１８８４年ころ写された、奴隷小屋と変わらない質素な、こけら板の屋根を持つ小屋の前に整列した白人シールズ一族の集合写真も提供された。そこには、ミシェルの実母マリアン・シールズ・ロビンスンに繋がる白人の血をもたらした人物も写っている。それはヘンリーの息子チャールズ・マリオン・シールズで、一族では最も雄偉な体格に恵まれている。彼は農夫だったが、後に教師になった。

写真の提供者、ジャロッド・シールズは、ヘンリーの「曾曾曾孫」で、今日、アラバマ州のコミュニティ・カレッジの理科教師、長らく黒人側の親戚の行く末に思いを馳せ、記者の電話に対して、「いつも彼らに謝罪したいと本気で考えてきた」と告げた。「そして、たとえその由来はどうあれ、彼らがわが身内であることを喜ぶと伝えたかった」とも。彼は「自分の責任ではない責任」、すなわち「先祖の責任」を担うと記者に告げたことになるのである。

トマス・ジェファスンの大農園は実に5000エイカー、奴隷200人を擁していた（『風と共に去りぬ』のタラは100人）。架空のタラと同じく、アトランタの南、ジョージア州クレイトン郡にあったシールズ家は、面積200エイカー、奴隷3人、白人側も奴隷と一緒に小麦、コーン、甘藷を栽培、馬3頭、牛5頭、豚17頭、羊20頭の零細農家だった（1860年度農業調査）。他方、当主ヘンリー・シールズの父親は、1852年ころ、サウス・キャロライナに奴隷20名を抱えており、息子ヘンリーへの資産分けに価格475ドルの6歳（8歳とも）の女児奴隷も加えた。この女児メルヴィニアこそ、ミシェルの母方の「曾々祖母」、15歳ころの彼女に1860年、息子ドルファスを生ませたのがヘンリー・シールズの息子、右記のチャールズ・マリオン・シールズ（当時20歳）だとされる。

残された写真では、初老のドルファスは色は黒さが薄く、鼻が尖り、唇は薄く、混血児によく見られる美貌で、しかも貫禄がある。自身の長男と写した写真で気になるのは、ドルファスのうつろな目つきで、白人との「2分の1混血児」特有の憂鬱の表れなのか？

だとすれば、このドルファスもまた、オバマと似た「ダブル・アウトサイダー」であり、しかしながらオバマのように内的格闘を経て、自らを大統領へと「型抜き」できなかった悲哀がそのうつろな目つきに露呈していたのか？

マルカムXが、「自分の中を流れる白人の血を憎む」と言ったのは、黒人の祖母が白人にレイプされたからだった。オバマの母は、彼の父にレイプされたわけではなかった。

いかにも南部らしいのは、後年、チャールズの白人の息子とドルファスは、共にアラバマ州バーミングハムで家庭を持っていたことだ（むろん、双方無縁）。メルヴィニアは、ドルファス以後もチャールズとの間に3人の子供を生んだこと、解放後も30代か40代まではチャールズの許に残ったことから、白人側の子孫はチャールズとの間に愛情があったと思いたい。だが、当のメルヴィニアは、1938年に90代の長寿を全うして死ぬまで沈黙を貫いた。彼女が生んだ子供らは、ドルファスともども1870年の国勢調査では「ムラトー（2分の1混血児）」として登録されている。メルヴィニアは、前述のように、30代か40代でチャールズの許を離れ、子供時代に奴隷として一緒に暮らし余所に売られてから解放された元の奴隷仲間夫婦と同居、彼女の混血の息子ドルファスはこの夫婦の娘と結婚した。

むろん、白人のシールズ家と黒人のシールズ家は没交渉となり、オバマ夫妻がホワイトハウス入りしたことによって、忘却の彼方から記憶と歴史が発掘されるのである。

ドルファスは、1888年、鉄道開通、製鉄所建設、工場群の乱立でブームタウンとなったバーミングハムに移住、1911年には大工と刃物研ぎの店を開く。彼が開設に関わり、執事を務めた「第一エベニザ・バプティスト教会」は後に公民権運動の拠点となる。うつろな目つきの割にドルファスは厳しい家長で、ブルーズもジャズも家族に聞かせない謹厳な人物、肌の白さから黒人と白人の調停役になった（これは一般的なケイスで、白人側は混血児だと少しは安心できるのか、黒人との折衝の際は「窓口」に選んだ）。ドルファスの住まいは黒人街にあったが、大工の仕事場は白人街にあり、白人が仕事場に来ては座り込んでお喋りしていたという。

その立場からか、彼は「いつか黒人と白人は手を繋ぐ」と言い続け、彼が母親の長寿を受け継いで91歳で死んだ1950年6月9日、地元紙の一面に掲載された彼の訃報と並んで、「合衆国最高裁、ダイナー（簡易食堂）と高等教育での差別禁止」の見出しが躍った。ドルファスが亡くなる前に、一部の連邦裁判所はすでに、「分離すれども平等」という長年の南部の偽善を非合法化、鉄道での差別、テキサスとオクラホマでの大学での差別を違法と裁定していたのである。「分離すれども平等」を連邦最高裁が公式に違憲としたのが、1955年だった。そして、ドルファスの孫、ミシェルの母方の祖父、パーネル・シールズは、シカゴで「ペインター」として生計を立てていた（『ニューヨーク・タイムズ』2009年10月7日／ペインターが「画家」か「塗装工」か不明）。

いずれにせよ、ついに証明された白人との繋がりについて、ミシェルはノー・コメントだった。白人側のシールズ家の反応も、前述のジャロッド・シールズの発言が最もそつのないもので、その対極は黒人の親戚のことなど忘れ果てていたのが大半、今回の暴露のせいで「償いをさせられる」ことを恐れ、また「人種差別主義者」のレッテルを貼られはすまいかと怯えるばかり。メルヴィニアを「レイプ」してミシェル・ロビンソン・オバマの母方の祖先を生んだと見られるチャールズ・マリオン・シールズの白人側の曾孫の1人は、自分の曾祖父が「奴隷所有者」ばかりか「強姦者」との憶測を立てられたと、記者には匿名を強く主張、「こういう話にはクンバヤ的瞬間など訪れはしない。家名が傷つくだけだ」とまで言い切った。例のガラ語、「クンバヤ」はこの場合、「神のおかげで実現した涙の一族再会」とでも言う意味になる。

救いは、遅疑逡巡の果てにミシェル側が受け入れてくれれば、他日会見の覚悟を決めた者もいる――チャールズ・マリオン・シールズの白人側の曾孫に当たる老女もその1人である。その彼女、元簿記係のジョウン・シールズ・トリブル（記事が出た当時69歳）が、誰もがないがしろにしてきた祖先ヘンリー・ウエルズ・シールズの墓を見つけ出し（アメリカ人は結構、祖先の墓をないがしろにする）、そのかたわらに杖をついて昂然と立つ姿を『ニューヨーク・タイムズ』に掲載させた。彼女が記者にその写真を選ばせた真意は分からない。

分かるのは、オバマが奴隷制の歴史という「アメリカ史の死重（しじゅう）」をミシェルの2つの家系から背負い、「アメリカ丸」の均衡に活用、常にこの低く構えた視点から航路を安定させようとし続けてきたことである。すなわち、「私は、奴隷と奴隷所有者、両方の血筋を持つアメリカ女性と結婚している」とアメリカに告知することによって。

もっとも、ミシェル側のそれだけの苦痛に満ちた歴史発掘がなされたサウス・キャロライナとジョージアとアラバマの3州では、2008年も2012年も、オバマは勝たせてもらえなかった。彼が勝てた南部州は、08年がヴァージニア、ノース・キャロライナ、フロリダ、2012年はヴァージニアとフロリダだけだったのである。12年は、ノース・キャロライナでの再度の勝利を期して、民主党大会をこの州で開いても勝てなかったのだ（本書仕上げ途中の2013年5月下旬、ノース・キャロライナ州のさらなる右傾化が報道された）。まさに、南部では「過去は絶対に死なない。いや、過去は過ぎ去ってすらいないのである」（ウィリアム・フォークナー）。

とはいえ、民主党予備選では話が別だ。サウス・キャロライナでは、オバマはヒラリー・クリントンに圧勝した――黒人票のほぼ全て、白人票の4分の1近くを奪ったのである。この州基盤の黒人連邦上院議員で民主党副院内総務のジェイムズ・E・クライバーンの以下の台詞ほど、黒人指導者らの混迷を示すものはない。「ヒラリーは窮地だ。いや、われわれ全員が窮地だ。でっかい2つの夢が同時期に重なってしまった」。「でっかい2つの夢」とは、アメリカ史上初の黒人大統領、同じく史上初の女性大統領の出現を指す。

それまで、黒人大統領出現の可能性を信じられなかった黒人指導層は、一致してクリントンを推していたのである（予備選初期、彼女は黒人支持ではオバマに20ポイント差をつけていた）。

そんな彼らが、彼女への忠誠を翻すのは、サウス・キャロライナ予備選でのオバマの勝利がきっかけとなった。ジョージア州基盤の連邦下院議員、学生としてキング牧師の幕僚となったジョン・ルーイスも、このときクリントン夫妻に電話、支援をとり消す詫びを入れ、オバマ支援を通告したのである。後に彼は述懐した――
「あのとき私は、自分が歴史の間違った側にいることにやっと気がついたのだ」と。

ミシェルの黒人側の祖先の墓からの声が、オバマに票を集中させた。4分の1近い白人票は、白人シールズ一族の祖先の声を聞いたわけではあるまい。この4分の1は、南部にもいるリベラル白人だったろう。その数がいかに少ないかは、オバマがこの州で本選挙に勝てなかったことに露呈していた。

立候補はアウトサイダー、成功はインサイド・ゲイムで

理念を掲げて立つ政治家は、それの実現にはあらゆる裏の手数を尽くす。オバマは、大統領選では、国民健保、温暖化対策、移民法改正などの理念的政策を掲げ（第12章）、最初のものだけは議会を通したが、温暖化対策法案を潰され、ブッシュ政権が引き起こしたリーマン・ショックへの対処で、金融改革法案を先に通過させた。移民法改正は、２０１３年５月、やっと上院法務委員会を通過、６月、上院審議に回され、27日、68対32で通過（第12章）。国民健保と金融改革法は、２０１０年の中間選挙で連邦下院を共和党に奪われる前だから実現できたが、それでも権謀術数を余儀なくされた。

本節の小見出しはオバマの政治実践の本質を要約している。ニューヨークからシカゴに落下傘降下したとき、彼は黒人居住区サウスサイドのコミュニティ活動家になる。彼がこの３年間をいかに重視していたかは、最初の自伝の３分の１をこれに割いていることからも分かる。コミュニティ活動自体が、アメリカでの自身の「立ち位置」の開拓だったのだ。「彼は黒人であるという体験を、公営団地の住民とハロルド・ワシントンの両極から体験しつつあった」と、イタリア系のオルグ仲間は語っている。１９８５年、オバマに面接したオルグの元締め、ジェラルド・ケルマン（白人）によれば、「この青年の背景は、明らかにアウトサイダーで、こういう

経験は体制のアウトサイダーである人々に繫がり易い。共感の基盤として、これは肝心なことだ」。給与は、年俸1万ドル、車購入代2000ドルだった。おそらく、ビジネス・インタナショナル社の3分の1か4分の1の給与だったろう。

3年後、壁に突き当たり、いったんハーヴァード・ロウ・スクールで3年間を過ごしてシカゴに捲土重来した。本来の目的は、コミュニティ活動の有効な手段として州政治への関与の履歴をつけることにあった。ロウ・スクールでも、「ハーヴァード・ロウ・レヴュー」の黒人最初の会長に選ばれるためには、保守的な選考委員らを巧みにとり込んだのである。

前述のようにオバマは、たがいに分裂した「あらゆる階級、組織、伝統」の上に浮かび出るしか自分の浮かぶ瀬はないと、ニューヨークでホゾを固めた（第2章）。そのオバマにとって、シカゴはサウスサイド（黒人）とノースサイド（白人）という分かり易い構造を持ってはいた。しかし、サウスサイド出身で弁護士、市政法務顧問として成功を遂げたミシェル・ロビンスンと結婚しても、オバマは同地区に浮島のように浮かぶハイドパークに住んでいた。ここは、ケンウッドとともにシカゴ大学の関係者の居住区で、黒人の大海に浮かぶ白人、主にユダヤ系の出城だったのである。彼自身、この大学のロウ・スクールで合衆国憲法を教えていた。

ただし、08年時点のハイドパークの総人口、4万9000人の人種的内訳は、黒人が52％で、白人30％、アジア系9％、ラティーノ4％と、多様性は維持していた。従って、反ユダヤのブラック・モスレム団体、「ネイション・オヴ・イスラム（NoI）」のルイス・ファラカーン、ムハマッド・アリなど、裕福な黒人もこの地域に住んでいたし（アリは08年時点では住んでいない）、前述のジェシ・ジャクスンの「虹の連合／PUSH」本部（第3章）もこの地域、正確にはケンウッドにある。特に筆者が覗いた、PUSHで開かれた町内大会に白人の姿が散見されたのは、この地域らしい特徴だった。

筆者のＰＵＳＨ訪問（１９８９年夏）は、日本企業がアメリカへ怒濤の進撃を続けていた時期で、日本で急に「多元文化主義（マルチカルチュラリズム）」への関心が高まり、ある財団の助成金で東京でのシンポウジアムのパネリストを依頼するのが目的だった。

用件がすんで、最後に会見した女性弁護士に、有名な黒人レストランを教えてほしいと言うと、相手は筆者夫婦をすかし見てから、「ここより南でもいいか？」と聞いた。「ケンウッドからそこまでは20数街区南下する」と言う。

ちなみに、ハイドパークはケンウッドより10街区ほど南寄りで、その西にシカゴ大、さらにその西がワシントン・パークである。これを見ても、「白人逃亡」（第８章）によっていかに「サウスサイド」がえらい勢いで北上を続けたかが窺える。「白人逃亡」が起きかけていた１９５０年代、ハイドパークやケンウッドは、「黒人流入」を前に「風前の灯火」の状態だった。

さて、本書執筆のためにやっとのことで「発掘」したシカゴ市街図とともに、弁護士が教えてくれたソウルフード・レストランのテーブル・ペイパーと店の由来を印刷したものが出てきた。その住所、東75番ＳＴ４２２を改めて市街図と照らし合わせると、本来のサウスサイドがいかに南かが分かる。店の前に駐車して下車すると、黒人たちが一斉に好奇の目で筆者夫婦を取り囲んだ。おいおい、日本人が来たぜ！　妻は怯えた顔になったが、筆者はこういうときは反射的に笑顔になれる重宝な人間で、当時まだ「ハイファイヴ」の習慣はなかったが、あればそれさえやってみせたろう。同時に、弁護士がわれわれをすかし見て、「ここより南でもいいか？」と聞いた訳も合点がいった。日本企業は全米にわたって黒人地区での開業を避け、いわんやサウスサイドへ夫婦連れで飯を食いにくる日本人は多くはなかったのである。

店内は普通の大きさで、ウエイトレスたちはもとより、客たちまで一斉に笑顔で歓迎してくれた（黒人劇場では、もっと爆発的な歓迎を受ける）。やがて明らかに白人との混血と分かる美男美女の中年カップルが駆けつけ、厨房まで見せてくれた。ソウルフードの目玉は「もつ」なので、厨房でいかにこれを完膚なきまで清潔にするかの工程を見せられた（「もつ」の英語はチタリングだが、「チリン」と聞こえる。イギリス時代からある英語で、「もつ」を食う習慣は年季が入っている。「もつ」に具を詰めたハギスは代表的なスコットランド料理）。

すでに記憶から消えていた店名は、出てきた印刷物で、「アーミー&ルーズ」（アーミーとルーの店／創業者夫妻の呼び名）、「1945年創立の優雅なソウルフード」、「受賞レストラン」とあり、「1988年11月、メアリー・へアストン夫人が購入」とある。最初は美男美女カップルを夫妻と勘違いしたのは、オーナー女性が控えめで、もっぱら男性がしゃべっていたからだ。店の由来書では、彼はロン・バリンジャー、「超テキパキ・マネジャー」と刷られていた。

さて、ハイドパーク＝ケンウッドの白人は、大半が「多元文化的なリベラル白人」だったが、全米で広がり始めた「ジェントリフィケイション（高級化）」の波は、「出城」をとり囲む黒人居住区へと拡大、これに不動産開発業者が関与していた。「高級化」の典型はニューヨークのハーレムで、ここは都心の一等地に残されたゲットーとして、熾烈（しれつ）な高級化の荒波にさらされてきた（前掲拙著『ニューヨークからアメリカを知るための76章』明石書店）。

大統領当選時点、オバマはケンウッド、サウス・グリーンウッド・アヴェニュー5046、つまりワシントン公園の北東隅近くの、ハイドパーク・ブールヴァードに面した、ジョージア王朝風赤レンガ2階建ての6寝室の家に住んでいた（購入価格165万ドル）。白人・黒人混在地区とはいえ、オバマ宅周辺は黒人専門職や大学教授が多く、近所のヴァルワ・キャフェテリア（イーストST1518）は彼らの行きつけの1つで、オバマのお好み、「スクランブルド・エッグズ、ハッシュ・ブラウンズ（茹でたポテトを刻んで、両面焼き）、ソセジかベイコン」は大統領選出馬後、「オバマの朝食」と命名された。当選後は気軽に出入りできなくなり、オバマはこれを「トゥ・ゴー」、つまりテイクアウトで取り寄せるしかなくなった。むろん、来客は白人も多い。

オバマは、行きつけの理髪店、ハイドパーク・ヘア・サロンも行けなくなった。散髪代21ドル。ここには、かつて近所に住んでいたムハマッド・アリのポスターが貼られていた。多民族社会は、理髪店も民族集団の髪の硬さや柔らかさで理容技術が異なる。従って、髪質が柔らかい白人相手の理髪店に入ると、理容師はわれわれの硬い髪と1切り毎に悪戦苦闘する羽目になる。1切り毎に唸ったり、舌打ちしたり。こちらが睨むと、にわかに笑顔になるものの、またぞろ唸り声と舌打ちに戻る。むろん、黒人女性の場合、ちぢれ毛を真っ直ぐに伸ばすアイロンやら何やら、さらにたくさんの小道具と技術が不可欠となるのだ。黒人専門の理容師は絶対に不可欠である。

白人・黒人客混在の店は、ハイドパークの中心57番STに集中し、街路名を冠した書店、オバマの娘たちがピザ・パーティを開いたイタリアン・レストラン、「57番街のメディチ」等々。

今日（というより08年12月以降）、オバマ宅はシークレット・ポリスとシカゴ市警の厳戒区域で、写真など撮りようがない。

オバマは、ハーヴァードへ抜け出す前には、黒人教会にも食い込んではいたのだが、シカゴに戻って州議会上院議員になっていた97年春、最初の法案を出したときは、例えばこんな具合に黒人議員にいびられた。「あなたの名前の正確な発音をしてみてくれませんか?」。オバマが答えると、相手はすかさず、「それはアイリッシュですかな?」と問い返した。「田舎で立候補するときは、アイリッシュということになりますな」と、オバマは切り返した。相手は「グッド・ジョークだ」と褒めた上で、法案にはけちをつけ、「明確にノーだ。あなたの名が何だろうとね」と切って捨てた。むろん、議場で口論となって、あわや殴り合うかという寸前、オバマの師匠、最古参の黒人議員エミール・ジョーンズの首席補佐官に議場外へ連れ出された。

この相手議員が書いたオバマ批判の本、『十分黒人、十分白人、バラック・オバマのディレンマ』では、引き離される直前、オバマが「貴様のオケツを蹴り上げてやるぞ！」と怒鳴ったことになっている。相手議員は、「オバマがインドネシアの義父からボクシングの手ほどきを受けていた」とも書いている。この議員はこうも言った。「ハワイ育ちで、ハイドパーク住まいのあんたに、ストリートのことが分かるのか？」。オバマは、こう言い返した。「こっちだって、バラ色の子供時代を送ったわけじゃない。ぼくの仕事はストリート・オルグで、住んでいる地域も、シカゴ大を一歩出れば、きみの地盤と変わらずタフな地域だぞ」。しかしこの議員は、その後オバマが大統領選に出ると、ちゃっかり彼の味方に豹変した。もう1人、特にオバマいびりに熱心だった議員は、取材記者に「彼は黒人共同体ではブラックフェイスの白人と見られている」と告げた。「ダブル・アウトサイダー」であるオバマを、「顔を黒塗りした白人」になぞらえたのだ。主にユダヤ系の芸人が顔を黒く塗って、おどけた黒人役を演じたミンストレル・ショウでは、この変装をブラックフェイスと言ったのである。この議員もまた、後にオバマ支持に転じた。

この後、オバマは2000年に現職の連邦下院議員、ボビー・ラッシュに挑んで実に31ポイントの大差で完敗するのだ。獲得できた票はハイドパーク＆ケンウッド票だけ、サウスサイドの黒人票は軒並みラッシュに奪われたのである。ラッシュは、元ブラック・パンサーで、黒人の支持層だけで固まっていた。この当時で、毎週TV広告で2〜3万ドルかかり、オバマが集めた選挙資金は60万ドルが精一杯だった。

オバマが「ブラックフェイスの白人」呼ばわりされたのは、後述のように、彼を支持するユダヤ系が多かったからでもある。その1人、ニュートン・ミノウは、オバマからラッシュへの挑戦を相談されて、「気でも狂ったか？」と答えた。それでもミノウは黒人の知己を当たってみてくれたものの、ことごとく支援を拒否された。にもかかわらず、オバマが出馬したのは、後の04年の連邦上院選、07年の大統領選出馬と同じく息せき切った彼の焦りを感じさせる。

とはいえ、ラッシュに完敗した以上、残された課題は明確である。資金は裕福なノースサイドで、票はサウスサイドで、それぞれ工面するしかない。ただし、従来のサウスサイドでは票集めも埒があかない。残る手だては、選挙区を有利に線引きし直すことだ。

アメリカは、10年刻みで行う国勢調査で判明した人口移動に基づいて、議会の多数派を押さえた政党が、自党に有利なように選挙区の線引きを変えることができる（1812年以来、この露骨な「ゲリマンダー」が公認されてきた。マイノリティの進出につれて、民族集団別の線引きは必須となる）。

ラッシュに敗れた翌年、オバマは民主党側のてこ入れで、新たな選挙区を獲得した。それは、ハイドパークから都心西部の黒人居住区へ長い短剣のように迫り出し、そこからぐっと北上、ノースサイド都心部へ深々と切れ上がっていたのである。黒人票が多数ではあったが、ノースサイドには反黒人の白人ブルーカラーではなく、教育のある裕福な白人、特にユダヤ系などのリベラル層が多かった。この措置は、ラッシュとの選挙戦で、白人専門職の間での自身の人気にオバマも党側も気づいていたからだ。

オバマが線引きの大修正に立ち会った場所は、州都スプリングフィールドの豪壮な州議事堂脇、1950年代に建てられた州役人の冴えない執務棟、そこの「内陣（イナー・サンクタム）」と呼ばれ、民主党職員10名が詰めている部屋だった。入室の際には、指紋照合、暗証番号をキーボードに打ち込む。ばかでかい「内陣」には、巨大なプリンターと大きなモニターつきのコンピューターがずらりと並んでいる。そこで線引きの専門家、アイルランド系の民主党コンサルタントとともに、オバマはモニター画面に出ているシカゴの選挙区地図を睨んで、線引きの修正を開始した。アウトサイダー（オバマ）は、ついに「内陣」という「インサイド・ゲイム」のサンクチュアリーに入り込んだのである。

「はい、それはぼくです」

他方、共和党側のゲリマンダーの場合だと、その狙いは、民主党べったりの黒人の票を民主党白人候補に回さず、黒人候補に回す線引きで、白人政治家と黒人政治家の分断を図る点にあった。これはゆくゆくは共和党白人はもとより、民主党白人の間にすら黒人へ反感を募らせ、民主党の「内破」を引き起こせる高等戦術だった。むろん、この戦術は全米規模で実践されたのである。

従って、イリノイ州議会で多数派を奪還した民主党は、黒人票を白人候補が分け取りできる線引きに戻したついでに、オバマのような異色の黒人候補には白人選挙区を割り振って均衡をとったのだ——それどころか、オバマの新選挙区には共和党支持層の地域まで繰り込まれていた。

これで、基幹選挙区のハイド・パーク&ケンウッドに加えて、資金源としての裕福なノースサイド白人（ユダヤ系多し）、票田としてのウエストサイド黒人が、オバマの手中に収まった。これは、以後のオバマの彗星のような「飛翔」の基盤となる、異例の幸運だったと言える。

前述のエミール・ジョーンズ議員は、コミュニティ・オルグ時代のオバマが「政治屋」として弾劾した相手だった。後述するシカゴの複雑な政治網に精通していたジョーンズから見れば、この厄介な大都市へ落下傘降下してきたオバマ青年は、「まあ政治音痴で、理想主義的」な青二才だったのである。ただ、この老練な黒人政治家は、おそらくこの青年の、荒々しいシカゴ政界では希少価値のある、ずば抜けた賢明さに愛着を覚えたのだろう、州上院選挙では、彼の根性を試す手を打った。連邦下院に立候補した女性黒人州上院議員が、選挙に敗退、自身の空席に立候補させていたオバマに下馬を求めた。オバマは下りず、ジョーンズは故意に前女性議員の側についてみせた。〈これで引っ込むようなら、こいつの運命もそれまでだ〉、古狸の議員はこう見切っていたのだ。

むろん、オバマは轟々たる非難に怯まず、下馬拒否を貫いて当選した。州上院でも、前述のように、ジョーンズは自身の首席補佐官にあわやの殴り合いからオバマを引き離させていた。このように、すでにジョーンズとオバマ双方に好意が芽生えていたのだが、オバマがボビー・ラッシュ連邦下院議員に挑んで粉砕されて以後、両者は急速に接近する。回顧譚でジョーンズは、敗れたオバマを「一匹狼」だったと言った。この自分以外に頼れる者がいないと見切っていたのだ。オバマが自分を「ぼくの政治的ゴッドファーザーだ」と言うと、ジョーンズは映画『ゴッドファーザー』のテーマ音楽を携帯のリングトーンにして応じた。

03年春、ジョーンズが州上院議長になると、祝意を表しにやってきたオバマは、「ずいぶんと権限を手に入れられましたね」と言った。ジョーンズが「どんな権限を手に入れたのか、言ってみてくれ」と答えると、「あなたは連邦上院議員を生み出す権限をお持ちです」とオバマが言った。ジョーンズが「そうかねえ。私がそんな権限を持ったとして、連邦上院議員の候補にできる人間を知ってるかね？」と聞くと、オバマは答えた。

「はい。それはぼくです」。

共和党の現職連邦上院議員は不評で、民主党が連邦上院職を奪還する好機だった。ジョーンズは、後にこう絵解きをしてみせた。「政治では誰が誰と繋がっているかが、肝心だ。予備選でのオバマの対立候補の父親はシカゴ市長（リチャード・M・デイリー）と州上院議員時代以来の縁、市長も州知事も私と同じ釜の飯を食った仲、その私がオバマを強力に後押しすれば、3人とも連邦上院議員選挙から手を引く」。その上、ジョーンズはオバマを州上院で重要法案のスポンサーに仕立てて、寂しかった彼の議会歴に箔までつけてやった。

こうなると、前述の選挙区線引きの見直しも、ジョーンズの強い後押しがあったことが窺えるのだ。この新選挙区こそ、土俵が広い連邦上院選挙の中核になったのである。

デイリーが完成させたシカゴの「マシーン政治」

さて、前述のように、オバマが落下傘降下先としてシカゴを選んだ理由が、1983年、ハロルド・ワシントンがこの合衆国3番目の大都市で最初の黒人市長に当選したからだった。むろん、初の黒人大統領をめざすオバマは、リンカーンが州都スプリングフィールドを大飛翔のスプリングボードに選んだ故事にあやかってもいた。

圧倒的にプロテスタント、特にWASPが支配していたアメリカで、最初の被差別民族集団、アイルランド系カトリックがのしあがるには、南北戦争では南北双方で最大の戦死者を出すとか、「マシーン政治」で権力を掴むかしかなかった。後者は、同胞その他からの票集めで働いた者に、当選して市政を掌握したアイルランド系市長が、論功行賞として市の仕事や利権をくれてやることで、絶対不敗の政治マシーンを構築することだ。アイルランド系カトリックは、主に下層や移民を票田とする民主党を拠点にしてきた。

マシーン政治は、ニューヨークやボストンの民主党で最初に生まれ、後者ではケネディ一族がこれによって市政はおろか、ホワイトハウスまで手中に収めた。シカゴで中西部最強のマシーンを構築したのが、リチャード・J・デイリーで、ケネディはこの人物の支援によってニクスンを11万2827票の僅差で辛うじて撃破、カトリック唯一の大統領になれた。その証拠に、ケネディの選対を率いていた実弟ロバート・ケネディは、「デイリーこそ決め手(ボールゲイム)だ」と言っている(前掲拙著『大統領選からアメリカを知るための57章』明石書店)。

デイリーの市政壟断（ろうだん）は1955〜76年、彼が現職のまま死ぬまで実に21年も続いた。他の諸都市では、旧来のマシーン政治は姿を消していたのだが、デイリーの長期政権ゆえにシカゴではこれが長引いた。理由は、彼が労組側と資本側、さらにはブルーカラーとホワイトカラー、マイノリティなど、利害が対立する勢力を巧みに融合させ、マシーンを「近代化」させていたからである。

とはいえ、デイリー自身、有名なシカゴ屠場の外れに位置していたアイルランド系カトリックの居住区、荒々しいブリッジポートの出だった（過去45名のシカゴ市長のうち5名がこの地区出身）。この都市の別名が、「肩幅の広い都市」というのも、元来がブルーカラーの本質を持ち続けてきたからである。ひ弱な体格ゆえにマフィアの後光を借りて突っ張って（スワガー）いたフランク・シナトラが、ハドスン対岸のホボケン生まれなのに、シカゴを「おれ向きの街（マイ・カインド・オヴ・タウン）」と歌った理由だった。ちなみに、大都市呼称では珍しく、シカゴはネイティヴ・アメリカンの大部族アルゴンキンの言葉で、「ニンニク」を意味する。

デイリーに楯突いたのが、例のハイドパーク基盤のリベラル白人と一部の黒人だった。しかし、大半の黒人は、デイリーのマシーンに組み込まれていた（白人を「上部マシーン」、黒人を「下部マシーン」と呼んだ）。ハロルド・ワシントンは、このデイリー体制下で隠忍自重、白人人口40％、黒人人口40％、ラティーノ15％と、シカゴが有色人種優位に逆転した好機に、ついに市長職を奪取、黒人にもマシーン政治を応用しようとした。とはいえ、デイリーが論功行賞に使えた官職その他が3万を越えたのに比べて、さすがの「汚職都市」シカゴも監視の目が厳しくなり、ワシントン市長が使える官職数はせいぜい1000程度に激減していた。

ワシントンがシカゴ最初の黒人市長に当選したときの黒人側の興奮は、オバマの最初の自伝では、サウスサイドの家々に一斉にワシントンの写真が掲げられたことによって描かれている。オバマ行きつけの床屋の主人スミティは、こう言っている。「ハロルドが勝った夜、みんなが一斉に街路を走り抜けた。ジョー・ルイスがシュメリンクをノックアウトしたときみたいだった。感じが同じだったね。みんなハロルドを誇りに思っただけじゃない。おれたち自身を誇りに思ったんだ」と。

マックス・シュメリンクは、１９３６年、ルイスに勝っていたので、38年、ヒトラーは彼をアメリカに送り込み、再びルイス打倒を策した。シュメリンク自身はナチではなかったのだが、アメリカ側はナチと同列に見た。フランクリン・ローズヴェルト大統領は、ルイスをホワイトハウスに招き激励、いわば「米独戦争の前哨戦」と見なされた。この背景でのルイスの勝利は、アメリカ黒人を高揚の極点に突き上げたのである。

オバマ自身、ワシントンの勝利より2年後にシカゴ入りした。しかし、後で人づてに聞いた、ワシントン勝利に沸くサウスサイドの興奮についてこう言っている。「サウスサイドの人々の間に自分たちは解放されたという、ほとんど宗教的な感情が広がった。ぼくが地域オルグをやるときの集団的な贖いの手を、ワシントンが差し伸べていた」と。後にオバマは、黒人だけでなく、白人にまで、「贖いの手」を差し伸べるに至るのだが。

しかし第2期政権を確保した直後、ワシントンは急死、「贖いの手」は消え去り、シカゴ市政は混沌に陥る。オバマにとって、ワシントンのような、黒人だけの誉望（よぼう）を担ってのパワー奪取のはかなさが肝に焼きついた出来事だった。

それでも、前述のエミール・ジョーンズが、「政治では誰と誰が繋がっているかが、肝心だ」と言った真意は、黒人もまたマシーン政治を骨の髄までしみ込ませていた好例だ。オバマの師匠の1人、ユダヤ系のアブナー・ミクヴァ（ハイドパーク基盤の反デイリー派リベラル白人の代表で、元連邦下院議員。首都控訴院首席判事）は、言っている。「ウイスコンシン州出身の自分が、イリノイ州知事選に出た民主党リベラル候補を応援しようと、自分の選挙区、第８選挙区へヴォランティア志願した。すると、そこのボスがくわえた葉巻をとって、『誰の筋か？』（フー・センチュー）って聞くんだ。『誰の筋でもない』（ノーバディ・セント・ミー）って答えると、奴さん、葉巻をくわえ直すと、こう言ったんだぜ、『こっちは誰の筋でもない奴はお呼びじゃない』ってね」。

この挿話は、ＷＡＳＰから市政の覇権を奪取したアイルランド系から、ユダヤ系がいかに疎外されていたか、つまりいかに「誰の筋」でもなかったかを明示している。

「シカゴ市議会戦争」

さて、ハロルド・ワシントンの前に立ちはだかったのは、南欧・東欧系白人カトリック及び正教徒だった。デイリーは１９７６年に没し、彼の息子リチャード・Ｍ・デイリーが率いるアイルランド系は、父親が下積みを強いてきた黒人と後発移民の南欧・東欧系を、アイルランド系に組み込み、大連合を策すしかない時代になっていた。つまり、民主党は三つ巴に割れていたのである。

とはいえ、シナトラがケネディを応援したのは、ともにカトリックだった誼（よしみ）で、イタリア系を含めた南欧カトリックは、アイルランド系カトリック寄りだった。リチャード・Ｍ・デイリーが、南欧・東欧系のワシントンいびりを暗黙のうちに容認したのは言うまでもない。

南欧・東欧系の焦りは、以下の背景に起因していた。すなわち、１９５０年、中心部総人口３６０万人（市心人口の郊外拡散で今日２６９万。周辺圏人口を入れて９２４万）に達したシカゴへ、１９４０〜６０年、新たに50万人の黒人が南部から再び「大北上」を遂げたのである。南欧・東欧系を中心に強烈な黒人差別が繰り返され（「うちの裏庭では御免だ（ＮＩＭＢＹ）」運動）、キング牧師に投石がなされ、１９５９年までには、前述のように、シカゴは「合衆国公民権委員会（ＵＳＣＲＣ）」から「全米で最も差別的な都市」のお墨付きをもらっていたのである。

こうなるまでは、デイリー一世に黒人票の90％が集中していたのに、一世最後の選挙だった１９７５年には半分に激減した。

南欧・東欧系のボスは、クロアティア系のエドワード・ヴィルドリヤクだった。弁護士が本業の彼は、市議50名中、29名を掌握、対するワシントン市長は黒人市議16名、白人リベラル市議４名、非リベラル白人市議ながら彼の選挙区がワシントン支持ゆえに市長派たらざるをえない市議１名、合計21名の劣勢となった。以後、ヴィルドリヤク派は、同じ民主党ながら、市長の出す議案や人事を全て潰し、市長はこれに拒否権で対抗、市政は混沌と停滞に落ち込んだ。市長の拒否権を葬り去るには、市議会で３分の２（34名）以上の票が要るので、ワシントンは拒否権を乱発せざるをえなかった。この「シカゴ市議会戦争」ゆえに、この大都市は「ミシガン湖畔のベイルート」と冷笑された。

シカゴで１９８０年代に繰り広げられたこの光景は、２０１０年の中間選挙で連邦下院を奪取した共和党が、ジョン・ベイナー下院議長麾下に事ごとにオバマ政権に楯突く今日の国政構図を先取りしていた（実際には、超右派議員集団、「共和党研究委員会（ＲＳＣ）」１７１名が共和党を牛耳り、ベイナーはこのＲＳＣに振り回されている。共和党穏健派は今日、わずか63名）。

ワシントン市長も、後のオバマ同様、起死回生の手だてを選挙区線引きの改変に求めた。普通、10年ごとの国勢調査結果に基づいて行う線引き見直しだが、市長側は「１９８０年の国勢調査を基礎に行われた現在の線引きが黒人とラティーノに不利だ」として連邦裁判所に訴えたのである。前述のように、シカゴの総人口比率は、白人・黒人がともに40％、ラティーノ15％なのに、白人市議は33名、黒人市議16名、ラティーノ１名だったのだ。

市長側は１９８６年に勝訴した。この時期は、多元文化主義の全盛期で、マイノリティ有利の判決が出たのである。7選挙区の線引きを見直し、改変選挙区で特別選挙が行われ、市長側は自派市議を4名増員、25名となってヴルドリヤク派とタイになり、市長自身がタイ・ブレイカーになれるので、形勢逆転となった。この事態に、ヴィルドリヤク派市議数名が、市長側に寝返った。

1987年の市長選でワシントンは、民主党を離党して第3政党候補として自分に対決したヴィルドリヤクを、11ポイント差（53％ vs 42％）で粉砕した。しかし、長い心労ゆえか、ワシントンは11月に心臓発作で急死したのである。

この顛末を、筆者は船便で講読していた『シカゴ・トリビューン』で、時差はあったものの、逐一読んでいたので、ワシントンへの同情で胸が熱くなったものだ。おそらく、オバマは落涙くらいはしたのではあるまいか。

1989年、ワシントンの第2期後半の残任期間をめぐる特別選挙には、共和党に鞍替えして立候補したヴィルドリヤクは、わずか4％の得票に終わった。代わって、デイリーの息子、リチャード・M・デイリーが、漁夫の利を得て、前述のように、アイルランド系、黒人、ラティーノ、南欧・東欧系の大連合を形成して当選する。ただし、黒人の落胆は、二世への投票比率わずか7％に露呈していた。

なにしろ、シカゴの黒人人口比率は40％、その7％では長期政権はおぼつかない。二世は、市政内閣の部局担当トップ24名の半分をマイノリティにする挙に出て黒人懐柔に成功した。その証拠は、以下の事例だ。二世の第3期立候補時点では、前述のボビー・ラッシュ連邦下院議員、オバマを粉砕したあのラッシュが二世の対抗馬に打って出たとき、黒人新聞がラッシュを袖にして二世を支持したのである！　この鋭敏な措置ゆえに、二世は以後、2010年、第7期目への立候補を断念するまで22年もの長期間、市政を掌握した。デイリー父子は、合計43年間、市政を壟断したわけで、シカゴは何とも異様な都市だと言える。

さて、絵に描いたような「悪玉」を演じたヴィルドリヤクは、2010年、汚職で懲役10カ月の判決を受けて収監された。彼が引き起こした市政の大混乱が「シカゴ市議会戦争」と呼ばれたのは、『スター・ウォーズ』の善玉vs悪玉の筋立てにかこつけて、アーロン・フリーマンというジャーナリストが命名したと言われる。

ただ、ヴィルドリヤクがあれだけの粘り腰を発揮できたのも、持ち前の性格以外に、南欧・東欧系カトリックのブルーカラー層の間に、〈黒人とラティーノに競り負ける！〉との恐れが蔓延していたことが背景にあった。他方、先行移民のアイルランド系カトリックは、多くが中流化を遂げ、学卒・専門職が増えていたので、南欧・東欧系vs黒人・ラティーノの競合を高見の見物できたのだ。

皮肉なことに、オバマがボビー・ラッシュに敗れたとき、ラッシュに結集した黒人はヴィルドリヤクに結集した南欧・東欧系の硬直した視野狭窄（きょうさく）と変わらない症状に陥っていた。公民権運動の埒外にいたオバマに強い違和感を抱いたせいだ。

ちなみに、市議会戦争時代、ラッシュは市議で、当然、ワシントン派だった。08年の大統領選でオバマ優勢になると、第8期目の連邦下院議員であるラッシュはオバマに反発していた多くの黒人政治家同様、彼の支持者に豹変した。この黒人側の捩れは、「差別の被害に凝り固まったマインドセット」の産物で、他方、「差別の加害者特有の白人側の黒人への拘り（こだわり）」と対をなしていた。オバマは、たがいに離れていこうとするこの2頭の馬を同時に乗りこなす以外に、成功の見込みはなかったのである。

「たがいに離れていこうとする2頭の馬」を、オバマが明らかに見てとる場面が、彼の最初の自伝に出てくる。州議会で、都心ゲットー基盤の黒人議員があるプログラムの廃止は露骨な差別だと言い募った。すると、それをオバマと並んで聞いていた白人リベラル派の民主党議員がオバマに顔を向けて、「あの議員のどこがいけないか分かるだろ？　彼の話を聞く度に、こっちが一層、白人だって気がしてくるんだ」とぼやいた。オバマは、〈白人の罪意識も底を突いた。公平な心を持つ白人ですら、人種差別の非難に抵抗感を覚えるようになったんだ〉と感じたのである。

ラッシュは、04年の連邦上院選では、オバマではなく、白人候補を支持した。ところが、07年秋時点では、「あの上院選でのオバマの出馬は、神が命じられたことだとしか思えない」と言いだした。そう言う以外に、オバマの上院選から大統領予備選への「大飛翔」を自分に説明がつなかなかったのだ。「私は説教師で牧師だ。彼の出馬は神のご計画だよ。私は本気でそう思ってるんだがね」。ラッシュには、「たがいに離れていこうとする2頭の馬」はもとより、「白人の罪意識も底を突いた」ことすら見えてこなかったのである。

デイリー父子市政の功罪

さて、長らくデイリー一世と二世の父子専断都政に対抗してきたハイドパーク&ケンウッドとノースサイドのリベラル白人が、ついにこれに引導を渡したのは、彼らがオバマを合衆国大統領に押し上げた結果だった。デイリー二世は父親同様、死ぬまで市長職に止まるべく、第7期も立候補すると思われていたのに、2010年秋、突如、引退を表明したのである。

その後、2011年2月22日、長らく連邦下院議員、次いでオバマ大統領の首席補佐官を務めていたラーム・エマニュエルが、得票率55%、ユダヤ系最初のシカゴ市長に当選した。ユダヤ系に訪れた「オバマ効果」の最たるものである。

反デイリー白人の中核がユダヤ系だったことは、以下の写真でも分かる。1968年の大統領選のシカゴでの民主党大会で、演壇に立つユダヤ系の連邦上院議員、エイブラハム・リビコフに向かって、デイリー父子が、片手をメガフォン代わりに口にあてがって、野次り倒しているのだ。リビコフは、ケネディ贔屓なのになぜ？

　この党大会場の外では、市長命令でシカゴ市警の警官隊が反戦運動家らを警棒で叩きのめしていたのである。リビコフ議員は、これを批判したのだった。大会での主役はロバート・ケネディではなく、リンドン・ジョンスンの副大統領だったヒューバート・ハンフリーだったから、デイリー父子にすれば、リビコフの批判はよけいなお世話だった。

　例の写真では、周囲の出席者で、デイリー父子と一緒に野次っているのは1名、苦笑しているのは3名、後は全員、仏頂面か、口をへの字に曲げ、二世の背後の男性などは右腕を振り上げ、左手を突き出して二世を制止しようとしている。この悪名高い「シカゴ騒乱」ゆえに、大統領選では民主党が大敗、ニクスンの復活を許すのである（詳細は拙著『アメリカ「60年代」への旅』朝日選書）。

　かといって、ユダヤ系やハイドパークが挙って反デイリーだったわけではない。オバマ夫人自身、二世の市政法務顧問だったし、オバマ選対の元締め、デイヴィッド・アクセルロッド（ユダヤ系）やヴァレリー・ジャレット（黒人）も二世を支えていた。

　デイリー父子の功績を挙げれば、彼らのおかげで、シカゴは「鉄錆地帯（ラスト・ベルト）」と呼ばれてきた北東部諸都市、クリーヴランドやデトロイトの衰微を免れた。つまり、「物品生産」が工場の海外移転で衰退、「情報サービス産業」に転換する切所（せっしょ）を、シカゴは乗り切れたのだ。乗り切れなかったクリーヴランドなどは、「鉄錆地帯」へと転落した。一世が没した1976年こそ、この大転換が始まったばかりで、シカゴを巧みに「ポスト産業主義」の波に乗せた点では二世に多くの功績が帰せられる。

　一世は、身内や味方にうまい汁を吸わせ、政敵を容赦なく粉砕したが、二世は政敵を容赦なく買収して、右記の目的を遂げた。マシーンによる選挙区の掌握も、一世時代の葉巻をくわえたボスが「誰の筋か？」などとやるには時代遅れ、住民の大半がマンションに閉じこもると、戸別訪問はほぼ不可能になり、特に都心ゲットーに建てられた公営団地（俗称「プロジェクト」）は、「若者ギャング」の猖獗で戸別訪問自体が命懸けとなり、住民自身、ドアを開けなくなっていたのである。結果、選挙戦はもっぱらTV広告を乱発して戦うものに様変わりした。

ただ、汚職はデイリー父子市政の宿痾となった。シカゴ大で教鞭をとりながら小説を書いたノーベル文学賞作家（デイリー父が没した1976年受賞）、ソウル・ベロウは、こう言っている。「政治は政治、犯罪は犯罪だ。ところが、シカゴではこの2つが重なることが多い。美徳と悪徳の境界線が猛烈に入り交じる。政治は美徳では有効だが、悪徳ではコネなのである」と。ベロウもまた、反デイリー派が多いユダヤ系だった。

ハロルド・ワシントンが1983年に最初の黒人市長に選ばれたとき、『ニューヨーク・タイムズ』／WBBM－TVが2877名に行った出口調査では、ワシントンに投票した黒人97％、白人15％だった。この15％は、ユダヤ系を筆頭とする富裕層で、白人ブルーカラーを基盤とするヴィルドリヤクの偏狭さに辟易していた。この白人リベラルの数は今日ではもっと増えて、オバマの白人支持層の中核である。端的に言って、彼らの間では、08年、大統領に当選したオバマを「ユダヤ系最初の大統領」とまで言い切る者がいたほどだ。シカゴのショッピング・モール王の娘、ベティルー・サルツマンなどは、オバマが州議員にさえなっていない1992年、30歳のオバマを初見で、「他日、大統領になる大器」と太鼓判を押した――もっとも、彼女は「わが国最初の黒人大統領になる」と言ったのであって、「ユダヤ系最初の大統領」とは言わなかった。サルツマンの実父は、カーター政権の商務長官でもあった。

「何ともすさまじい自信(フツパー)ぶりだと思ったね！」

オバマを「ユダヤ系最初の大統領」と言ったのは、「誰の筋か？」のアブナー・ミクヴァである。彼は、自身ホワイトハウスでビル・クリントンの法務顧問を務めた。そのビル・クリントンを、黒人女性作家トニ・モリスンが「黒人最初の大統領」と呼んだことにひっかけてみせたのである――モリスンは南部で黒人居住区近くで育ったクリントン大統領が黒人の阿吽(あうん)の呼吸を掴んでいたことを指したのだ。

ミクヴァは、最初の『ハーヴァード・ロウ・レヴュー』会長となったオバマを連邦判事である自身の法廷書記(クラーク)に雇おうとして、「ぼくはシカゴに戻って政界をめざしているので」と断られている。ミクヴァは、「何ともすさまじい自信ぶり(フツパー)だと思ったね！」と笑った。「フツパー」は、イディッシュ語だが、今日では完全に英語化している。法曹関係ではクラークは出世コースで、垂涎(すいぜん)の的なのに、オバマは断ったのだ。

シカゴの別のユダヤ系は、「ユダヤ系がオバマを作った。どこを見ても、ユダヤ系の影がちらつく」と言い切っている。

これが異例なのは、ユダヤ系と黒人の反目は、今日、手がつけられなくなっているからだ。１９６０年代の「フリーダム・ライダー」までは、ユダヤ系と黒人は公民権運動で共闘していた。キングがユダヤ系とデモの先頭を切る写真が残されている。

イスラエルの右傾化、アメリカ国内のユダヤ系の「防衛組織」の親イスラエル丸出しのロビー活動以来、そしてブラック・パワーとブラック・モスレムの隆盛以降、両集団（黒人とユダヤ系）の蜜月は破壊された。「防衛組織」とは、ユダヤ系差別の摘発団体で、全米で大小入れて３００を越える。

後述する、反白人、反ユダヤ主義の黒人説教師、ジェレマイア・ライトとオバマ夫妻の関係は、かれこれ20

年続いてきていた。オバマ夫妻の結婚を司式したこの牧師との関係は、オバマを支援する白人、特にユダヤ系には喉に刺さった小骨だった。

全米人口比率わずか3%ながら、ユダヤ系はニューヨーク、イリノイ、カリフォルニア、フロリダなど、選挙拠点に集中、しかも投票率が極めて高いので、選挙の競り合いでは侮れない票田なのだ。また、アメリカの枢要な部署にユダヤ系が入り込んでいる。例えば、ハーヴァード・ロウ・スクールの教授、マーサ・ミノウが、オバマに瞠目(どうもく)、シカゴの大手法律事務所シドリー・オースティン幹部である父親、ニュートン・ミノウに、オバマに会ってくれと頼むという具合だ（1988年のこと）。

ニュートン・ミノウは、前述のように、オバマの無謀なボビー・ラッシュへの挑戦を諫めた人物だ。彼は、ケネディ政権下で「連邦コミュニケイション委員会（FCC）」議長を務めていた人物である。父親が法律事務所の古株に確かめると、相手は「ああ、その男ならすでにうちで雇ってますよ」という返事だった。前述のように、オバマと結婚する前のミシェル・ロビンスンもこの事務所にいた。そして、第2期インターンシップをオバマに提示したミノウもまた、ミクヴァ同様の理由で断られた。それでも、ミクヴァと同じく、ミノウもおびただしいユダヤ系の知己にオバマを紹介、結果、ヒラリー・クリントンは予備選ばかりか、膨大なユダヤ系の支援までオバマに奪われるに至る。ミノウの甥などは、オバマのスピーチライターの1人になった。

ミクヴァは、シカゴ大ロウ・スクールに勤務先が変わってオバマと再会、旧交を温めた。前述のサルツマンは、彼女が気に入ったオバマの特性は、「慎重だが、決断ができる」点だと言った。オバマは、相手に好きなだけ話させる聞き上手で、自身の意見表明には極めて慎重だが、だからこそよほどのことがないかぎり、意見は変えない。相手が頑迷ならば、いたずらな論争は避け、遠回りして元の論点に戻ってくる。

オバマはシドリー・オースティン法律事務所への本格入社も断るのだが、入社を勧めた相手が「残念だ」と言うと、オバマは「残念だではすまないことをしようとしている」と答えた。相手が首を傾げると、オバマは「ぼくはミシェル・ロビンスンと結婚する。彼女もこの法律事務所を辞める」と言った。相手は本気で怒りだしたものだ。

その後、オバマは公民権運動関連の小さな法律事務所に10年近く関わるが、そこのトップ、ジャドスン・マイナーはさらにオバマの以下の特性を上げた。すなわち、「(1)自身のアイデンティティと独自の落ちついた関係を維持し、見せかけがない。(2)途方もない自信を持っているが、傲慢や倨傲(きょごう)はない。(3)確固たる見解を持っているが、柔軟さを失わない」。(1)の特性は、混血児としての長いアイデンティティ模索がシカゴに捲土重来して以後は終息していたことを窺わせる。(2)の特性は、(1)の特性を踏まえてこそ実現される。また、突如、アメリカはおろか、世界的注目を浴びても舞い上がらない点がユダヤ系では特に評価が高い。かりに舞い上がりそうになると、すぐさまミシェルが普段の夫に引き戻す。また、「一言居士」の次女、サーシャは、観衆に手を振る父親に「うしろも(ビハインド)」と注意する。背後の観衆にも手を振れと知らせるのだ。(3)の特性を、マイナーはこう説明している。「幾多の経験で、最も重要な物事に対する鋭敏さを鍛えた結果だ」と。

ミシェルの従兄弟にはユダヤ教徒がいることも、ユダヤ系の大きな拠り所となる。しかもこの従兄弟は、ラビなのだ。エチオピアからの黒人ユダヤ教徒アーリヤー(帰国者)がイスラエルにとって大きな力となってきたように、アメリカ黒人との不仲というハンディを背負った在米ユダヤ系には、この従兄弟ラビこそ余人には計り知れない心理的保証となる。

「心配せずにいるなんて、ユダヤ系には贅沢だ」

とはいえ、ユダヤ系自身が言うには、「あのね、ユダヤ系は心配せずにはいられないんだ。心配せずにすませるなんて、ユダヤ系には贅沢なんだよ」ということになる。つまり、黒人の反ユダヤ主義よりも、肝心要（かなめ）はオバマのイスラエル政策である。厳しい信仰条件によって未だに世界で１４００万人程度しかいないユダヤ系の半数弱、６００余万がナチスの犠牲にされ、戦後ずっとアラブ諸国の包囲網の只中で孤立を強いられれば、「心配せずにはいられ」まい。

しかし、より開明的なユダヤ系で、イスラエルの猛烈な被害妄想に批判的なジョージ・ソロスは、ユダヤ系には不倶戴天の敵になる（拙著『ジョージ・ソロス伝』李白社）。オバマが主張する「完全に武装放棄したパレスティナ国家を認める」という、およそ非現実な前提すら、それが非現実ゆえに右派ユダヤ系には受け入れ難い。いや、在米ユダヤ系ではなく、イスラエルのユダヤ系が受け入れないとして、在米ユダヤ系は受け入れないのだ。08年10月時点ですら、共和党候補ジョン・マケインこそ、イスラエルでは本命候補だった。オバマが揃えた中東専門家も、右派の槍玉に挙がった。ズビニュー・ブレジンスキーは、その筆頭だった。開明派ユダヤ系の学者、スティーヴン・ウォルトとジョン・ミアシャイマー（シカゴ大教授）を支持したからである（2人の著書『イスラエル・ロビーとアメリカの外交政策』は、右派の槍玉に挙がっていた）。オバマは、イスラエルがパレスティナとの国境に建て巡らせた高い壁に反対したし、「アメリカが親イスラエルに傾き過ぎる」とか「自分は親イスラエルだが、親リクードでない」と言ったことは、右派には許せない。

親イスラエルは、前記のリベラルなサルツマンにも、絶対譲れない条件なので、リベラル・ユダヤ系がオバマを受け入れる最大の条件は、「ユダヤ系は心配せずにはいられない」と言った例の親オバマのラビによれば、以下のようになる。すなわち、「オバマには一種ユダヤ的なところがある。彼の猛烈な成果主義、知性主義、彼のカリスマすら、ユダヤ的だ。私には、その点で彼がわれわれの仲間だという気がする」ということになるのである。これには、前記の黒人のイリノイ州上院議長、エミール・ジョーンズがオバマに覚えた好意を連想させるものがある。

これを煎じ詰めれば、以下のようになる。つまり、ハーヴァード・ロウ・スクールで若き日のオバマと知り合った国際法の弁護士、ジャック・S・レヴィンは、無党派層だが、「ホワイトハウスで働いた知己らの特徴を総合してみて、大統領の最も重要な属性は、こうなる。すなわち、たがいに矛盾する忠告を受けたとき、情報を吸収し、考察し、議論し、これこそがとるべき道筋だと決断を下すことだ。オバマはその能力に長(た)けている」と。

例のミクヴァは、「オバマはアメリカが持つ最も偉大な大統領の1人になる」と太鼓判を押す。その彼が、ユダヤ系の支持が多少割れることの慰めにオバマにこう告げた。「きみの氏名がハイム・ワイツマンでも、ユダヤ系の一部はきみを支持しないんだから」と。ワイツマンは、ユダヤ国家の創立者である。オバマは、ミクヴァに笑ってこう答えた。「ご存じのように、ぼくの名前はバ、ラッ、ク・オバマです」。

この含意は、バラックがスワヒリ語で「祝福された」を意味し、予言者エレミヤの弟子、バルークが持ったヘブライ名に呼応すると、彼は言いたかったのだ。オバマは、これをボストンのユダヤ・センターで確かめていたのである——まさに「備えあれば憂いなし(レディニス・イズ・オール)」。

「機のほうが政治家を選ぶ場合もある」

2004年、オバマはイリノイ政界では記録破りの得票で連邦上院議員に選出された。黒人の連邦上院議員は、南北戦争以後の、連邦軍占領下の「再建期」以降、オバマが史上8人目。そして、この時点で6人目の現役黒人上院議員。黒人の連邦上院議員が少ない理由は、州2名の定員ゆえに、広大な選挙区での勝利が必修、しかしそれは黒人候補には不可能に近かったからだ。オバマがその難事をなし遂げた時点で、大統領選は、当然、視野に入ってきた。

ところが、というか、従って、というべきか、07年1月、彼は08年の大統領選出馬を決断したのである。「唐突な話だった」と、ミシェル・オバマは言う。「だって上院に当選したばかりじゃない。こちらは内心『ウーウーウ、冗談でしょ！　もっと楽なボタン押しましょうよ！　一息入れないと』って感じだった」と。

ところが、ユダヤ系の軍師、デイヴィッド・アクセルロッドは、この出馬決断の4年も前から撮影班を編成、オバマの活動を、ケニア西部の実父の故郷訪問を始めとして、逐一、フィルムに収めていたのである。つまり、アクセルロッドは、オバマがアメリカ史に焼きつけられる存在になることを確信していたことになる。この稀代の選挙参謀は、すでに4つの州で黒人市長を当選させた実績を背負って、オバマを担いだのだ。

アクセルロッドは、当然、連邦上院選での勝利から1年強後に、「普通、政治家が機を選ぶものだが、機のほうが政治家を選ぶ場合もある」と、オバマの大統領選出馬を黒人の民主党関係者らに匂わせ始めた。前述のジョン・ルーイス連邦下院議員の誕生パーティにも、オバマを連れてアトランタへ飛来した。議員がオバマと街路を歩くと、黒人はもとより白人までオバマに出馬を勧めた。議員は誕生パーティで、オバマが「いつの日か合衆国大統領になるだろう」とは発言した。

ルーイス議員と、オバマ&アクセルロッド及び巷の期待に落差があったのは、黒人政治家たちは政治の暗闇を見すぎてめしいていたせいだった。例えば、オバマは自伝のサイン会で全米を回り、読者らの反応で「機が自分を選ぶ」兆しを直観していた。むろん、連邦上院選を指揮していたアクセルロッドは、かってハロルド・ワシントン市長が拒否された選挙区でオバマが歓迎される光景に確かな手応えを掴んでいた。さらには、保守的なイリノイ州南部でも歓迎されてもいた。「州南部の白人たちは、キャンザス生まれのぼくのお祖父ちゃんやお祖母ちゃんそっくりだった」と言うオバマに、アクセルロッドは目を細めた。「どこへ入っていっても、人を和ませる。人種や背景で人を区分けしない。あれは二人種にまたがる出自のせいだ」と。

やがては、黒人の「被害資産」を振りかざしては白人を遠ざけてきた従来の黒人指導層も、オバマの特徴に気づき始めた。「彼はこの私と会った後、すぐさまキャンザスの代表に会える。この私とは正反対の相手の中身もニュアンスも理解できる。あれは真似ができないね」（初期にオバマに反発した黒人牧師で露出度の高いアル・シャープトン。04年の大統領選で民主党予備選に出馬）。

「赤狩り」以降のハリウッドは左派の天下である以上、奇異な感じはしないのだが、映画では黒人大統領が時折登場してきた。最も有名なのは『ザ・マン』で、アーヴィング・ワリスの原作は、公民権法と投票権法に署名したリンドン・ジョンスン大統領の時代、1964年に出た。主人公ダグラス・ディルマンは中西部出身の黒人連邦上院議員で、現職大統領、連邦下院議長、副大統領が相次いで死亡（いずれも白人）、国務長官（白人）が継承を迫られるが、上院最古参のディルマンが「上院仮議長」として継承順位を優先され、大統領職を引き継ぐ（上院議長は副大統領）。ディルマンは大統領として弾劾に遭遇、わずか1票差で放免される。

その後、ブラック・パンサーを造ったヒューイ・ニュートンをＦＢＩディレクターに任命する黒人大統領など、白人の黒人への恐怖をあおる喜劇類を経て、主に「ディザスターもの」で黒人大統領が登場するようになる（『ディープ・インパクト』（１９９８）のモーガン・フリーマン、長期ＴＶシリーズ『24』（２００１～２０１０）のデニス・ヘイズバート、『２０１２』（２００９）のダニー・グラヴァ等々）。黒人大統領にディザスターの処理を押しつける構図は意味深長ではあるまいか？　オバマもまた、「リーマン・ショック」という、ブッシュが野放しにしてきたディザスターからのアメリカ救済を押しつけられた。

さて、アクセルロッドらは幾度も大統領選出馬のブレインストーミングを開いてきたが、06年11月、首都のある法律事務所で行われた会議で、あらゆる懸念事項が俎上（そじょう）に載せられた後で、首都基盤の弁護士＝ロビイストの１人が「人種の問題はどうする？」と聞いた。オバマはこう答えた。「アメリカは用意ができている」と。それ以外、この論点は話題にならなかった。なぜか？

「モーセ世代」と「ヨシュア世代」

逆に「アメリカの用意ができていなかった」とは、どういう時期か？　例えば、１９６７年、第３政党での大統領選出馬を持ちかけられたとき、キング牧師は峻拒（しゅんきょ）した。以後、５組の黒人候補が登場、最も躍進したのが、何度か触れてきたジェシ・ジャクスンだった（１９８４年と88年の民主党予備選でその魅力的な弁舌で白人本命候補を脅かした）。ジャクスンは、２度の出馬で合計14州の予備選と党員集会を制したのである。

しかし、積年の差別の清算を迫る黒人候補は、白人有権者票を引き寄せられない。かといって、祖先の罪を恥じていない白人は、皆無なのだ。恥じているからこそ、よけいに差別的になるとすら言える。その恥をできるだけ素直に引き出し、プラス方向へ誘導できる黒人候補が不可欠なのだ。

しかし、それができるオバマのように希有な黒人候補は、今度は黒人有権者の反発にさらされる。オバマが打った手だては以下のようなものだった。公民権運動と無縁だと批判された彼は、キングが文字通り自身とデモ参加者の命を賭けたアラバマ州セルマの行進（１９６５）の遺産継承の仕方をアメリカ黒人に、いやアメリカ全土に対して、明示してみせたのである。「私がここセルマに来たのは、ここでわれわれ後続世代の犠牲になってくれた人々が行進したからであり、私はこれらの巨人たちの肩に立たせてもらうためであります」と。

この、キングやルーイス議員、ジャクスンら先行黒人世代の顕彰は、彼らを「モーセ世代」として規定し、オバマら、ポスト公民権運動世代を、モーセの後継者、ヨシュアに準えることを意味した（ディヴィッド・レンミック「ヨシュア世代」『ニューヨーカー』08年11月17日号）。モーセ（すなわちキング牧師）は、ついに約束の地を見ることなく死んだ。オバマは、後を引き継ぐ「ヨシュア世代」を率いるのだ。とはいえ、約束の地から敵を追い払えばすむヨシュアと違って、オバマははるかな難題を背負っていた。「敵」（白人）を味方に引きつけないかぎり、勝ち目はないのである。その意味で、「エリコの戦い」でヨシュア軍が攻撃を加えずとも、エリコの城壁がエホヴァの神意によって自然崩壊した故事は、はるか後世のオバマの勝利を象徴していたのかもしれない。オバマこそは、白人への攻撃を控えることによって、彼らの敵意（すなわち、エリコの城壁）を崩壊させ、彼らの票を掘り起こしたのだから。

しかし、「モーセ世代」には、ジェシ・ジャクスンのように、最後までオバマに自分の指導力を横取りされたとの怨嗟を脱皮できない者がいた。オバマが、実父に捨てられた体験から、家族を捨てる同胞の父親に責任感の涵養を求めただけで、ジャクスンは「あいつは黒人を見下した口のきき方をする。やつの金玉をスパリと切ってやりたい」と小声で言ったのを、フォックスTVのマイクに拾われ、放映されて、彼は謝罪する。

ジャクスンのような「モーセ世代」はもとより、オバマの同世代でも「ヨシュア世代」としての自覚が持てず、白人への落とし前を迫る旧来の戦術に固執する黒人は多かった。黒人が受けてきた被害の深刻さは歴史的事実で、彼らを咎めるわけにはいかない。とはいえ、彼らとともに自滅しないためには、オバマ陣営はこれらの黒人は「放射能を撒き散らす黒人」に分類、陣営から外すしかなかったのである。

ジャクスンのために言えば、彼の息子（連邦下院議員）はオバマを支持した。ジャクスン自身、後に大統領に選ばれたオバマの姿を勝利演説の会場（シカゴのグラント・パーク）で群衆の間から見上げながら、カメラを無視、涙を拭いもせずに立ち尽くしていた（筆者はこの「モーセ世代」が見せた万感籠もる涙に、初めてもらい泣きしたのである）。オバマはそのジャクスン、そして狂喜し涙するする聴衆（白人がいかに多かったことか！）に向かってこう演説したのだ。「そこにいるみなさんが、アメリカではあらゆることが可能だということ、建国の父たちの夢が今も生きていること、これらの事どもに対して未だに疑いを抱き、わが国の民主主義の威力を未だに疑っておられるなら、この『今夜』こそがみなさんの疑念に対する答えなのです」と。

とはいえ、ニクスンがリンカーンの政党だった共和党の地盤を北部から引き剥がし、奴隷制の残滓だらけの南部に移植したのは、公民権運動に対する白人の怒りを利用するためだった（ニクスンのこの「南部戦略」については前掲拙著『大統領選からアメリカを知るための57章』明石書店参照）。この結果、「モーセ世代」の戦略は逆効果になり始めたのだ。しかし、「モーセ世代」は、片腹痛い「白人の怒り」にうめき声に近い激怒を抱いた。代々被害を受けてきた者には、怒りがアイデンティティへと硬直し、怒りの瘤が彼らを振り回していたからである。

ちなみに、オバマを強く支持したジャクスン二世は近年躁鬱病にかかり、政治活動ができなくなった。オバマと父親の板挟みが原因だったことは否定できまい。

あのリベラルこの上ない白人女性、ジェナヴィーヴ・クックすら、「どうして黒人はあんなにいつも怒っているの?」と、オバマに聞いた（ことになっている）（第2章）。

公民権運動では、キングを凌ぐ忍耐力を備えていたボブ・モーゼズは、遠き60年代、ミシシッピ州で黒人の有権者登録を推進したが、古希を過ぎた08年、オバマについてこう言っている。「彼は自分自身との関係が安らかだ。一般に差別への怒りという圧力にさらされた黒人には、自分自身と彼のような安らかな関係を造れない。そんな真似をしようとすれば、自分自身をぶっ飛ばしてしまうしかない。世間は彼が怒れる黒人候補になる余裕がないと言うけど、要は彼は怒っていないんだ。怒っていれば、顔に出るよ」と。まさに「モーセ」の名を持ちながら、モーゼズは知性と安定した気質を持つ数学者だったのである。ハーヴァードを出て、今日、プリンストンで教鞭をとるこの老黒人こそ、早く来すぎた「ヨシュア世代」だったと言える。

キング、マルカムX、オバマ——黒人側から見たこのトリオの意味

とはいえ、ボブ・モーゼズもオバマも極めて異例の黒人指導者だった。

『アトランティック・マンスリー（AM）』の常連ライター、ターナハーシ・コウツは、オバマよりはるかに若い1975年生まれ、両親は1960年代、「ブラック・パンサー」だった。コウツは、この未婚の両親の息子である。コウツの父親はヴェトナム帰還兵士で、4人の女性に7人の子を生ませた。「黒人の父親は責任を持て」とのオバマ勧告にピタリと当てはまる人物だ。ターナハーシ・コウツ自身、未婚で子をなしている。

コウツの祖母や実母の少女時代、黒人女性のちぢれた頭髪は焼き鏝で真っ直ぐに伸ばしていたので、頭皮は火傷だらけだった。その後、「リラクサー」という石油製のジェリーでちぢれ毛を伸ばす理容法が開発されたが、これで頭皮が焼けるように痛む光景は、スパイク・リーの『マルカムX』冒頭近くで、リー扮する「ラナー」（ナンバーズ・ゲイムの掛け金集め）とデンジル・ワシントン扮する主人公が演じてみせる。リラクサーによる整髪法を「コンキング」と言った。

大学へ進んだコウツの実母がブラック・パンサーになると、逆にちぢれ毛を真っ直ぐに伸ばさず、一層ちぢれさせるヘア・スタイルが前衛的整髪法に一変した。レゲエでおなじみのドレッドヘアは、その典型である。

白人の美意識の支配は、「青い目に金髪」に集約され、白人女性でも、黒髪を金髪に染めて、目が青く見えるコンタクト・レンズをはめる。

この美意識の専横支配への反逆がドレッドヘア（恐怖の髪形）だとすれば、マルカムXの「ブラック・モズレム」は黒人へのキリスト教支配を跳ね返す「精神的ドレッドヘア」だった。

コウツは、AM誌への記事、「マルカムXの遺産」（2011年5月号）において、この指導者とオバマの連結点を探る（掲載写真では、獅子吼するXの顔が眼鏡をかけたオバマの顔に変えられている）。コウツは、1980年代後半から90年代前半、マルカムXのリヴァイヴァル風潮下に成人した「ヒップホップ世代」だった。しかし、元はWASP文化の高級文化の最先端を担ってきたAM誌の常連ライターになるには、白人中心社会内での孤独な競合を強いられ、それから逃れるべく、2004年、コウツはハーレムに住み着く。しかし、かつてのように室内にXの肖像を飾りはしなかった。交友関係が、極めて人種横断的になっていたから、用心したのだ。08年11月のオバマの大統領当選も、コウツは知り合いの「人種横断カップル」の部屋のテレビで見た。

しかし、著名な黒人評論家、スタンリー・クラウチが、最初は「オバマは黒人ではない」と言ったくせに、彼が大統領になると、「アメリカの可能性を否定してきたマルカムXは、11月4日のオバマの勝利によって彼の足下で粉砕された」と豹変したことに対して、コウッは深刻な反発を抱いたのである。そして、「バラック・オバマを大統領に選んだアメリカは、今もマルカムXのアメリカだ」と、コウッは主張するのだ。

「白人の暴力に非暴力で対せ」と説いたキングの公民権運動は、黒人に白人に対する「超人的な寛容さ」を強要する。他方、マルカムXは、白人への憎悪を黒人に許すことによって、均衡をとってくれた。コンキングの痛みに耐えた黒人たちに、映画に描かれるように自らもコンキングに走ったことがあるXは、「きみらの髪の毛の質を唾棄せよと教えたのは誰か?」と反問した。そして、こう続けたのである。「きみらの肌の色を唾棄せよと教えたのは誰か? きみらの鼻や唇の形を唾棄せよと教えたのは誰か?」。

コウッは言う。「この『誰か』は、個々の白人ではなく、黒人を自己嫌悪へと追いやる体制的な力」であり、Xは同胞に「あるがままのきみらでOKなんだ」と告げ、「完全な人間としての再生」を可能にしてくれたのだと。

Xが白人を怯えさせたのは、メディアが膨張させた彼の怖い映像で、例えば彼を常時監視していた白人警官、ゲリー・ファルチャーは、Xの決まり文句と喧伝された「警官殺し、白人支配の政府転覆」は虚言で、「Xは黒人を仕事につけ、教育を受けさせ、彼らを体制内へ入れようとしてる。そのどこがいけないって言うんだ?」と反問した。

つまり、キングとマルカムX——この2人が黒人にはなくてはならない存在だったことは、リーの映画『ドゥ・ザ・ライト・シング』(1989)の最後に示される。この2人にオバマが加わったのは間違いがない。白人にはこの3人はバラバラにしか見えないにしても、黒人側はこの「トリオ」を連結しなければ、オバマ登場の存在論的意味合いがぐらつく。

唐突な比較だが、世界史的な英雄を持てないでいるという奇妙な劣等感に憑かれた日本人が、「信長＝秀吉＝家康」を合体した「スリーサム・リーダーシップ」を信奉するように、キング＝X＝オバマはアメリカ黒人の相似物となったと言える。

キングが黒人に求めた超人的寛容さゆえに危険な脱力に陥りかけた同胞に、Xは「ブラック・パワー」（活力）と「ブラック・イズ・ビューティフル」（美意識／ドレッドヘア）を回復させた。つまり、「完全な人間としての再生」である。

コウツは、この抽象的なマルカムX観をXが自分が属する文化運動、ヒップホップの生みの親とすることによって具体化し、「ヒップホップ・レコード会社の経営者らが最初に黒人をオバマに結集させる契機を造った」と言う。ヒップホップこそは、怒濤の60年代の「統合維持運動（インテグレイション・メインテナンス）」の生硬なうねりから生まれてきた、よりしなやかな文化運動だった。

コウツは、少年時代のオバマがキングよりもマルカムXに共感を覚えていた事実をオバマの最初の自伝から引いている。「〔Xの〕繰り返される自己創造は、ピンと来た。彼の言葉に響く不敵な詩情、他者の敬意をむきつけに要求する執拗さ、ここからは妥協を拒む新たな秩序が生まれてくる可能性があった。その秩序こそ、全き意志力によって鍛え上げられ、雄々しい規律で成り立っている。それ以外の事柄は全て、青い目の悪魔や終末などの戯言（たわごと）はこれ全て、彼のプログラムにはつけ足しか宗教的なお荷物で、ぼくとしては、彼が晩年、捨去ったと見て差し支えないとの結論に達した」。

「繰り返される自己創造」は、作動中の「完全な人間としての再生」に当たる。コウツは、Xに対する賛辞、「われらの黒人的マンフッドの権化」、「輝かしい黒きプリンス」（オジー・デイヴィス）をオバマに当てている。だがそれは、キングの非暴力による抵抗で危殆（きたい）に瀕した時期の「黒人的マンフッド」ではなく、白人に脅威を与えずに支持を引き出せるオバマの場合、はるかにしたたかなマンフッドである。彼がちぢれ毛をドレッドヘアにせず、短く刈り上げるだけなのは、まさに黒人の新たなマンフッド、真の成熟に達した彼らのマンフッドの象徴なのである。

マルカムXは、白人生徒ばかりの中学では優等生で、白人教師にうっかり「弁護士になりたい」と漏らし、相手から「そいつはニガーには過ぎた目標だな」と憫笑(びんしょう)された。後年、それを口にしたXは、「受けたかった高等教育の学歴がないのは、私の最大の欠点だ（中略）自分ではいい弁護士になれたと思うのだがね」と述懐した。

オバマは、事実上の母子家庭で、いや祖父母家庭で育ちながら、弁護士となり、ついには大統領へと自己を創出した。婚外家庭の出で、自らも婚外子の親となったコウツは、オバマ政権の２０１０年夏、ハーレムを出て、初めてハーレム近くの、白人多数のモーニングサイドハイツに住み着いた。オバマが20数年前に通ったコロンビア大のある地域である。そしてコウツは、南北戦争の勉強を始め、黒人と白人との平等を論外としたリンカーン、かつては奴隷を持ち、「解放後の黒人を国外へ送り出せ」と主張したグラント将軍を歴史次元で冷静に見直すように、マルカムXをも歴史次元で見直す。これまた、オバマがキングとマルカムXと、ついに三角形を形成したからこそできる芸当なのである。

ケリー選対からもぎとった17分

さて、07年1月21日には、オバマの大統領選出馬は公然の秘密となり、オバマ自身、予備選の嚆矢(こうし)となるアイオワ州で勝てれば、「ぼくは見込みが出てくる」と断定した。この州は、黒人有権者３％弱、圧倒的に白人の州なのである。その3週間後、オバマは、1858年、リンカーンが連邦上院選に出馬した、イリノイ州都スプリングフィールドの旧州議事堂の正面階段で出馬表明を行った。

リンカーンは、この1858年の選挙では「2つに割れた家は立ち続けられない」との名高い演説を行ったが、選挙では民主党候補スティーヴン・ダグラスに敗れた。オバマはなぜ、リンカーンの1860年の大統領選出馬にあやからなかったのか？　しかしそれから1年弱後の08年1月3日、オバマはアイオワで勝ったのだ。

では、なぜオバマがミシェルが望んだように、「一息入れなかった」のか？　その大前提は、04年7月28日の民主党大会（ボストン）で行ったジョン・F・ケリー候補のためのオバマの応援演説だった（ケリーに関する拙著『ジョン・F・ケリー』宝島社参照）。

『ワシントン・ポスト』記者、イーライ・サズロウ記者の「政治的スターを進水させた17分」（同紙08年8月25日付）こそ、オバマがこの時期すでに「飛翔体制」に入っていた気合のほどを描き出す出色の記事である。人間が檜舞台に躍り出るには、絶好の好機を掴むのでは間に合わない。好機自体を自ら呼び込み、あらゆる備えを尽くすしかない。オバマはその模範を示した。

飛翔体制への速度は、以下の事実で推し量れる。すなわち、2000年、アル・ゴア候補を擁立する民主党大会（ロサンジェルス）に駆けつけたオバマは、会場に入れてもらえず、会場外でのTV鑑賞を強いられた。ところがその4年後はケリー候補の基調支援演説者の1人に立てられたのである。

オバマは、04年の連邦上院議員選では、民主党の指名を勝ちえていたが、実質身分はまだ一介のイリノイ州上院議員、対する共和党候補はまだ未定だった。その点でいえば、大統領選の大土俵での対決相手、ジョージ・W・ブッシュが現職大統領だったケリー候補とは、オバマは大違いだったのだ。

連邦上院選でオバマの選対を率いたジム・クローリーは、オバマに民主党指名をとりつけるや、一転、ケリー選対に貼りついてオバマへの基調演説割り当て枠獲得に奔走した。オバマは連邦職は上院選本選挙の結果待ち、現実には一介の州議員にすぎない。ケリー選対は難色を示した。だが、ケリーへの黒人の支持率が従来の民主党候補にしては低かったのが決め手となった。さらに、鮮烈な輝きを持つ若手ならば、老人が多い党大会スピーカーの中では「泥中の宝石」になる。ケリー選対は賢明にもゴーサインを出した。ただし、8分しかくれなかった。

とたんに、オバマは州議会の合間に、全米メディアが放映する大会初日のビル・クリントンと決まっていたのだ。基調演説の本命は、州都スプリングフィールドのホテルで黄色いメモ用紙に演説の草稿を書き始めた。往々にして真夜中を過ぎてもかかりきりになった。州議会でもアイディアが浮かぶと、議場からトイレへ潜んで草稿に手を入れた。政策演説はスピーチライターに任せても、全国舞台への「飛翔」を賭けたこの基調演説の草稿は、自分で手がける――9年前、自伝、『父から受け継いだ夢』を自ら手がけたように。オバマ選対を率いる、前記のクローリーによれば、オバマは「この演説を自分のベイビーに仕上げる気でいた」。「自分のベイビー」――この言葉は、本書の冒頭でも使ったように、英語では重い意味がある。

連邦上院選の本選挙待ちという谷間の日々を利用、オバマは実に過去30年間になされた党大会のヴィディオや演説原稿に全て目を通した。「備えあれば憂いなし」とはいえ、オバマの「才能」の大半がこの「備え」への徹底ぶりに由来していることが分かる。

州議員らには、大きな見取り図でのデモクラシー論を吹きかけ、反応を試した。1人の州議員は後に党大会場でオバマの基調演説を聞いて初めて、「あのとき、おれは効果測定に使われてたのか！　と合点が行った」と苦笑した。

草稿は25分の分量となり、7月20日ころ、大会本部に送られ、ケリー選対は「12分に縮めろ」と言ってきた。同選対は、オバマの自伝部分をかなり縮め、ケリー推薦部分を増やそうともした。オバマとクローリーは「12

分で基調演説はやれない」と粘り抜いて、17分まで獲得した（2297語への圧縮である）。

筆者の経験では、NHKの「視点論点」という番組が9分30秒で、1800字だとゆっくり話せて、視聴者に最も分かってもらい易い。しかし、視聴者は自宅で見ているクールな人々である。党大会は、興奮し切った会場の代議員らをいやが上にも興奮させないと尻すぼみに終わる。ところが、スピーカーが聴衆を興奮の坩堝へと駆り立てる光景を自宅のTVで見ている視聴者は、会場の連中よりはクールである。この2種類の観客を同時に魅きつける難題が、オバマに課せられていたのだ。

15分の演説で08年の大統領選への切符入手

ボストンへ飛ぶ前、オバマはデイヴィッド・アクセルロッドの事務所で、初めてテレプロンプターを使っての試験を行った。単独では、15回以上、リハーサルを行っていた。これは異常な回数だが、過去30年分の基調演説のおさらいと言い、この15回と言い、スポーツ選手が無数の練習によって動きを意識下にまでたたき込み、それによって、本番で自在に体が動くようにするのと変わらない。つまり、スポーツにおけるイメジ・トレイニングだ。体操選手は、理想の着地を何度も繰り返し、それをヴィディオでも再確認しては徹底的に脳裏にたたき込む。本番では、脳裏にある着地像と現実の着地とが重なったとき、成功が確信できるのだ。

ボストンの大会場でも2回、テレプロンプターを使ってのテストが行われたが、オバマは緊張がとれなかった。

ホテルで単独リハーサルをやりたいのに、本番前の40時間、無名の新人が基調演説をやるというので、メディアが押し寄せ、15人もの相手と会見した。

オバマ選対側も、党大会場で彼の存在を代議員らに周知させるべく、シカゴからオバマの選挙プラカード5000枚をトラックでボストンに運んだ。選対を率いるクローリーは、大会後にオバマのお披露目パーティを開く段取りをつけた。

オバマ自身は、党大会の執行部にいた友人に頼み込んで、妻のミシェルを舞台裏に同行させること、3回目のリハーサルの実施を了承させた。ミシェルこそ、2つの民族にまたがるオバマの不安に「重力の中心（センター・オヴ・グラヴィティ）」を与えてくれる存在だったことが、劇的に証明された。元来、大会規則では、身内が舞台裏に入ることも、3回目のリハーサルもなしだったのである。3回目のリハーサルも固さがとれず、見届けたアクセルロッドですら、「まだ75％のできだな」という始末だった。本番まで30時間しかない。

ついに本番——慣例を破って舞台裏に入ったミシェルに、「とにかく台なしにはしっこなしよ、バディ！」と活を入れてもらって（第3章）、オバマは舞台の袖に立った。間際になって、側近の青いタイを借用、イリノイ基盤の友党古参連邦上院議員、ディック・ダービンが自分の紹介を終わるのを待機した。それが終わると、舞台へ出たオバマは5000の代議員が自分のプラカードを振り回す眼前で、ダービンに礼を言い、相手をハッグした。袖に戻ってきたダービンは、ミシェルの脇に立ち、彼女に劣らず不安げに壇上のオバマを見つめた。演説冒頭の数語をテレプロンプターが捕らえ損ね、出だしはおぼつかない。後で「効果測定に使われていたのか」と苦笑する、前述の同僚州議員は、会場のスカイボックスでオバマを見下ろして、「ロボットみたいだ。いつものリズムじゃない」と案じた。

冒頭での自伝的自己紹介では、ケニア出の実父の背景には、聴衆も馴染めず、さしたる反応がなかった。2分後、実父の背景から実母の背景に入ったとき、高い座席にいたキャンザス州の代議員らが唸り声を上げ、それに驚いたオバマは彼らを指さし、笑顔になった。リハーサル抜きの最初のジェスチャーだった。これが出ないと、観衆は沸かない。観衆全員が笑い声を上げ、オバマの突っ張っていた肩がやっと自然になった。「これでいつもの彼に戻った」と、例の同僚州議員が安堵の吐息をついた。死せる実母や、パットン戦車軍団で戦った祖父、戦時中、軍需産業を銃後で支えた生ける祖母が、キャンザス代議員たち、ひいては会場全体を活性化、オバマを助けたのだ。

以後の15分間に、オバマは事実上、自身の08年の大統領選の基礎を構築できたのである！ 演説中、聴衆の拍手喝采は33回に及んだ。終わったとき、例の同僚議員はこう感じた。「自分が彼の実の兄のように誇らしかった。涙が止まらず、シカゴのタフガイの沽券に賭けて袖口で拭おうとした。振り向くと、会場全体で涙を浮かべていない目はなかった。彼は全員の心に届いたんだ。あの夜、聴衆がケリーの代わりにバラックの名を書いていれば、彼はブッシュに勝てていただろう」と。

しかし、当人にはまだよく分かっていなかった。大会後、オバマ選対が開いたパーティに押し寄せた大群衆が、入場待ちで長い行列を作り、著名人らの入場依頼がオバマ選対に押し寄せたとき、当人にやっと納得が行ったのである。クローリーは、ミシェルを巻では人前に出さず、パーティ会場へ突入すべく、首席補佐官のダリル・トムスンと大男同士で腕を組み、オバマを背後に引きつけて、大群衆の只中へ突っ込んでいった。

以後、シカゴでもニューヨーク同様、単独でのジョギングを欠かさなかったオバマは、ミシガン湖畔をひとりで走るのは危険とされたのである。ついに「全米的公人」となりおおせたのだ。

「未だに脚に走った寒けがとれない」オバマの演説

それにしても、保守派の論客は、オバマの演説内容を分析、「中身はただのパフだ」と断じた。白粉などを指すパフは、「中身がないもの」という意味だ。これは、08年のオバマが「チェインジ」という「パフ」を繰り返して全米を興奮に巻き込んだことと響き合う。

04年のオバマは、「黒いアメリカ、白いアメリカ、ラティーノ・アメリカ、アジアン・アメリカなどはない。あるのは『統一されたアメリカ』だ」と触りの文句で大喝采を受けた。最後の英語、「統一されたアメリカ」は、「合衆国（USA）」を意味する。これに続けて、「『青地域』も『赤地域』もない。われわれ全員がアメリカ人だ」とやるはずだったが、ケリーのスピーチライター、ジョン・ファヴローが事前にケリーとの重複箇所だとして削除を求めた。

面白いことに、オバマは怒ったくせに、自分と張り合える文才を持つこの若きファヴローを、後に自分のスピーチライターとするのである。演説の文句が、読書好きを魅きつける掘り下げよりも、聴衆を興奮させる特異な「パフ」であることを早くから熟知していた2人の出会いだった。いわば、歌謡曲のポップ調こそが命だったのだ。

そこでオバマは、問題の箇所をこう変えてみせたのである。「評論家は、私たちの国を『赤い州』と『青い州』に細切れにしてしまう。しかし、彼らに教えてあげようではありませんか。『青い州』でも神を信じるし、『赤い州』の図書館をFBIがかぎ回るのは、私たちも反対だと」。解説が要るのは効果減殺ながら、アメリカ人にはこれですぐ分かるのだ。「青い州」は知的な有権者が多く、「赤い州」はハルマゲドンをマジで信じる者だらけだ。そして、「反連邦政府主義」の「赤い州」では、FBI（連邦警察）は唾棄される。

実情は、各州に「青い選挙区」（教育のあるホワイトカラー有権者多数）と「赤い選挙区」（ブルーカラー有権者多数）が郡単位、選挙区単位で混在、最後にどちらが多いかで「青い州」か「赤い州」かに決まってしまう。前述のように、多民族社会のアメリカでは、選挙区を民族集団別、社会階層別に「ゲリマンダー化」できる（第5章）。

従って、勝負は選挙区単位なのだが、これに競り負ければ州に割り振られた「選挙人」を丸取りされてしまうので、結果的に赤い州か青い州に色分けされてしまうのである。

「パフ」は、中心主題を変奏でリフレインすることで成功する点で、歌詞と似ている。自伝の題名、「父から受け継いだ希望」を、オバマは基調演説では以下のように「変奏」してみせた。「焚き火を囲んで自由を求める歌を歌った奴隷たちの希望。メコン・デルタを勇敢に哨戒した若き海軍中尉の希望。不利な状況にあえて挑む工場労働者の息子の希望。アメリカには自分にも居場所があると信じる、おかしな名前を持つやせぎすな少年の希望。そう、希望です！　難局に直面しても捨てない希望！　大胆不敵な希望！　とどの詰まり、これこそが私たちに神が下された最大の贈り物、すなわちわが国の礎（いしずえ）なのです。目に見えないものへの信仰、今よりよき日が前方に待ち受けているという信念。正しい追い風が私たちの背中を押しています。この国は再び、従来の約束をとり戻し、この長い政治的暗黒から、より明るい日が生まれてくるでありましょう」。

この「パフ」の変奏に次ぐ変奏で、多くの者が涙腺を刺激された。「海軍中尉」はケリー候補、「やせぎすな少年」は自分自身である。「大胆不敵な希望」は、2冊目の自伝の題名だった。党大会での例の同僚州議員もそうだったが、シカゴ州議会でオバマの師匠となったあのエミール・ジョーンズも涙が止まらず、「電撃的ショックを受けた。見回すと、誰もが涙、涙、涙。彼こそは偉大なイリノイ人だ」と語っている。

海千山千のメディア担当者ですら、こんな具合だった。「未だに脚に走った寒けがとれない。前代未聞の歴史的瞬間だ。これほどの基調演説は聞いたことがない」（MSNBCの辛口ホスト、クリス・マシューズ）。このホストは、後でこうも言い足した。「あそこで私が見たのは、最初の黒人アメリカ大統領だった。なぜかって？　移民体験が、アフリカの背景、信じられない高い学歴、それにみごとなスピーチと共鳴してたからだ。あのスピーチはなまじいな政治家には真似ができない」と。ここにおいて、演説冒頭で不発に終わったかと見られたケニアの血筋が、聴衆に深々と浸透していたことが分かる。

大統領への言及は、他にもこういうのがあった。「あのスピーチを彼が書いたのなら、彼は大統領になるべきだ。なんともすばらしいスピーチだったからね」（カーター大統領のスピーチライター、ヘンドリック・ハーツバーグ）。そして、「基調講演の本命として大会初日に登壇したビル・クリントンをはるかに凌いだ」という結論が出たのである。ただし、2日目の演説は、大手メディアの多くが放映しなかったのだが（従って、見届けた人数は910万人と、パッとしなかった）。

それにしても、この大成功「パフ」は、黒人としか見えないスピーカーが、奴隷制と内乱以後の差別制度で繰り返し被ってきた被害を、最小限にしか言及しなかったことが基礎になっていた。つまり、差別の被害を声高に訴えては良心的な白人すら遠ざけてしまう、いわゆる「（差別糾弾の）放射能を撒き散らす黒人」となることを差し控えることが基礎になっていたのである。従って、被害を政治資産としてきた黒人活動家の多くには不評だった。つまり、「パフ」の成功は、白人視聴者らに「白人の負い目」を最小限に意識させるに止め、他方、もっぱらアメリカの理念への感傷的興奮へと解き放たせた結果だった。

「ユー・テューブ」活用でTV広告費を浮かす

2008年の大統領選の民主党予備選でヒラリー・ロダム・クリントンが敗退する原因は、物理的な側面が大きかった。いずれ劣らぬ魅力にあふれた2人だったのだ。かくいう筆者自身、まだ若いオバマより、年齢的に熟したヒラリー・クリントンに先に機会を与えたかった（08年の民主党予備選の詳細は、前掲拙著『大統領選からアメリカを知るための57章』明石書店／『誰がオバマを大統領に選んだのか』NTT出版参照）。

「物理的な側面」とはすなわち、彼女の選対がカリフォルニアやテキサスのような大州での勝利の連鎖に賭けたのに対して、オバマ選対は大小不問、全米50州での勝利に賭けたのだ。

小州は、有権者全員が投票する一般投票による予備選よりも、「党員集会（コーカス）」という奇妙な制度が多い。州権主義のアメリカらしく、他の全ての制度同様、党員集会自体が各州毎に異なるのだが、基本的には投票時間を限定、州の有権者のほんの一部しか投票できない閉鎖的な仕組みである。例えば、予備選の嚆矢となるアイオワ州の党員集会の詳細は前掲拙著2冊を参照。

当然、オバマ選対のやり方のほうが、はるかに勝算が高い。しかし、これには莫大な選挙資金が要る。クリントン陣営が小州を捨てたのは、資金不足が原因だった。

オバマ陣営の資金集めについては、かなり広く報道されたので、ここでは内幕の細部に触れ、「理念」の完遂には「まず兵站（へいたん）」からという、オバマ陣営のしたたかなプラグマティズムを一瞥しておきたい。

その最たるものが、ただでさえ後述の「ネット献金」でクリントン陣営をはるかに凌駕していたオバマ側が、「ユー・テューブ（ＹＴ）」を多用して無料の宣伝成果を上げ続けたことである。しかも、高額なＴＶ広告よりＹＴのほうがはるかに効果的だった。なにしろ、ＴＶ広告は見たくもないのに見せられる。ところが、ＹＴは好奇心をかきたててくれるからわざわざ開いて見るのである。さらには、友人や知人経由でＹＴを見るので、オバマ情報が視聴者の人間関係の枠内で伝達されていく。むろん、大元の画像は選対が資金を投じて作成するにしても、いったん流し込んでしまえば、結果的にのべ１４５０万時間も画像が眺められた。これだけの時間をＴＶ広告で買えば、４７００万ドルかかる。この経費が浮いたのである。

繰り返すが、視聴者側が受け身で見させられるＴＶ広告より、視聴者が積極的に開いてみた上で、仲間同士で感想を交換し合い、たがいの友情を育めるＹＴのほうが、票田発掘の効果の点でははるかに有効だった。

いや、過去のデータでも、視聴者が過ちに先に気づき、得意満面で修正を入れてくる。自己満足だけで動いてくれるので、むろん無料である。例えば、マケイン選対は、副大統領候補、セアラ・ペイリンが唱えた「私はアラスカではブリッジ・トゥ・ノーホエアに反対した」は、その事実はないとの反論が常軌を逸する勢いでオバマ贔屓の「ネティズン」によってなされ、マケイン側は消去せざるをえなくなった。これは、アラスカ州のケチカンからケチカン国際空港へのフェリーに代えて橋をかける計画に、州が連邦予算3億9800万ドルを獲得、それに対する他州での轟々たる非難が起きて棚上げとなった。この橋のあだ名が、「どこにも通じない橋（ブリッジ・トゥ・ノーホエア）」だが、実はペイリンは全米で非難が起きても建設を要求し続けた事実をYTで一斉に暴かれ、彼女の虚言だと非難するメイルが集中したのである。

こうして、オバマ選対は、まったく懐を痛めずに相手に打撃を食らわせることができたわけだ。

逆に、オバマ側は、自衛もできた。例えば、黒人側からすればまっとうな抗議を説教で繰り返してきたジェレマイア・ライト師、オバマ夫妻の結婚を司式したこの牧師との関係が、白人右派のしぶとい攻撃にさらされた。右派は、ライトを一斉に「放射能を撒き散らす黒人牧師」として糾弾、むろん狙いは白人との融和を当選の大前提とするオバマ側の基本戦略を突き崩すことにあった。サウスサイドの「都心ゲットー」に渦巻く黒人側の怨念に捌（は）け口を与えてきたライト牧師との親交は、コミュニティ・オルグとしてのオバマには、大前提だったのだ。

この板挟みを、オバマはどう切り抜けるか？ 全米が固唾（かたず）を呑む中、彼は実にみごとな演説（08年3月18日）で、義理あるライト、逃がしたくない白人票という「二河白道（にがびゃくどう）」を乗り越えてみせた。「ライト師を否定することは、黒人共同体を否定し、それは翻って私の白人の祖母を否定することであります」と。つまり、ライトも祖母も、バイレイシャルの自分にとってはかけがえのない存在だと言い切ったのだ。実に際どい綱渡りだったので、YTでこの演説が670万回（08年11月7日時点）繰り返し視聴されたことによって、オバマの微妙な趣旨が広く徹底されたのである。

筆者は、2004年のケリー支援演説より、「人種演説」と呼ばれたこちらのほうに強い感銘を受けたし、歴史的にもこの演説のほうがはるかに「パフ」ではないと確信している。「二河白道」という重々しい仏教語を動員せずにはいられないだけの質量を秘めたスピーチだった。

YTに話を戻すと、失言は永久にYTから消去されず、そこだけ拡大して反復される。従って、とっさの発言でも中庸を得ているように自己訓練を積んでいないと、今日の政治家はカムバックが効かない。あるいは、ビル・クリントンのように、破廉恥な女性関係で弾劾されても、かえって支持率が上がる不可思議な魅力を備えていないといけない。もっとも、彼の成功は、ヒラリーが夫の不倫に大騒ぎせず、沈着冷静に振る舞ったみごとさに負うところが多い。彼女自身、自分の履歴面での成功は彼と離婚しないことに集約されているという、アメリカの保守性をしっかと掴んでいたのである。

それはともかく、失言の少なさでは定評があるオバマは、YTで何百万回も彼の人格の中庸度を反復確認されることによって、彼自身の真正（オーセンティシティ）さを確立し、同時にYT自体の真正さをも確立してきたと言える。

「興奮を捉え、それを換金せよ」

従来の資金集めパーティは、テーブル1つを多額の寄付金で売る形で行われてきた。ヒラリー・クリントン陣営は、これの最後の行使者で、いわば時代遅れの恐竜（爬虫類）のごとく、軽快にネット献金を集めていくオバマ陣営という、生物史に新たに登場した「哺乳類」に滅ぼされ、滅亡への道を驀進した。

いや、共和党側のオバマの対立候補、ジョン・マケインもまた、自ら墓穴を掘っていたのだ。彼が起草者になった集金規制法（「マケイン＝ファインゴールド選挙資金法」）は、多額の寄付金（「ソフト・マネー」）を禁じて、個人献金の上限を２０００ドルに限定した（これは04年大統領選。08年は２３００ドル）。

それ以前、ソフト・マネーは事実上無制限で、共和党よりも民主党の候補が御利益に与ってきた。共和党側の意図は明白で、民主党候補らの糧道を断つことにあったのだが、陋劣な共和党政治家が増えた中で筆者すら敬意を表するほどのマケインにとっても、この新法は自らの首を絞めることになったのである。むろん、ヒラリー・クリントン陣営の集金力も削がれた。

従って、小口の寄付を膨大な数にして資金集めをやるしか手がなくなっていたのだ。これには、シリコン・ヴァリーの助けが必須だった。２００１年の大不況転落から這い上がりかけていたシリコン・ヴァリーには、次のブームはフェイスブックなどの「ソーシャル・ネットワーキング」だと目安がついていた。そして、これが「選挙の集金＋集票＋大規模支援＋敵方の中傷への即時反撃」という総合的マジックを展開してくれた。

ヒラリー・クリントンの場合、夫が立候補した１９９６年時点、シリコン・ヴァリーは揺籃期で、カリフォルニア州だと、不動産、アパレル、ハリウッドが資金提供者の中心だったから、彼女も夫の手口を踏襲した。ここにこそ、彼女の敗因があった。彼女の陣営は、「オバマ陣営が旧泰然たる集金法に頼るのであれば自分を凌駕できず、資金難で早晩自滅する」と見くびってもいたのだ。悲惨なことに、クリントン選対内にも、シリコン・ヴァリーとの提携の必要を説いた者たちはいたのだが、多勢に無勢で押し切られてしまったのである。後に選対は、慌ててオバマ方式を真似るが、後の祭り。マケイン選対は最後まで真似すらうまくいかなかった。

それでも、07年10月時点、まだヒラリー・クリントンの無敵さが重くのしかかっていた時点で、アクセルロッドは「彼女の『チェインジ』は民主党路線と共和党路線の間でやじろべえを演じる見せかけであって、従って両党の統一など視野にないと攻撃せよ」と指令を発した。

アクセルロッドの娘は癲癇に悩み、ヒラリー・クリントンは夫妻にいい医師を紹介、癲癇患者を支える市民組織の設立にも大いに手を貸してくれていたのだが、攻守所を変えれば、人情は投げ捨てるしかなかった。オバマ自身、上院ではクリントンのよき弟子で、08年は彼女に譲る思いもないわけでもなかったのだが、出馬の直観に従った。このために悩みもした。

オバマ陣営の非情さは、以下の例にも見られた。予備選ではクリントン選対の政策局長だったニーラ・タンデンは、本選挙ではオバマ選対の国内政策局長、政権発足後はオバマ健保の上級担当になるのだが、その彼女ですら、ヒラリー・クリントン攻撃を命じたアクセルロッド指令を、「あれは人格攻撃だった。私はオバマ氏に、あれは政策で争うのではなく、個人攻撃だと抗議した」。効き目はあった。オバマも忸怩たる思いがあったのだ。タンデンは、現在、クリントン夫妻の肝入りで造られた革新側のシンクタンク、「アメリカの進歩センター（ＣＡＰ）」会長である。

アイオワで勝利したオバマ陣営は、08年2月、５５００万ドルという記録破りの集金額を実現したが、うち４５００万ドルがネット献金だった（総額を日割りにすると、日に２００万ドル！）。つまり、オバマ自身が資金集めパーティからパーティを駆けずり回らなくとも、ひとりでに４５００万ドルが転がり込み続けたのである。

この結果、08年6月19日、オバマ陣営は「公的選挙基金」を受け取らないことにした（これは１９７６年以来、初めての措置）。陣営側も、まさかこれほどの集金額を予測していなかったので、いったんは政府からの査察が厳しい８４００万ドルにすがる決断をしていた。これを翻したのである。この撤回は一種の違約行為で、オバマも悩みはしたが、むざむざと新たな集金力を打ち捨てることはできなかった。公的選挙基金で戦ったマケインとの資金格差は、９月から11月初旬の投票日までの期間で、ほぼ３対１となり、相手への中傷ＴＶ広告ではマケイン陣営を凌駕できた。

さて、ネット献金の最初の行使者は、04年の大統領選の民主党予備選で一時期フロントラナーになれたハワード・ディーン候補の選対を率いたジョー・トリッピだった。ディーン陣営がネット献金で2400万ドル集めたのに対して、公的選挙基金離脱を決断した08年6月時点、オバマ陣営は2億ドルに迫りつつあった。クリントン陣営は、早くも「スーパー・テューズデイ」後の08年2月5日、資金が切れた。それまでも資金が潤沢なオバマ陣営と張り合って膨大なTV広告を打たざるをえなかった結果だ。1年前には思いも寄らない資金枯渇だった（旧式な集金方法でならば絶対不敗の資金を獲得していたのである）。オバマは、クリントン陣営が資金枯渇して以後の11回の予備選で連勝を続けたのだ。

アクセルロッド麾下の選対マネジャー、デイヴィッド・プラフは「目先の予備選より何週間も先を見据えていた」との賛辞を送られた。しかし、「何週間も先を見据え」られたのも、潤沢な資金あればこそで、予備選毎に借金が増えていくクリントン選対やマケイン選対には、明日すら見据える余裕もなかった。勢い、人口希薄な田舎州を省略するしかなかったから、オバマ陣営がそこに割り振られていた数少ない「選挙人」をかっさらい、塵も積もれば山となるで勝利できたのだ。

ただ何事にも秘訣はある。それは以下の仕組みだった。つまり、1度寄付すると、寄付者の携帯端末にオバマのリングトーンが鳴って、選対の最新情報が伝達されてから、eメイルで穏やかにさらなる小口寄付の要請がなされる。さらには選対仕事へのヴォランティア志願の誘い、新たに友人をネットワークに呼び込み奨励という、一連のむだのないメッセージが入ってきたのである。

要するに、07年には成熟期に入っていたシリコン・ヴァリーと大統領選の連結だった。オバマ自身、シカゴでのコミュニティ・オルグ時代、膨大なデータの整理・統合を強いられたとき、コンピューターの不可欠さを認識していた。オバマ選対のオンライン化の総指揮をとったのが、フェイスブックの共同創業者クリス・ヒューズだったのである。彼は自分が興した会社から休暇をとっての選対入りだった。こうして発足した「マイ・バラック・オバマ・コム（MBOC）」は、それ自体が大統領選中のネットワーキング・センターで、オバマ情報を日替わりで流すことによって選挙当日までメンバーの結束を保持できた。大統領予備選や本選挙へライヴで参加できる幻想を提供し続けたのである。

「マイ・バラック・オバマ・コム」

アメリカのように、はなから平等だと個々人は孤立する。他方、階級社会では、主人と召使が相互の肚が読めないと成り立たない。これは、あのアレクシ・ド・トクヴィルが、早くも19世紀前半、階級社会のヨーロッパに比べて最初に指摘した、アメリカ社会の特徴だった。だから、アメリカ人が孤立から離脱できるのは、選挙のときで、日本人には理解できない大統領選の持続的な集団的大熱狂が起きる。普段、孤立している埋め合わせに、たがいが共通候補を支援、相互に団結できる選挙が、準備段階も入れれば2年近い長期にわたる国民的祝祭となるのである。

「マイ・バラック・オバマ・コム（MBOC）」は、メニューが豊富だ。写真や動画入りのオバマ・ニュースはもとより、電話番号リストがあって、そこへ参加者自身が自前でMBOC情報を流す。オバマ・リング・トーンが12もあって、日変わりで取り替えられ、彼への投票を約束させる。5ドル寄付するだけで終わらず、友人たちに働きかけ、何かのイヴェントを開催させる。寄付はクリック1つでできるし、「寄付温度計」が1人1人の「実績」を表示してくれる。「彼らにトゥールを与えて、全部自前でやらせる」（MBOCの中核、スティーヴ・スピナー）。まさに、「興奮を捉えて、それを換金せよ」の手法だった。

驚嘆すべきは、オバマ選対からは一銭の資金も、このマシーンに投入されていなかったことである。事務所の家賃、光熱費（コンピューター、電話）、ドーナツ、コーヒー、一切がMBOC参加者らが、各自、費用を自弁できたのだ。

MBOCは、オバマ中傷への即時反撃機能も担っていた。例えば、ミシェル夫人が前述のジェシ・ジャクスンの団体PUSHで「白ちゃん（ホワイティ）」と発言したとする極右の人気パースナリティ、ラッシュ・リンボウの攻撃に対しては、以下のように即応反撃した。04年7月1日に行われたPUSHの画像を逐一公開、彼女は出席したが、スピーチは行っていなかった事実を繰り返し流してみせたのである。リンボウはジャクスンとオバマ夫妻が一蓮托生との印象を、保守派白人はもとより、オバマに靡く白人にも与え、切り崩しを図る作戦だったのだ。ミシェルがスピーチをしていなかったことは、極右側の戦略をオバマ陣営がはなから先読みしていたことを示している。

その他、「オバマの出生証明書は贋造だ」との中傷はオバマ攻撃の白眉（はくび）だったが、これは「合衆国生まれでないと大統領になれない」という基礎条件に関わるので、執拗に繰り返された。この手合いは、「出生証明書屋（バーサーズ）」と冷笑された。彼らは、オバマのミドルネイム、「フセイン」から、彼をモスレムと言い張り続け、「赤地域」の無知蒙昧な有権者の大半がこれを信じ込む奇現象が起きた（ケニアの父方の祖父はモズレムだったことを、バーサーズは鬼の首でもとったように吹聴）。MBOCは、その他おびただしい捏造攻撃への反撃を先鋭化すべく、即時反撃部門を独立させ、「ファイト・スミア・コム（FSC）」で撃ち返した。

これまた、選対よりもヴォランティアのほうが熱心だったのである。これには、04年の大統領選で、ジョン・F・ケリー候補がまんまと「中傷（スミア）」の餌食にされた事実への民主党支持層の憤激と無力感が関係していた。

前述のように、ケリーはヴェトナム戦争では大変な武勲を立てていたのだが、帰国後、一転、反戦運動家になった経歴を、ブッシュ裏選対の中傷集団につけ込まれたのである。つまり、復員兵士らのケリーの「転向」に対する怒りを逆用され、元兵士らの集団が中傷を担当したのだ。それをリンボウ他の極右パースナリティが拡大した。

オバマ陣営側も、座して死を待つ気はさらさらなく、実に有効な即応反撃体制を構築し、これに精密な情報蒐集に長けたヴォランティアが関与、むろん選対側も専門の「ファクト・チェッカー（校閲係）」一群を用意した。また、キャロライン・ケネディと交代した前駐日大使、ジョン・ルースは、シリコン・ヴァリーのテクノロジー専門弁護士として、自力でオバマ陣営に50万ドル集め、論功行賞として駐日大使職にありついた。（1）駐日アメリカ大使として初めて広島を訪れ、（2）東北の地震・津波・原発被災に際しては駐留米軍のトモダチ作戦実施などで知られた。

しかし、ルース大使に関する以下の挿話は、選挙資金調達に巨大な地殻変動が起きていたことを示している。『アトランティック・マンスリー』に優れた記事を書くジョシュア・グリーンが、ルースにオバマの経歴不足を口にすると、彼は吹き出しかけて、それをこらえると（自制は大使職の適正能力）、こう答えた。「シリコン・ヴァリーの人間は誰も、候補者に膨大な首都での政治経験が要るなんて思ってはいない」。そして、グーグルを立ち上げた2名も20代初め、YTもフェイスブックも、創業者は20代初めだったと続け、「いいかね？ 偉大な企業の基礎は、アイディア、タレント、インスピレイション基盤のリーダーシップなんだよ」と言い添えた。別の「ヴァリー人間」に言わせれば、「オバマこそ『ニュー、ニュー・シング』だ」ということになる――つまり、オバマこそ、「大半の政治データをオンライン化できる大統領」になれると見ていたのである。

MBOCが総動員できたヴォランティアは、総計75万人、共通関心団体8000、開催したイヴェント3万件だった。08年2月、200ドル以下の寄付は、オバマ陣営94％に対して、クリントン陣営は26％、マケイン陣営は13％にすぎなかった。3月時点、オバマへの寄付者、127万6000人――あまりの落差に、クリントン陣営は07年以降、数字を公表しなくなった。

2012年の再選では、オバマ陣営は実に10億ドルを集めた。大金持ちのロムニーすら太刀打ちしかねる金額だった。これだけ優秀な選対要員だと、選挙後は政治家はもとより、企業からも引く手あまたとなる。アクセルロッドによれば、「最初に受けた電話の1つは、『おたくの若い天才たちは何者なんだ？　うちで雇いたい』というものだった」。そのアクセルロッド自身、再選後はNBCニュースとMSNBCへの寄稿者、シカゴ大政治研究所所長である。

オバマがいかにアクセルロッドを大事にしていたか、以下の挿話でご理解願いたい。08年夏、デンヴァーの民主党大会場に代議員らが入場を続けていた最中、オバマはホテルのスイートでアクセルロッドとスピーチライターのファヴローの前で指名受諾演説の最終リハーサル中だった。最も高揚した箇所で、「もうたくさんです！」と触りの文句を叫んだとたん、ドアにノック。気分は「もうたくさん！」だったが、ドアにいちばん近かったのが自分なので、オバマがドアを開けた。「ルーム・サーヴィス！　シーザー・サラダ頼んだのは？　あんたらのどっち？」。盛り上がりを邪魔させた元凶となったアクセルロッドがオズオズと片手を上げた。オバマは届けてきた相手からトレイを受け取ると、それをアクセルロッドの前に置いて、こう言ったのである。「さあ、どうぞ、アックス。ぼくの指名受諾演説できみのランチの邪魔をして悪かったね」

と。言うなり、オバマは吹き出した。

前述の04年のジョン・ケリー支援の演説時点に比べてはるかに落ち着きが感じられたのは、ヒラリー・クリントンと激闘を続けてきた連戦錬磨の結果だった。しかし、マケイン相手の本選挙に入ると、オバマはさらに演説草稿とテレプロンプターを重視、口調も単調ではないが、予備選での舞い上がるような高調子を避け、前夜と同じ語句を繰り返し、聴衆の説得に重点を置くようになる。「マイルズ・デイヴィスからバリー・マニロウに変身した」と言われた。

ちなみに、「デイヴィスからマニロウまで変身」する前に行われたこの指名受諾演説は、少なくとも4000万人がTVで見た。これは1960年、ケネディの指名演説以降、ニールセン社が人数を記録し始めて以来、最高の数字だったという。

前述の07年10月、ヒラリー・クリントン陣営に絶望的なまでに引き離されていた時期、オバマはアクセルロッドらの立てた作戦に異議を唱えなかった。これで選対瓦解が回避されたのである。アクセルロッドは言う。「彼はわれわれがどん底に落ち込んだときいつでも、最高の状態にいる。おかげでわれわれは最悪の状態を切り抜けられた。全国規模の選挙では珍しいことだ」と。ある記者が2人に別々に聞いてみたところ、双方が期せずして、「おたがい世界観が同じなんだ」との回答を得たのである。

さて、「若い天才たち」だが、彼らは「天才」すぎて、既成企業の枠組みを「天才」発揮の邪魔と感じる。そこで、自前の会社を立ち上げ、大手企業からは委託で仕事を受ける仕組みを選ぶ者が多い。その1人によれば、「われわれが選挙中に機動させていた速度で動ける企業はまずない。彼らはいったん、作動させると、後はそのまま。われわれは、作動と並行して、途中でも逐次点検が当たり前だった。また、ひっきりなしに登場してくるニュー・テクを片っ端から取り入れていた」。つまり、それ（作動と逐次点検とフィードバック）ができる人材だけで組まないと、成果はフイになってしまうのだ。

思えば、マケインその他の従来の資金規制法は、「寄付額の制限」一点張りだった。寄付者が見返り目当ての金持ちばかりだったからである。オバマは、逆に寄付者を見返り目当てでない一般人に拡大することによって、結果的に寄付額を激増させた。これこそが民主主義の根幹で、もはや誰が最高額を寄付したかなどは論外となった。従って、寄付金規制法も不要となったのである。新テクノロジーは、見返り目当てに寄付するという資本主義的功利主義を粉砕したのだから。テクノロジーが民主主義の精度を高めたという興味深い視点から、オバマ選対の大活躍は社会学的に精査されるべきだろう。

それにしても、時代の最新テクノロジーをいかにして選挙に首尾よく活用するかが死命を分ける。テレビを活用し切ったケネディは大統領になり、それにしくじったニクスンは敗れ去った（前掲拙著『大統領選からアメリカを知るための57章』明石書店）。インターネットに関しては、オバマがケネディとなり、ヒラリー・クリントンとマケインがニクスンとなったのである。

第7章 政権第1期——金融改革に覗いたオバマ流儀

ワシントンとジェファスンのコーヒーをめぐる会話

政治の世界を部外者が理解し易い譬えでは、かつてのロサンジェルス副市長、マイクル・キーリーの言葉が最適だ。「LA市政をバスだと思え。運転手の市長がいくらアクセルを踏み込んでも、全ての座席、つまり票田だね、そのどれにもブレイキがついてて、誰でも好きなときにそれを踏み込めるんだ。当然、『LA市政バス』はエンコする」。実は、これはカリフォルニア州政治総体にも言えることで、「州知事」と「ターミネイター」を合わせて「ガヴァネイター」と呼ばれたかのアーノルド・シュウォーツネガーをもってしても、「カリフォルニア州政バス」は立ち往生してしまった（拙著『カリフォルニアからアメリカを知るための54章』第28章）。

1787年、憲法制定会議中の（まだ大統領でなかった時期の）ワシントンとトマス・ジェファスンの間で交わされた会話も政治のメカニズムを知る上で分かり易い。駐仏大使で母国を離れ、制定会議を欠席してきたジェファスンは、ワシントンに、「最初は連邦下院と大統領府だけで行くはずだったのに、私の留守にどうして連邦上院をくっつけたんですか?」と聞いた。つまり、「なぜ2院制にしたのか?」と聞いたのである。2人は朝食中で、ワシントンは相手にこう聞いた。「きみはどうしてそのようにコーヒーをソーサーに入れるのかね?」。ジェファスンは答えた。「熱すぎるので冷やすためですよ」。ワシントンはすかさず言った。「まさにそれなんだよ。下院で揉めに揉めてきたホットな法案を上院というソーサーに入れて冷やすんだ」と。

先にも述べたように「カリフォルニアの過去はアメリカの未来」（エズラ・クライン）と言われる。最果てのフロンティア、西海岸では、ゴールドラッシュ以来、時代の最先端的現象が勃発、それらが徐々に東海岸へ流れていく。150年くらい前にロサンジェルス周辺で始まった不動産ブーム、100年弱前に始まったハリウッド、半世紀前にサンフランシスコで起きたカウンターカルチャー、その発展的分枝のシリコン・ヴァリー、エトセトラ。2015年には、カリフォルニア州縦断の、全米初の高速鉄道が建設され出すそうだから、これまた東海岸へ伝播していくだろう。

悪いこともカリフォルニア始発で、キーリー副市長のバスの譬えで引き起こされたカリフォルニア政治の停滞もまた「東進」、首都ワシントンで連邦政治の停滞を引き起こした。連邦政治停滞の主役は、民主党に政権を奪われたときの共和党主導の連邦下院議会で、全ての保守派議員らが「ブレイキ」になって自党の下院議長をこづき回しては、民主党大統領を窮地に追い込ませてきた（詳細は前掲拙著『大統領選からアメリカを知るための57章』／『カリフォルニアからアメリカを知るための54章』明石書店参照）。これが目立つのは、クリントン政権とオバマ政権で、対する悪玉下院議長は前者がニュート・ギングリッチ、後者が今日のジョン・ベイナーである。

しかし、「悪玉」は彼らよりも、彼らを突き上げる、政治にど素人の新人議員らだった。彼らは右派のイデオローグ集団なのだ。イデオロギーの根幹は、「小さな政府」を唱え、「連邦政府は悪だ」と決めつけ、連邦政府を「餓死」させるため連邦議員になった、ハラヒレホーな、つまり不可解な、連中である。

この「連中」は、「共和党研究委員会（RSC）」と呼ばれる党内結社を造ってきた。1972年に微々たる勢力で始まったRSCは、今日、連邦下院の共和党議員234名中、実に171名となり、事ごとに党中央に掣肘（せいちゅう）を加える。だから本書では、ギングリッチやベイナーを「悪玉」扱いしているが、実はこの2人こそ、

RSCに振り回されてきたのである。いや、RSC内部でも暗闘が繰り返されてきた。

　幸い、上院は僅差の民主党多数で、「下院で揉めに揉めてきたホットな法案を上院という「ソーサー」に入れて冷やす」ことは辛うじてできた。1975年から2006年に幅を広げても、投票動向では、連邦上院共和党議員の極右化は2回、これが下院共和党議員となると実に6回だから、「上院ソーサー説」は証明される。

　州内の多数の選挙区ゆえに激戦区の下院に比べて、各州2名定員の上院は、党派性より超党派の同僚同士という気風が伝統だった。であればこそ、「下院で揉めに揉めて上がってきたホットな法案を冷やすソーサー」たりえていた。いつごろまで？　2006年まで。つい6年前までは、総員100名の上院議員中44名が少なくとも3期（18年）務め上げていたのに、同年以降、3期議員は32名と12名も減った。つまり、2期かそれ以下の議員が半分以上に増えた。古参議員の現職での死亡と引退、そこへ当選してきた新人議員では共和党議員の大半が「茶会派」を背負い、RSCとステップを合わせる極右イデオローグが多かったのだ。

　「ソーサー」の機能は、06年前までは両党に自党にそむいても相手党の案件を受け入れる「境界議員」、つまり「中道議員」が一定数必ずいて、超党派の要（かなめ）になっていた。故アーレン・スペクター議員（ユダヤ系）はその典型だったが、硬直した茶会派議員らは寄ってたかってこの貴重な穏健派議員を共和党から追い出してしまった。民主党に移ったスペクターは、再選の予備選で民主党候補に敗れ、まもなく死亡した。つまり昨今、「境界議員」は党を変えても文字通り生き残れない。

　例えば、オバマ大統領が任命した連邦判事15名が、茶会派議員と彼らに脅された同党議員らの妨害によって承認を阻まれている（うち13名は、「上院法務委員会」で満場一致で認められていたにもかかわらず）。理由は、「オバマ大統領が任命したから」というだけである！　やっと3月11日に上院承認にこぎ着けた1人の判事などは、大統領任命から482日も店晒しの屈辱をなめた。

一説には、今日の上院議員は下院から勝ち上がってきた者が多く（民主党26名、共和党22名）、彼らが上院を「第2の下院」に造り変えようと躍起になるためだという。

以上の次第で、超党派の「同僚同士」という美風は吹っ飛び、共和党側は極めて党派的となり、古来の美風を背負う共和党古参議員の中には民主党に移籍するか（スペクター）、引退する者が出てきた。引退した1人、オリンピア・スノウ（共）は、「上院は『建国の父たち』が思い描いた手本にもとる機構に堕した」と切って捨てた。つまり、ワシントンがジェファスンに説明した「ソーサー」ではなくなってしまったわけである。

アメリカ国民はこの事態をどう思っているのか？　２０１３年6月13日に出たギャラップ調査では、自国の議会支持率が10％に低下した（２０１２年は13％）。これは同社調査では、１９７３年以来最低の数値だという。あおりを食らって大統領制まで支持率が36％に低下した（当時のオバマの支持率は50％前後を揺れていたから、共和党議員らの妨害戦術に対する国民の批判が目立つ）。最高裁への支持率まで34％に低下したから、三権分立自体が危うくなってきた。危険なのは、議会制への絶望から、国民の間で軍部への支持が76％にも達したことだ（漠然とクーデターへの恐れが出てくる）。警察への支持も57％と高い（「警察国家」への傾斜）。

１９７３年の議会支持率が42％と最高だったのは、ウォーターゲイト弾劾で民主党主導の上下両院がみごとな成果を上げたせいだ。１９８５年が41％なのは、レーガンを「ホワイトハウスを占拠した人物では最も無知な男」とこき下ろし、事ごとに対決した名物下院議長ティップ・オニール（民）の器量が与（あずか）って力があった。「器量」は相互的で、実は2人は仲がよく、レーガンは「オニールとの喧嘩も午後6時まで、6時以後は友だちだ」と言い切った。そのくせ、2人はCIAを使ってアフガニスタンに駐屯中のソ連兵を襲わせる「ムジャヒディーン」を結成させるなど、「午後6時」前でも協力した。オニールは、エドワード・ケネディら同じアイルランド系議員らと手を組んで北アイルランドの内紛を収束させたが、これは歴代大統領でもなし遂げられなかった偉業だった。

「変化のディレクター」から「変化のファシリテイター」へ

さて、序章でお断りしたように、前章まではオバマをより多く個人として描いてこられた。これ以後は、アメリカ史上初の「2分の1混血児大統領」がこの国に引き起こす波紋を通して浮かび上がる「アメリカン・プリズム」が前面に出てくる。つまり、オバマ個人は拡散して、アメリカ社会を照らしだす「触媒」の機能が強まるため、彼の評伝という側面が後退する。それだけ、「公人としてのオバマ」が前面に出てくる。もはや彼は、「個人としてのオバマ」を生きる余裕は失われた。

その「公人としてのオバマ」は、選挙戦中は「チェインジ」の順風をアメリカ政治に吹き込む執政官、つまり「ディレクター・オヴ・チェインジ」になってくれそうな期待を人々にかきたてた。その一例が、オバマ新政権で公職に就きたいという希望者が、08年12月初旬時点で30万人もいたことである。ブッシュ息子の場合、フロリダで民主党候補のアル・ゴアとの得票数で揉めていた時期だけに、希望者はわずか4万4000人、それでも最終的には9万人になった。万事に「自分への他人の好意」を確信できない病的な「自己への不信感」につき纏われていたニクスンなどは、逆に紳士録から選びだした7万人に自身の政権での公職に就いてくれと勧誘状を出す始末だった。従って、オバマの下で働きたいという情熱は、「現代史では匹敵するものが見出し難い」現象となった。

ところが、政権の舵を握るとオバマは、「変化の進行係」、すなわち「ファシリテイター・オヴ・チェインジ」に堕してしまったと言われた（ジョージ・C・エドワーズ三世）。この大きな期待外れも、「全ての座席にブレイキがついた」連邦政治の機能不全に起因していたのである。

「大統領は選挙戦では詩人、統治においては散文家」（現ニューヨーク州知事マリオ・クオモ）は、現実政治家の放ったもう1つの至言である。つまり、「詩人」は「変化のディレクター」、「散文家」は「変化のファシリテイター」と重なる。連邦上院をソーサーに譬えたワシントンも、「散文家」の側面を見せたのだ。

とはいえ、オバマが「変化のディレクター」としか見えなかった当選早々、右派の論客すらオバマに誼（よしみ）を通じようとした。右派の総帥、ジョージ・ウィル（『ワシントン・ポスト』コラムニスト）が自宅に数名の右派論客を集めて当選早々のオバマをディナーに招いたのである。

招待されたとき、オバマは就任演説の草稿を執筆中で、共和党議員らの「反対のための反対」を非難する箇所があった。「わが国の政治の首をあまりにも長らく締め上げてきた報復的応酬や擦り切れたドグマにケリをつけようではないか」と。

上着抜きの気軽な出で立ちで車を下りたオバマを出迎えたのは、主人ウィルの他に、マイクル・バロウン、デイヴィッド・ブルックス（『ニューヨーク・タイムズ』コラムニスト）、ウィリアム・クリストル（『ウィークリー・スタンダード』編集長）、チャールズ・クラウトハマー（『ワシントン・ポスト』コラムニスト）、ウィリアム・クリストル（『ウィークリー・スタンダード』編集長）、ロレンス・カドロウ、リッチ・ロウリー（『ナショナル・レヴュー』編集長）、ペギー・ヌーナンの8名だった。

右派とは言っても、ウィルやブルックスの論考は極めて柔軟で、左派と見紛う場合すらある（例えば、「この数日、下院共和党議員数名と話す折りがあった。大半が天晴れな自由市場原理の信奉者で、悲しいかな、彼らは未だに1984年の社会に生きている。未だに最大の脅威は社会主義やウォルター・モンデイルのリベラリズムから来ると信じて疑わない。彼らは、グローバルな資本の流れがいかにわが国の政治経済を変容させたかに気づいていないようだ」。これは08年9月30日の『ニューヨーク・タイムズ』に掲載されたブルックスのコラム、「ニヒリストどもの反乱」。オバマのウォールストリート救済法案を拒否した228名を、彼は「ニヒリスト」と決めつけたのである。このコラムの冒頭でブルックスは、1933年、民主党のフランクリン・ローズヴェルトが危機に際して打ち出した「ニューディール（新規巻き直し）政策」を称揚しているのだ！）。

という次第で、オバマはディナーに出たブルックスに対して、「あんた、ここで何してんの？」と揶揄して一座を笑わせた。

オバマはこの手の軽口の名手でもある。本書執筆中だった2013年3月20日、初めてのイスラエル訪問での共同記者会見で、彼はわざわざ自分とベンジャミン・ネタニヤフ首相の間に首相夫人セアラを挟み、「2本の棘に挟まれたバラの花だ」と一座を笑わせた。さらには、首相の息子らを呼び出し、「母親似の美貌だ。父親に似なくてよかった」とまた笑いをとった。ついに首相は苦笑交じりに、「あなたのお嬢さんたちも母親似でよかった」と応じて、また笑いをとった。

このやや執拗なジョークの応酬は、以下の背景があった。（1）2009年、オバマがカイロで行った演説で、イスラエルの西岸入植を非難、さらには旧約聖書に明記されたユダヤ系のパレスティナへの、3000年に及ぶ権利を認めず、イスラエルの建国は「ホロコーストへの欧米側の償いだ」と発言、米イ関係は刺々しいものになっていた。（2）イスラエルは、イランの核が危険レベルに達しないうちに、空爆で原子炉破壊を強行しようとし、オバマ側と疎隔を生じていた。（3）ネタニヤフ首相は、制止されていた西岸入植を再開、2012年の大統領選では公然とロムニーの当選を支持した。まさに両者は、「2本の棘」と化していたのである。

オバマ訪イ直前、中道派と極右派との矛盾に満ちた連立政権形成で弱体化していたネタニヤフ政権は、例えば「イランの核が危険水域に達するのは1年先」とするオバマの主張に同意するなど、軟化せざるをえなかった。オバマにしても、イ＝パ双方が各自の独立国家を形成する方向への踏み出しはとうてい期待できない状況だった。従って、目に見える「チェインジ」など打ち出しようがない最初の訪イでは、とりあえずはジョークの応酬で米＝イ＝パの膠着した三角関係を「ファシリテイト」するしかなかったのである。

なにしろ、テルアビブ空港の一角の格納庫には、昨年11月、ガザから打ち込まれた400余発のロケット弾を打ち落とした「鉄のドーム」迎撃システムが格納されており、オバマはこの体制のさらなる整備に2億ドルの援助を約束する始末だったのだから。おまけに、今回の訪イではオバマがイスラエル側の西岸入植を強く咎めなかった結果、怒ったハマスがオバマ歓迎で打ち込んだロケット弾2発に対して「鉄のドーム」は効き目がなかったのである。

「サー、アイム・プレイイン・フォア・ユー」

ところが08年の当選時点でオバマを招いた右派評論家では最も硬派のクラウトハマーすら、オバマへの期待をこう披瀝した。「ビル・クリントンの政治的知性とプーティンの鋼（はがね）のような自制心を兼備、政治舞台をレーガンのような政治的賢者として闊歩（かっぽ）するだろう」と。

オバマはリベラルながら、「政治舞台をレーガンのように闊歩」したかったのは事実である。リベラル版の楽観主義を打ち出そうとしていたからだ。その意味ではオバマはレーガンを手本と見ていたのは周知の事実である。それが、超党派政治への執拗な固執となり、自らを窮地に追い込む羽目になる。ウィル宅のディナーでもオバマは、「ヨーロッパでは、歴史的に見ても、共産主義の浸透によって保革の対立が尖鋭化してきた。そんなヨーロッパ政治に比べて、共産主義が浸透せず、民主党・共和党の2大政党の対立で通してきたアメリカでは、両党の分裂は克服可能だ」と強調した。例の有名な04年大統領選での基調演説、「リベラル・アメリカ、保守のアメリカなんかありはしない。あるのは『統一されたアメリカ諸州（ＵＳＡ）』だ」（第５章）の反復である。

昔筆者が聞いた話では、「アメリカの左派は、日本でいえば、自民党左派の三木派くらいだ」という比較があるほど、アメリカ政治は元来、右寄りで、共産主義、社会主義は入り込めない。三木派とは、三木武夫が率いた少数派閥で、１９７４年、ロッキード事件で失脚した田中角栄の後を受けて首相となり、党内刷新に手をつけたが、76年、自党による「三木下ろし」で政権を潰された。

アメリカは大英帝国という海外占領軍に対しては革命を起こしたが、仏露中のように、自国内での革命は経験がなかった（代わりに起きた南北戦争は、奴隷制固執の南部が起こした保守反動派の反乱にすぎない）。日本も、片山哲の社会党政権、自民党と社会党の連立による村山富市という社会党首相が登場したきりだが、まだしもアメリカよりは左寄りである。

とはいえ、議院内閣制ではなく、大統領選で大統領を選ぶから、連立政権はありえず、従って保革の分裂は熾烈になり易い構造を持つ。これをさらに厄介にしたのが、東部基盤の共和党本流に疎外されたニクスンが、票田を差別的な南部（民主党基盤）に移してついに政権を奪い取り、レーガンが南部民主党員を共和党に引き込んだ結果、奴隷解放を断行したリンカーンの共和党は飛散、かつて奴隷制を基盤としていた南部民主党員が共和党の本流になる「南北入れ代わり」という奇怪な現象が起きた。

以上の２つが、オバマの楽観主義をことごとく覆す「文化戦争（カルチャー・ウォー）」を深刻化させ、「第２の南北戦争」としてアメリカ政治の亡霊となって久しい。つまり、アメリカ政治は極左指向より極右指向、ＫＫＫを筆頭に、右派のほうが過激化し易い土壌を持つ。

唯一の例外は、リンカーンの奴隷解放、１９３０年代の大不況脱却を推進したフランクリン・ローズヴェルトの「ニューディール（新規巻き直し）」、そして政権をとるには程遠かったが、1960年代のカウンターカルチャーの政治的分枝「新左翼（ニュー・レフト）」で（日本だと「全共闘」）、いずれもアメリカでは極左指向だった。

で、ウィル宅でのディナーだが、カドロウは、「『おたがい意見を異にするが、ご幸運を』って雰囲気だった」と言っている。ロウリーは、引き上げるオバマの手を掴んで、低い声で「サー、アイム・プレイイン・フォア・ユー」と別れを告げた。

確答を避ける場合、「アイ・プレイ・フォリット」と言うが、日本語だと「善処する」とか「努力する」、「がんばる」という、その場凌ぎのお座なりな台詞に当たる。ロウリーの場合、相手の手を掴み、小声で発した台詞ゆえに、お座なりとは言い難い何かが感じられ、その「何か」こそ、右派評論家にまでかき立てたオバマの、前例のないインパクトへの、彼らなりの、これまた前例のない反応だったのか？

「われわれの最優先事項はオバマを『1期大統領』で終わらせることだ」

他方、現実政治を預かる共和党議員らは、評論家らほど甘くはなかった。オバマが2009年1月後半に就任式に臨む4日前に、共和党幹部らに向かって、同党の上院党首、ミッチ・マコネルは、「一致団結して新大統領に抵抗を！」と呼びかけた。この事実は、バイデン副大統領が7名の共和党上院議員から聞かされていた（2012年刊行のマイクル・グルンウォルドの著書『ニュー・ニューディール』）。バイデンに言わせれば、「こちらの受け止め方としてはこうだった。『以後の2年間、われわれは何1つ貴様らに思いどおりにはさせないぞ。それこそが、われわれが政権奪還を遂げる片道切符だ』ってね」。

「以後の2年間」とは、2010年の中間選挙までを指す。つまり、民主党が上下両院を押さえていた共和党不利の時期でのマコネルの宣戦布告と、バイデン副大統領は受け取ったのだ。同年の中間選挙では、共和党が下院で圧勝する。

マコネル議員の発言がなされた会議は4時間に及び、「新大統領の在任期間を通して頑強な抵抗を続ける陰謀を申し合わせた」（やはり2012年刊行のロバート・ドレイパーの著書『われらにいかなるよきことをなすかを問うな——合衆国連邦下院の内幕』）。

オバマ自身、再選めざして奮闘中の2012年9月12日、CBSの番組「60ミニッツ」でこう発言した。「ぼくが現職に就いた早々、共和党上院のトップが、『私の最優先事項はオバマ大統領を1期大統領で終わらせることだ』と発言した。さて、本選挙が終わったとき、彼はその目標を遂げているか、挫折しているか、どちらになるだろうかね」と。

その9日後、デリヴァティヴを非難してやまないオバマを批判した、ユダヤ系のエド・レンデル元ペンシルヴェニア州知事（民）が、マコネル発言をこう非難したのである。「前例がない暴言。大統領の任期を指定するとは、全く唖然となる恥ずべき暴言、へどが出る」と。オバマの金融改革に反対するレンデルすら、マコネル発言にこれほど激怒したのだ。

ところが、マコネル発言は、実際には2010年10月23日、同年の中間選挙前夜に『ナショナル・ジャーナル（NJ）』との会見でなされた。すなわち、オバマが大統領に選ばれて2年近くたっていたのである。前述のようにオバマはマコネル発言を「ぼくが現職に就いた早々」、レンデルはオバマ政権9カ月目と勘違いしていた。事ほどさように共和党によるオバマいびりが度外れていたことになる。

しかし、そのオバマいびりも、実際はこの中間選挙で共和党が民主党から下院を奪取、上院でも躍進を遂げて以降に拍車がかかったのである。そうなる前に、オバマは政権始動1カ月足らずの09年2月17日、総額78

７０億ドルの「アメリカ復興再投資法（ＡＲＲＡ）」に署名した。民主党が議会主流だったので、下院は２４４対１８８、上院60対38での堂々の可決だった（ＡＲＲＡについては第10章にも）。そして金融機関や自動車産業の救済をやり遂げ、オバマ健保と金融改革法を成立させてもいた。ところが、中間選挙以後は、オバマは守勢一方、さしたる法案の下院通過とは無縁となった。それだけ、野党に議会を押さえられることが、いかに大統領の不利になるかが分かる。

マコネルは、過去１００年で政権第1期に中間選挙で大敗した大統領3名、つまりトルーマン、アイゼンハワー、クリントンを研究、２０１０年、共和党が下院を制し、上院で民主党との差を詰める公算大と見て、それを機会に研究の教訓を活かす気でいたのである。しかも殊勝なことに、マコネルはＮＪ記者にこう答えているのだ。「１９９４年以後の共和党は安請け合いしすぎて、成果が乏しかったし、民主党の大統領が筋違いだから打ち負かすと突っ張っていた。しかし、95年夏までにはクリントン再選は固まりかけていたのに、わが党は傲慢な姿勢を変えずに惨敗した。今後は、傲慢さをかなぐり捨て、支持層の要求にひたと目を据えて選挙運動や政務に励み、彼らにわれわれの仕事をし遂げさせてくれと頼む」と。「仕事とは？」と聞かれて、マコネルは「われわれがし遂げたいいちばん重要なことはただ1つ、オバマ大統領を『1期大統領』で終わらせることだ」と回答したのである。

マコネルは、政府支出の削減、国の借金減らし、ブッシュ減税の全ての延長など、共和党政権の尻ぬぐいをオバマ民主党政権に押しかぶせるばかりか、オバマ健保と金融改革法（いずれも政権第1期中に成立）を無効化するにはこの政権を1期で終わらせるしかないとホゾを固めていたのだ。

もっとも、マコネルの発言、「今後は、傲慢さをかなぐり捨て、支持層（中略）に仕事をし遂げさせてくれと頼む」から見えてくる低姿勢は、以下の背景を持つ。つまり、前述の党内結社、「共和党研究委員会（ＲＳＣ）」への慮(おもんぱか)りだ。

RSCは、茶会派が選んだ議員らで今日、下院の共和党議員総数２３４名中の１７１名と多数派（ちなみに、下院で多数派となるための最低数は２１８名だから、共和党はそれより16名多い）。ＲＳＣ議員らの選挙区は南部が多いものの、オハイオやウイスコンシン、イリノイ、インディアナなど、北部の「赤地域」にも多い。

「茶会派」の内実

前述のニュート・ギングリッチは、下院議長時代、新人議員に家族を選挙区に残して、首都へは「単身赴任」させた。欧米、特にアメリカでは、妻がいないと、「ディナー・パーティ」が開けず、議員同士の交流ができない。議員らは、議会開催中、議員会館の寝椅子で眠り、両隣の議員くらいしか顔見知りでなかった。その後、ＲＳＣがこのギングリッチの策謀を跳ね返し始める。ギングリッチ議長とＲＳＣの鍔迫り合いのあげく、１９９８年、目障りなＲＳＣを巧みに潰そうとして議長は逆に辞任に追い込まれた。この苦い記憶が、ギングリッチの執拗なオバマ攻撃にも反映され、それは同時に彼の「ＲＳＣ恐怖症」を反映もしている。いや、その「反映」は、今日、上院党首のマコネルに最も露骨に見られるのだ。つまり、共和党領袖の、茶会派とＲＳＣへの腰の引けた姿勢にこそ、共和党の名状し難い「ただれ」が露呈し、引いてはそれがオバマ政権と民主党を立ち往生させ、アメリカ政治の停滞を引き起こしているのである。

さらに怖いのは、ＲＳＣも一枚岩ではなく、暗闘を繰り返していることだ。「あなたの意見には反対だが、その意見を表明できる自由を守るためなら、命も賭けよう」──これが、「同意しないことに同意する(アグリー・トゥ・ディサグリー)」とともに、民主主義の精髄とされる。しかし、増税絶対反対、予算削減、福祉や医療保険絶対反対の反社会集団が最も過激に「民主主義」を行使する姿は、明確に民主主義の病理の1つと言うしかないのではないか。

その病理の根源は、茶会派の大多数がリバタリアンであることだ。リバタリアンの分かり難さは、無政府を標榜するアナキズムゆえに、王政に楯突く革新勢力と勘違いされてきたことである。従って、茶会派は大英帝国（王政）に背いた「建国の父たち」を真似て、ナポレオン帽を被りたがる。しかし、茶会派が敵対するのは、大英帝国ではなく、「2分の1混血児大統領」が率いる連邦政府、つまり「建国の父たち」が祖型を造った民主政のアメリカ合衆国だ。

これは茶会派の自家撞着（じかどうちゃく）の極みである。この自家撞着の種を蒔いたのはレーガンで、「連邦政府こそ諸悪の根源だ」という彼の発言こそ自家撞着そのものではないか。ではなぜ彼は、「諸悪の根源」である「連邦政府」のトップ、つまり合衆国大統領になったのか？　むろん、連邦政府を「破壊」するために選挙資金を集め、たいへんな選挙運動を経て、合衆国大統領に当選したのである！

ロシア帝政を倒したソ連は、以後は反資本主義的革新勢力の希望の星だった時期がある。社会主義はリバタリアンの宿敵ながら、革新という側面ではリバタリアンの原則とある程度重なる。

また、リバタリアンを代表するロン・ポール（後述）は、友党のブッシュ大統領が強行したイラク侵攻に真っ向から反対した。民主党ですら、ヒラリー・クリントン上院議員が賛成した侵攻にポールが敢然と異を唱えた点では、州議員時代のオバマと同じで、リバタリアンを革新派と錯覚させる。だが、要するに「よけいな金を使うな」という、人道主義とは無縁のプラグマティズムにすぎない。

ただ、リバタリアンの決定的な泣きどころは、以下の点だ。すなわち、個人の絶対的自由を突き詰める彼らの理想を基礎に建設された現実の国家や政府が、いまだかつて歴史上、現実に存在したことがなかった点である。今日、世界にある193の国々にも、リバタリアンが実権を握るものはない。なにしろ、増税否定、福祉否定、国防否定、警察否定、外交否定、否定に次ぐ否定、さらには世界の荒廃・戦火・貧困は無視（不介入主義）と無責任の極致で、どうやって国家を、それも「覇権国家」を、存続できるのか？　今日、民主主義国家は、GNPの40％を国家運営に費消しているというのに。今後も絶対にリバタリアン国家はありえないことだけは確かである。従って、リバタリアンは「永遠の否定者（パーマネント・ネイセイヤー）」なのだ。

議場のリバタリアン

リバタリアンを代表するのがロンとランドのポール父子（ともにケンタッキー基盤）である。父親は下院議員として頻繁に大統領選の度に共和党予備選に登場、本命から逸れた他候補が次々と下馬しても、最後まで予備選から下りない候補として有名（前掲拙著『大統領選からアメリカを知るための57章』明石書店）、息子は2010年の中間選挙で茶会派の波頭を切って連邦上院に当選、今日、2016年大統領選の有力候補である！　彼が共和党予備選に勝って、党指名を獲得すれば、リバタリアンの支持層は極めて限定されるだけに、民主党候補（ヒラリー・クリントンの下馬評高し）には大いに有利となる。

なお、「ランド」は、リバタリアンが思想的盟主と仰ぐ作家、アイン・ランドの姓にちなむ（彼女の名作大長編『肩をすくめたアトラス』（1957）はビジネス社から邦訳）。ただし、リバタリアンは国家を最小限に縮小、個人的自由を最大限まで要求する結果、マリワナや中絶OK、信仰の絶対的自由その他、左派と区別がつけ難く、ランドは後年、彼らを「右派ヒッピー」と唾棄するに至る。とはいえ、ランドの作品に出てくる「私は金輪際、他人のために生きる気はない」という発言は、社会主義体制の護持を大前提とする左派との画然たる違いを示している。リバタリアンの思想的支柱には女性が目立ち、日本でも『大草原の小さな家』（1935）で知られたローラ・インガルス・ワイルダーの娘、ローズ・ワイルダー・レインもこの派の書き手である。

その他、リバタリアンは、国防の縮小、結婚の男女平等、人種平等を唱え左派との共通項が多く、民主党にもリバタリアン議員が存在、ランド・ポールを支持する場合がある。この「越境性」ゆえに、全米人口の25％がリバタリアンという調査結果まである（「リーズン＝ループ調査」2012）。

なお、その「責任音痴」ぶりから言って、リバタリアンは本質的に一匹狼なのだが、ポール父子の人気は、孤立者らを魅き寄せ、ついには茶会派として生涯で初めて孤立者でなくなれた彼らはこの「結束」で大いに盛り上がっているのだ。史上初の「2分の1混血児大統領」にこういう「いかれぽんち（ワコウ・バード）」の群れが噛みつくのも、「黒人が大統領になったんだからやつらはもうマイノリティじゃない。今度はおれたちがマイノリティになる番だ」と意気軒昂なのである。

ちなみに、「ワコウ・バード」は、共和党穏健派のマケイン上院議員が、終章で触れる茶会派の新人上院議員、テッド・クルーズやランド・ポールらに公然と投げつけた罵言だ。共和党内の分裂は抜き差しならない次元まできている証拠の1つである。

2013年7月31日、ランド・ポールが上院に出したエジプトへの援助停止の動議は、86対13の大差で否決された。共和党45名中、32名がポール案否決に回った。13票のうち6名は、上院共和党党首マコネル（「オバマを1期大統領で終わらせる」）がかき集めた。ポールと同じケンタッキー州基盤の上院同僚として、茶会派リバタリアンに与（くみ）してみせないと、2014年の再選がおぼつかないからだ。

ポールは、動議の趣旨をこう説明した。「デトロイト倒産、シカゴは若者ギャングの戦場だ。にもかかわらず、『海外諸国家の再建』と称して海外の専制君主や独裁者に援助金を湯水のように注ぎ込む。『国家再建』が不可欠なのは、まさにアメリカ国内ではないか。軍事クーデターを起こしたエジプトになぜ援助を継続するのか？」。

これは直線的な正論で、それを唱え、蟷螂（とうろう）の斧を振りかざすポールの姿に、少なくとも国民の「25％」は喝采を送る。

ポールを陰で「ワコウ・バード」呼ばわりしたマケインは、議場では丁重に相手を批判した。まず彼は「ケンタッキーの友人」とポールを名指し、「きみに敬意を表しつつも、きみの動議は時期から言っても間違ったメッセージを世界に発することになる」。老議員から数フィートの席についていたポールは、上唇にペンを押しつけた。マケインの盟友リンジー・グレアムは、ポール案票決についてこう言った。「同僚議員諸君、本日は差し控えられたほうがわが国へのよりよい奉仕となるでありましょう」。

ポールは、２０１２年９月にも、エジプト、パキスタン、リビヤへの援助削減法案を提出、81対10で否決されている。

今回も、マケインは、「最後のライオン」の本領を隠さず、ポール案に賛同した共和党議員らに舌鋒鋭く食らいつき、相手が根負けするまで引き下がることはなかった。共和党の大半が自党に有利な場面を繰り広げてくれる事態に、民主党党首ハリー・リードは議長（バイデン副大統領）に議事の時間延長を求めた。

老いてきたベビー・ブーマー、リバタリアンに

その茶会派には、白人の高齢者が多い。茶会派の集会の顔ぶれでも、初老の白人男女が多いのだ。つまり、彼らは老人となった「ベビー・ブーマー」で、彼らの多くは１９６０年代はリベラルだった。しかし、カウン

ターカルチャーや新左翼にも、反体制一点張り、国家運営感覚ゼロという、リバタリアン的側面が濃厚だったではないか。彼らは「体制」に対して「永遠の否定者」だった。

2012年の大統領選の出口調査でも、白人は18〜29歳（白人総人口の11％）がオバマに44％投票している（ロムニー51％）。30〜44歳（白人総人口の18％）だと38％（ロムニー59％）。ベビー・ブーマーの最年少集団が44歳である。最多の人口を誇るベビー・ブーマー中間年齢層の45〜64歳（白人総人口の29％）だと、オバマ38％（ロムニー61％）、ベビー・ブーマー最高齢層の65歳以上（白人総人口の14％）だと、オバマ39％（ロムニー61％）。従って、オバマに投票した白人中、18〜30数歳が「ミレニアルズ（2000年紀最終世代）」、それ以上がベビー・ブーマーということになる。また、オバマに投票したベビー・ブーマー白人らは、カウンターカルチャーの理念ではリバタリアン的側面を捨ててはいない尺度となる。

なお、ベビー・ブーマーは、白人に対して使われてきた呼称で、普通、同世代でも非白人は含まない。言わば、この世代こそ、史上最後の白人側の人口爆発だった。

そこへ21世紀半ばを待たずにアメリカが有色人種の国となる統計データが出され、自分らがマイノリティに転落すると分かって、ベビー・ブーマーの高齢層は一挙に左派から右派に鞍替えし、ロムニーに投票した。公民権運動に触発され、体を張って黒人に味方した本格的な左派白人は、おそらく今も左派的良心を維持し、子供らをそのように育てただろう。しかし、ベビー・ブーマーの大半が無責任なリバタリアンだったのだ。

本格的なヒッピー300万、新左翼はその10分の1で、1960年代の大文化革命「カウンターカルチャー（対抗文化）」を断行できた。これは、以下の歴史的事実と響き合う。すなわち、総人口の5％だったナチス党員が、あれだけの猛威を振るえたのは、60％をゆうに超えた膨大な数のどっちつかずのドイツ人が5％のナチス党員に洗脳され続け、数年のうちに「なにもあそこまでユダヤ系をいびらなくても」という優柔不断な姿勢から「ユダヤ系殲滅も止むなし」へと豹変した結果だった。ベビー・ブーマーは、７５００万人もいたのだ。カウンターカルチャーが燃え尽きれば、彼らが茶会派に豹変しても驚くに当たるまい。

国勢調査局（ＣＢ）は、２０１３年6月13日、ベビー・ブーマーにとっては不気味な事態を公表した。今日、白人の総人口は２０１２年時点で１億９８００万人、米総人口の63％と依然多数派だが、死亡数と出生数の差が１２４００人と出たのである。つまり、死者数のほうが出産数をこれだけ上回るのだ。これは過去にはなかった事態である（大不況でも戦争中でも起きたことがない）。さいわい、白人移民数が18万８０００人なので、補塡はされる（大半がカナダとドイツ、次いでロシアとサウディ・アラビアからの移住）。

大きな原因は、高学歴と専門職を目指す白人女性が出産を20代終わり以降に延ばすため、ラティーノその他の女性の早期出産（カトリックなので中絶は御法度）に太刀打ちできないことに起因する。また、白人女性は、出産回数がはるかに少ない。

民族集団としても、ラティーノの平均年齢が28歳、黒人が32歳、アジア系が34歳に対して、白人は42歳である。

統計予測より早く白人人口の減少が起きた要因の１つは、「08年危機」という不況だった。失業が増えて、出産率が低下したのだ。こういう不測の要因も含めれば、白人の総人口がピークを迎えるのが２０２４年、ベビー・ブーマーの最年長世代が70歳台に突入、大量に死に始める時期だ。まだ10年余の余裕があるとも言える。

カリフォルニアでは、すでに１９９９年、白人はマイノリティになったが、以後も投票人口は最多である。「赤子は投票しないが、老人は投票する」。これが共和党の頼みの綱というわけだ。まさに「カリフォルニアの過去はアメリカの未来」、アメリカはカリフォルニアの後を追いかけている。

前述の「共和党研究委員会（ＲＳＣ）」の面々もまた、かつてのベビー・ブーマーの間に広がってきたこのリバタリアニズムという宿痾にとり憑かれた。そして、オバマ政権はおろか、共和党執行部に対しても「永遠の否定者」を演じ続け、共和党執行部（ベイナー下院議長やマコネル上院院内総務）は「ドミノ方式」でオバマ政権に対して自ら「永遠の否定者」を演じるはめになっている。２０１４年中間選挙の洗礼を受けないといけないマコネルが、18カ月も前から選挙運動を開始したのも、怖いのは共和党予備選で極右リバタリアン候補に対抗馬に立たれることなのである。

「負けて勝つ」が「負けてばっかし」と勘違いされるオバマ流

さて、「変化のディレクター」は、「自身のカリスマや説得力を駆使して世論自体や政治的景観を造り変えてしまう」（前記エドワーズ三世）。大統領選中のオバマは、予備選でも本選挙でも、まさにそうとしか見えなかった。ところが、ホワイトハウスに入り、議会で共和党との鍔迫り合いに入ると、「政治的環境での変革の機会は掴めるが、それを利用すべく戦略や戦術を形造る」ファシリテイターになる。つまり、こう見られたのである。すなわち、システム自体を改変せず、システム内で政治を動かそうとして、「雪隠詰め」へと追い込まれる。当然、オバマは「世論自体や政治的景観を造り変えてしまう」ところまでは行きかねた。

システムの改変がだめなら、政治的術策を駆使すればいいのだが、序章で触れたように、それもオバマの忌避するところだ。つまり、「リベラルなアメリカも、保守のアメリカもない。あるのは、『アメリカの統一された諸州』だ」である。とはいえ、口先だけ超党派を唱える大統領のほうが、オバマのような「確信的超党派大統領」より成功率が高いのである。つまり、議会は数で勝負が決まるので、「口先超党派大統領」は、あの手この手で野党を締め上げ、国民を焚きつけて議会の野党勢力批判を引き出し、目的を遂げる。ところが、オバマはこう嘆く。「こちらは野党に対して『ジェダイの精神融合（マインド＝メルド）』を遂げ、彼らに正しいことをやるよう説得するしか手がない。こちらが筋の通ったことを言ってるのは、たいていの国民が承知だ」と。

「ジェダイ」は言うまでもなく『スター・ウォーズ』の剣士で、彼の秘術、「精神融合」は、敵に対して使うマインド・コントロール、あるいは相手との精神的交流を指す。

オバマはこう続ける。「何たって彼らも国民に選ばれたんだ。国民への責任がある」。そして、ホワイトハウスのサウス・ローンで、玩具の剣を振るってジェダイの恰好を演じてみせる。なにせ、茶会派リバタリアンは、正気の連中ではないので、オバマはジェダイになって相手をマインド・コントロールするしか手がないのだ。

オバマにとっての不幸は、前述の膨大なベビー・ブーマーの右傾化によって、システム自体が作動し難くなっていたことだ。それでも、ブッシュ失政で民主党が上下両院を押さえていた２０１０年までは、ウォールストリートや自動車産業の救済への国費投入、国民皆保険（２０１０年3月23日オバマ署名）、金融改革法（２０１０年7月21日オバマ署名）と、具体的な成果を上げることができた。下院を共和党に奪われて以来、世間にはファシリテイター大統領オバマは陋劣な喧嘩に強いジョン・ベイナー議長以下の共和党無頼漢政治家にいいように振り回されているという印象が定着した。そして、２０１２年の薄氷の再選を勝ち取れた後は、２０１４年の中間選挙における民主党の上下両院での圧勝を期待するしかなくなっている——と見られている。

さて、エドワーズ３世の言う「変化のファシリテイター」とはやや違うオバマ像もここに披露しておく。彼が「負けて勝つ」流儀を見せたのは、共和党に下院を奪われて以後の２０１０年末だった。「負けて勝つ」も、高級な「ナッジ型」戦法である。彼は年来の主張、年収25万ドルの所得がある者への減税停止案を撤回、１１４０億ドルの税収減を認めたのである。やれ「共和党の粘りに屈した」、やれ「共和党とのにらめっこに負けた」と、保革の政界、国民、メディアが一斉に騒ぎ立てた。

ところが、減税撤回停止をオバマがちゃっかり取引材料にして、「08年危機」への2回目のカンフル注射、2380億ドルを例の上院共和党党首マコネルに認めさせたことは、誰も話題にしなかった。これは、オバマ側近が練り上げた「トロイの木馬作戦」だったにもかかわらず、である。あるいは、「肉を切らせて骨を切る」作戦だった。

オバマがやらされたブッシュの遺産の尻拭いは、（1）2つの戦争、（2）オサマ・ビンラディン仕置き（第10章）、そして（3）「08年危機」対処などだ。懸命の努力にもかかわらず、2010年終盤時点でも失業率は改善していなかった。しかし、（1）と（2）よりも、（3）経済の低迷こそ、自身の再選の最大のネックだったのだ。

さらには、以下の事態では政治の渦巻きをどう渡り切ればいいのか？　すなわち、2010年の中間選挙で民主党が議会統治を失えば、オバマにとって、国政の流れはどう変わり、彼のとるべき道筋は？「25万ドル所得者への増税措置」という従来のコースに固執すればどうなるか？　答えはこう出た。（1）ブッシュ政権が認めた高額所得者への減税措置は、2010年大晦日までの時限立法だ。（2）とはいえ、中間選挙で下院を制した共和党は全ての減税措置を延長、それを上院へ送る。

いや、中間選挙前からさえ、オバマ側は、上院の自党勢力をうろんな目で見ていた。特に共和党側が仕掛けてくる「中流層減税なら高額所得者も減税だ」という、ハラヒレホーな姿勢に、自党の上院勢力が断固立ち向かえないと不信感を抱いていたのである。理由は、猛烈な茶会派ブームで、民主党上院議員らは「上院で民主党は多数派でいられなくなる」と怯えていたからだ。共和党側は喧嘩上手、オバマ年来の主張、「高額所得者増税、中流層減税」を逆手にとり、上院民主党に対しては「オバマは増税論者だ。お前らも同じ穴のムジナだ」と脅し、上院民主党党首ハリー・リードらはビビったのである。事実、リードは選挙区ネヴァダで茶会派候補に敗れるとの下馬評が高かった（結果的に辛勝。上院も辛うじて多数派を維持）。しかし、中間選挙前までは、「共和党は中流層減税を人質にとって25万ドル所得者増税案を潰した」と言われた。

要するに、こういう状況なら、オバマ側が高額者増税案をいくら突っ張っても、どうせ新議会で覆される。ならば主張を押し通してたとえ勝てたとしても、引き合わない勝利である。では、引き合う勝利は？　議会が茶会派に乗っ取られる前に、高額所得者増税案を捨てても、（１）２回目のカンフル注射、（２）国防総省の「ゲイ不問政策」停止、（３）ロシア相手の新ＳＴＡＲＴ（戦略兵器削減交渉）、（４）移民法改正で共和党と取引するなどの取引のほうがはるかに引き合う。結果的に、（１）と（３）でオバマ政権は「引き合う勝利」にこぎつけた（「ゲイ不問政策」とは、「ゲイ兵士が軍から『ゲイか？』と問われても回答を拒否できる」という中途半端な妥協策）。

オバマの２回にわたるカンフル注射は、本書で何度か触れた「議会予算局（ＣＢＯ）」という、超党派の厳正な政府機関の算定では、失業率低下に大いに貢献、結果的に２０１２年の彼の再選を可能にした。

ところが、政界・国民・メディアは、挙ってオバマの「負けて勝つ」作戦、あるいは「トロイの木馬」作戦に気づかず、「負けてばっかし」としか見なかった。再選後ですら、記者会見でメディアから、例の「財政の崖」騒ぎ時点で「またしても共和党とのにらめっこに負けない保証はないのでは？」との、無礼な質問が相次いだのである。

オバマは右の取引を側近らに口止めし、いわんや自らは堅く口を閉ざし、再選後の記者らの無礼な質問にも言い訳すらしなかった。これは政治巧者とは言えないのでは？　いや、「08年危機」への政府のカンフル注射は、茶会派リバタリアンらの攻撃精神の炎に油を注ぐだけだったから伏せていたにすぎない。政治的狂人集団は、燃え尽きるまで燃やさせ続けるのが得策ながら、自分でアホどもの火の粉をこれ以上かぶることはない。

以上は、デイヴィッド・コーンが、新著『ショウダウン――オバマが共和党との戦いでいかに再選の布石を打ったか』で初めて暴いた経緯である。そして、コーンは、「オバマは共和党相手のにらめっこに負けたのではない。あれこそが統治の妙なのだ」と書いている。「ショウダウン」は、ポーカーで最後に持ち札を見せて勝負を決めることだが、「決着」を意味する。

それにしても、いくらオバマが秘匿したとはいえ、騙され易い国民は別として、政界やメディアの玄人筋が、コーンの本が出るまで裏が読めなかったというのはお粗末な話ではないか。それとも、〈史上初の「2分の1混血児大統領」は妥協が本質で、しかるがゆえにハスル型ではありえず、ナッジ型でしか「統治」不可能、すなわち「本質的に弱い大統領」だ〉という先入観が政界やメディアの間に瀰漫(びまん)しているのか？ ならば、その先入観自体、オバマが開いた「パンドラの箱」であり、茶会派が吐き出す「瘴気(しょうき)」の変種だと言えるのか？

それとも、オバマがそれだけ冷静なしたたかさに恵まれていたことになるのか？ 本書の第1章から第6章にかけて披露した彼の執拗な自身の「生体解剖」を基礎に鍛え上げた彼の強靭(ティナシティ)さが、ここでも証明されたことになるのか？

「金融改革法」に出たオバマ流

という次第で、ここでは、金融改革法を通して、オバマの「ナッジ流儀」を眺めておきたい。

経済危機を共和党政権から引き継いだ点では酷似していたフランクリン・ローズヴェルトが断行した「ニューディール」こそ、システムの改変だった。レーガンは、ニューディールの破壊に専念したから、システムの改変というより、ニューディール以前に戻したわけだが、それでも一種の改変ではあった。

オバマがファシリテイターだったことは、前述のシカゴ大の同僚、キャス・サンスタイン（現在ハーヴァード大教授）が2008年、オバマの特質として上げてみせた「ナッジ（肘でソッとこづいて促す）」に具現されている。ニューディールでシステムを改変してみせたローズヴェルト（FDR）の特質は、「ハスル（力づくで動かす）」だった。

大統領が最も「ハスル」するのは、議会から回されてきた法案に拒否権を発動する場合である。拒否権発動回数では、FDRがダントツの635回（議会の一致結束で無効化された回数9回）、オバマは政権半ばとはいえわずか2回と最少レベルである（さすがにこれでは無効化は0）。拒否権以外では、「大統領令」も「ハスル度」の目安になる。これは君主が発する「勅令」に当たるもので、基本的には省庁にハッパをかけるものながら、議会の委任を受ければ、国法としての威力を持つ。この大統領令でもFDRはダントツの3522回、オバマは157回（環境保護関連の条例など／第12章）。ちなみに、日系強制収容を命じたFDRの大統領令（9066）は、「日系が日本軍に通敵行為をする」との妄言に踊らされた軍部や議会の要請で発令、ただちに国法となった（大統領拒否権と大統領令は、前掲拙著『なぜアメリカ大統領は戦争をしたがるのか？』アスキー新書参照）。

拒否権と大統領令発令回数をめぐるFDRとの比較においても、オバマが「ナッジ型」であることは歴然としている。サンスタインは、実に分かり易い「ナッジ」の典型例を上げている。アムステルダムのスキポル国際空港の男性用トイレの便器の吸い込み口には、ハエの絵が描かれている。男性たちはハエめがけて用を足すので、よけいなルールや規制を敷かなくても、便器や便所の床が汚れない。残念ながら、肝心のオバマの執政ぶりはこれほど的確な「ナッジ型」とはいえない。

それはともかく、未曾有の大恐慌に対処したFDRとオバマの金融改革法からも、ハスル型とナッジ型の違いを見てとることにしよう。

ハスル型の典型例は、ＦＤＲが強行してのけたグラス＝スティーガル法（別名「１９３３年銀行法」。以後Ｇ＝Ｓ法）だった。

ローズヴェルト政権は、金融危機の元凶が「商業銀行」が「投資銀行」（日本の証券会社に類似。細部では異なる）と同じ機能を持つことこそ、１９２９年の大暴落の原因と見切った。つまり、「信用貸出」業務が中心の商業銀行が投資銀行同様、「信用投資」を行う点で、顧客との利害対立、すなわち「利益相反関係」に陥っていたのである。安定した市場を維持すべく顧客（企業）に信用貸出する母体である商業銀行が、他方、信用投資によって市場の撹乱を引き起こす矛盾だ。

この矛盾を分離すべく、商業銀行の預金に保険をかける「連邦預金保険公社（ＦＤＩＣ）」を設立したのが、Ｇ＝Ｓ法だった。これによって、株式購入など、巨大なリスクにさらされる「変動性資産」はＦＤＩＣの保護から外され、商業銀行と投資専門の投資銀行が明確に分離されたのである。

ところが以後、Ｇ＝Ｓ法こそ、商業銀行と投資銀行の機能を厳しく分離しない諸外国の金融機関に市場独占を許す元凶として主に企業側と共和党側から異論が唱えられ続けた。そして、ついに１９８０年（カーター政権）と99年（クリントン政権）、Ｇ＝Ｓ法は廃止されたのである。クリントン政権の場合、上下両院とも共和党支配だったが、カーター政権の場合は両院民主党支配だったから、企業側の圧力の激しさが窺える。結果、膨大な「欲望解放」に突き動かされた大手商業銀行がデリヴァティヴへの放恣な参入を開始、「08年危機」、いわゆる「リーマン・ショック」が引き起こされた（詳細は前掲拙著『ニューヨークからアメリカを知るための76章』明石書店参照）。

「08年危機」への緊急対処として、Ｇ＝Ｓ法の復活を唱えたのが、オバマに敗れたジョン・マケイン連邦上院議員だったのは、驚きである（マケインこそ、かつての良質な共和党の伝統を引き継いだ存在で、その気概はオバマに敗れた後も健在、2013年5月下旬、自党の予算案引き延ばし戦術を公然と上院議場で批判した）。

オバマが2010年7月に署名した金融改革法（「ドッド＝フランク法」）ではG＝S法の復活までは断行できなかった点こそ、オバマのナッジ手法の限界だったと言える。

ドッド＝フランク法（D＝F法）の主たる骨格とは、以下の3点である。すなわち、（1）「08年危機」の元凶だったデリヴァティヴへの投資額を抑制、いざ鎌倉に備えて危機対処資金の備蓄を、銀行側に義務づけた。（2）さらには非上場ゆえに「ブラック・ボックスでの取引」と言われたデリヴァティヴの不透明さを可能なかぎり透明化させた（（1）（2）は2016年までに段階的に作動）。（3）（1）のデリヴァティヴ投資額の抑制規模を金融機関の保有資本の3％に限定、「閉鎖株取引」と事実上全てのヘッジ・ファンド取引を禁じる（2012年7月作動予定の「ヴォルカー・ルール」）というものだった（やっと2013年12月10日、軌道に）。（3）では、他社の金をリスクにさらすことも禁じたので、ジョージ・ソロスらが自己資金に限定、他社から預かった資金を返済した（前掲拙書『ニューヨークからアメリカを知るための76章』明石書店／『ジョージ・ソロス伝』李白社）。（4）「消費者金融保護庁（CFPA）」の設立。

危機対処資金の備蓄は、向こう数年は少なくとも帳簿記載の資本金の倍を義務づけた。「08年危機」までは、リーマン・ブラザーズやベア・スターンズは、保有資金1ドルで30～40ドル借り入れていたが、新ルールでは1ドルで最高12ドルに限定された。ヨーロッパでは、これが前々から厳しく、イギリスでは借り入れ額の20％は原資確保が義務づけられていた。ところが、07年、モーガン・スタンリー社は3000億ドルを担保に1兆5000億ドルを借りていたのである！

バーニー・フランク委員長の「暗躍」

D＝F法と次章で述べる「オバマ健保」は、民主党が連邦下院を押さえていた時期に成立した。D＝F法の例で、民主党議員の辣腕ぶりを一例だけ上げておきたい。下院で多数派であれば、この例のように、オバマは友党の腕っこき議員のおかげで歴史に名を残せる法案を通してもらい、自らそれに署名できるのである。議院内閣制ならば、首相は議場で自党議員に以心伝心（いしんでんしん）の指揮権を発動できるが、大統領は議場に近づけず、ひたすらホワイトハウスで吉報を待つしかない。

さて、その議員とは、法案提出者の1人、マサチューセッツ州基盤のバーニー・フランク下院財務委員長だった。

D＝F法案に対しては、ウォールストリートが猛反対していた。しかし、金融業界は、大手銀行集団と小規模銀行集団（主に地銀）に分かれていた。前者の代表機関が「アメリカ銀行協会（ABA）」、後者のそれが「アメリカ独立共同体銀行家集団（ICBA）」である。

D＝F法案による「規制」の目玉は、「消費者金融保護庁（CFPA）」の新設だった。ABAとICBAの反法案ロビー活動は、CFPAの阻止に集中された。理由は、CFPAがいくら監視の目を強めても、火の粉は「08年危機」の真犯人ではなく、自分らに降りかかると見切っていたからだ。「真犯人」とは、住宅ローンの金融商品化を断行した「影の銀行」である。もっとも、肝心のABAこそ、「真犯人」に便乗した結果、事実上の「真犯人」になりおおせていたのだが（詳細は前掲拙著『ニューヨークからアメリカを知るための76章』明石書店参照）。

ロビー活動のあまりの猛烈さに、民主党議員らの間に動揺が広がった。フランクは東欧ユダヤ系移民2世、しかもこの年代では珍しい「オープン・ゲイ」で、幾多の戦塵を潜り抜けてきた猛者だけに、同僚議員らを集めて発破をかけた。

ちなみに、ゲイを「女々しい輩」とする勘違いは、それ自体がゲイ差別と言えるほど行き渡っているが、艱難と戦い抜いてきた彼らの多くは逞しい闘士である（前掲拙著『カリフォルニアからアメリカを知るための54章』明石書店）。

フランク委員長は獅子吼した。「これは全面戦争だ。この法案を潰されればコテンパンだぞ。やつらに『民衆対銀行』という構図に持ってかれて、民主党はまたぞろくたばるだけだ」。「やつら」とは、ウォールストリートと共和党。

フランクは、恐るべき「08年危機」を自称「ニュー・ニューディール」法制化の絶好の機会と捉えていたのだ――つまり、オバマの当選こそ、レーガンによって突き崩された、ローズヴェルトのニューディールの部分的復活のチャンスと見ていたのである。この発想自体、凶事を吉事に転換する智慧では抜群のユダヤ系の本領だった（拙著『新ユダヤ成功の哲学』ビジネス社）。

フランクは、ABAとICBAの間に楔を打ち込む戦術をとったのである。全米5300の中小銀行を傘下に擁したICBAは、議員らには選挙区の経済的中核としておなじみだったし、ICBAを率いるキャムデン・ファインは以下のような生い立ちだった。

ミズーリ州都のジェファスン・シティで市議だった彼が、連邦下院への立候補を口にした時、彼の父親は「倅よ、政治家になるより、政治家の親友になるほうが得策だぞ」と鶴の一声。この発想は、〈小さな地方銀行群同士で纏まったほうが、大手銀行が牛耳るABAに加わるよりましだ〉という発想に繋がる。つまり、「鶏頭となるも牛後となるなかれ」だ。これは、多くは中央に対抗する地方の論理でもあった。

07年に経済危機が迫ると、ファインは「地方銀行は危機の元凶ではない。悪いのはメガバンクだ。『メイン・ストリートvsウォールストリート』だ」と力説した。「メイン・ストリート」は、「地方都市の流儀」を意味するが、ファインは「地方銀行」の意味を持たせた。

オバマ政権初代の財務長官になったティモシー・ガイトナーが就任2日目にファインに電話を寄越したのは、フランクの指示によると見られる（議会トップが与党の閣僚を動かす典型）。なにしろ、ファインは「普通、財務長官から電話をもらうことはない」と言っているのだ。ホワイトハウス東隣の財務省に招かれたファインは、ホワイトハウスの巨大な楕円形庭園エリプスとワシントン記念碑が見渡せる長官室で、75分も新長官と会談した。ガイトナーは「あなたは、私が長官になって会った最初の人だよ」と言ってファインの虚栄心をくすぐり、さらに「ニューヨーク連銀を任されていたとき、あなたの意見を拝聴してもっともだと思うことがあった」とも言った（彼はオバマ政権より先にブッシュ政権で、ニューヨーク連銀会長として「08年危機」に対処していたのだ／前掲拙著『ニューヨークからアメリカを知るための76章』明石書店）。

09年夏、ＡＢＡのトップが上下両院での公聴会で法案への反論をぶちあげている間、ファインはＩＣＢＡの執行部を説得、同時に「火薬は湿らすな」と和戦両用の体制で沈黙を続けた。フランク委員長は、09年9月、ファインをレイバン・ビル（議員会館の1つ）の巨大な委員長執務室に招いた。委員長は高飛車に「新法案のバスに乗るか、バスに轢かれるか、2つに1つだぞ」とすごんだ。頭に来たファインは、滔々とＣＦＰＡへの反論をまくしたてた。委員長は、ふいに同席していた部下らを外させると、がらりと口調を変えて「ＩＣＢＡが中立を決め込んでくれるだけでいい」と下手に出た。ファインは引っ込みがつかず、「すでに幾つかの銀行査察機関があり、それだけでも地方銀行は手を焼いている。メンバー銀行の大半が20人か30人の小所帯なんだ。これ以上、査察が増えれば、生きながら食われるようなもんだ」と粘った。フランクは、「こちらは民主党の左派と右派を同時に満足させないといけない」と愚痴り、結果的に、ＣＦＰＡの査察対象は、資産１００億ドル以上の銀行に落ち着いたのである。

ファインは、さらに「連邦預金保険公社（ＦＤＩＣ）」への協賛金比率の改変も切り出した。積立協賛金は、倒産した銀行への救援資金である。従来、協賛金は銀行預金高比率で決められてきたが、ファインはこれを「銀行総資産高に変えろ」と迫ったのだ。大手銀行は、預金高より総資産高のほうがはるかに多いので、中小銀行が協賛金の32％、大手銀行は19％と不公平なのである。ファインの要求が通れば、ＩＣＢＡ系銀行の支払い額は年間15億ドル減る（従来支払ってきた額の60％以上の節約）。フランクはそれを受け入れ、相手に「ＩＣＢＡはＤ＝Ｆ法ではＡＢＡのように異議を唱えない」という言質（げんち）をとりつけたのだった。

以上は、オバマが大統領としての得点を上げた金融改革法成立の、与党を上げての取り組みのほんの一端を紹介した。くどいようだが、民主党が上下両院を押さえていたからこそ上げられた成果である。

「昨今のウォールストリートは例外。今後は中道に帰る」

ただ少なくとも、Ｄ＝Ｆ法でデリヴァティヴの暴走を禁じられたウォールストリートは、同法の完全施行を待たずに、２０１２年早々には以下の激変が見られた。１月17日、モーガン・スタンリー（以後ＭＳ）の暮れのボーナス上限がわずか12万５０００ドル（税引きで7万５０００ドル）、その１週間後、アメリカ銀行（以後ＢＡ）が現金ボーナス75％カット、残額は自社株支払い、ゴールドマン＝サックス（以後Ｇ／Ｓ）ですら21％カットと公表したのである（前述の新「ヴォルカー・ルール」による３％規制は、自己資本の10％を「閉鎖株取引」に充当してきたＧ／Ｓには大きな痛手となる）。

12年11月になっても、ＢＡが株価を7％、Ｇ／Ｓが6％、ＪＰ・モーガン・チェイスとシティグループが各2％下げた。

このため、Ｇ＝Ｓ法に比べれば金融機関にとって幾多の好都合な条項があるＤ＝Ｆ法ですら、ウォールストリート側は葬り去ろうとし、この「搾め木」の廃止を公約するロムニーに靡（なび）いた。

ただし、「08年危機」直後の連邦政府の救済措置によって、各社は利益を上げ（例えばＧ／Ｓは09年、134億ドルの利益を上げた）、これが同年秋、ウォールストリートは「1％」（全米富裕層）の巣窟と見なされ、ズコティ公園にテントがけして野宿する「ウォールストリート占拠（ＯＷＳ）」の抗議行動を引き起こした（『イングリッシュ・ジャーナル』2012年1月号掲載の拙稿）。

これが、長らくウォールストリートは「08年危機」以後もうまい汁を吸い続けているという世間の勘違いを延引させた。ところが、Ｄ＝Ｆ法成立の2010年7月以降、ＢＡは収益42％ダウン、ＭＳ25％、Ｇ／Ｓ21％、シティグループ16％それぞれダウンと、低迷を始めていたのである。

「08年危機」直前、左前の金融機関からは幹部クラスの、より「浮沈度」の低そうな金融機関への離脱が相次いだが、今や、「当行に不満なら出ていくがいい」とトップから邪険に突き放される始末（2011年、ウォールストリート全体で約20万人がレイオフされた）。そしてかつてはアイヴィリーグ出の48％が流入してきたウォールストリートが、ＭＩＴ（マサチューセッツ工科大）のＰｈＤ取得者なら金輪際行かない場所に一変した（ではどこへ？　シリコン・ヴァリーだ）。「08年危機」以後のウォールストリートの悲惨度は、1929年の「ウォールストリート大暴落」以後に匹敵する。なのに、09年秋には「ウォールストリート占拠（ＯＷＳ）」に神経を逆撫でされ、泣きっ面に蜂だった。

とはいえ、「Ｄ＝Ｆ法は、金融制度はアメリカの経済成長に影響を及ぼさないという理論の下に、この制度の成長を撓めようと決めた」（銀行アナリスト、ディック・ボウヴ）というのは早合点も甚だしい。もはや重厚長大の産業資本時代に逆行は不可能である。経済の背骨は金融資本である点は揺るぎようがない。産業資本は、１９７０年代以降、一斉に海外へと逃亡してきたではないか。

これは最新の事例ではなく、産業資本から始まったオランダやイギリスが、富の蓄積以後、「物品生産」から遠ざかり、もっぱら金融資本と化した過去の事例がある。金融資本化したオランダは、16世紀後半ころから得意芸だった「物品生産」を次第に停止、後発のイギリスから製品を購入、18世紀半ばの産業革命で「世界の工場」と化したイギリスもやがては金融資本化、ドイツやアメリカから製品を購入するに至った。

従って、ウォールストリートは、「金の卵を生む鵞鳥」であることに変わりはない。ウォールストリート抜きのニューヨークは、もはや特性のない普通の群衆の居住地で、あっと言う間に寂れていくだろう。「１％」が納める税金のおかげでこそ、「99％」が「ニューヨークっ子」と胸を張れる都市であり続けていられる。ウォールストリート抜きでやっていくには、ここに「もう１つのシリコン・ヴァリー」を創出するしかない（それだと、まさしく「カリフォルニアの過去はアメリカの未来」（エズラ・クライン）の図式にはまってしまう）。

Ｄ＝Ｆ法はおろかＧ＝Ｓ法ですら、その点でボウヴのような勘違いはしなかった。

とはいえ、Ｊ・Ｐモーガン・チェイス（以後ＪＰＭＣ）を生き延びさせたジェイミー・ダイモンに言わせれば、「デリヴァティヴ、閉鎖株取引、レヴァリジ（借入金梃子の企業買収）——みーんな消えた。担保は昔ながらの担保に戻った。いいことだけどね」ということになる。「わが社は先月（２０１２年１月）、第４四半期の利益が11億ドル減った。Ｇ／Ｓは56％減、ＢＡ38％減、ＭＳ26％減だ」。とはいえ、社員26万人、支店１０００を擁するＪＰＭＣには、Ｇ／Ｓに比べて、「昔ながらの担保」が多いので、「いいことだ」と言えるのである。また、それこそがＤ＝Ｆ法から見てもまた「いいこと」なのだ。

ヘッジ・ファンドの盛衰は、この経緯を雄弁に物語っている。この種のファンドは、1990年には世界中で610社、2000年には3873社、2011年、9553社と激増してきたが、2012年は8553社へと微減した。一般投資者が抜けて、ヘッジ・ファンド同士でのキャッチボール化してきたのである。

ただし、金融業者の間からOWSへの賛同の声が上がり出したのは、奇観というしかない。D=F法の御利益か？　その代表がJPMCのダイモンだ。彼は言う。「OWSこそ、アメリカ社会が公正さを失ったことを分からせてくれた。私はこう言いたい。『まずアメリカ社会が不公正化した点では合意する。その上でどうすれば是正できるか考える』とね」。大手証券会社PIMCOの共同経営者、ビル・グロスは労使関係ではOWSに同情、ウォールストリートが実体経済と乖離したことを認めた（彼は共和党員である）。ダイモンは、「『是正』方法として株式配当、利子収入、資本利得への課税、累進課税を容認する」と発言した。「無際限な資産を子供に残す必要はない」とすら発言する（「子孫に美田を残すな」）。「ホーム・デポ」を創設した投資家、ケン・ランゴーニも、「増税、大賛成だ。納税は心底歓迎する。私の税金を使って負債を減らしてほしい」と言う。

なお、この3年間で記録的収益を上げてきたダイモンも無傷ではいられず、資金運用に失敗、議会の査察、株主総会の批判を浴びて2012年度は立場もぐらついていたのだが、13年5月下旬、株主総会の信任を回復できた。

しかし、2013年10月25日、JPMCは、「連邦住宅金融局（FHFA）」による51億ドルの罰金支払い命令に応じた。同社の「住宅ローン関連金融商品」（デリヴァティヴ）がもたらした損失への罰金である。この分野では司法省が別途に130億ドルの罰金をJPMCに請求している。他にもいくつかの連邦機関と州が、JPMCを標的にしている。

つまり、JPMCは、D=F法の「牙」に噛まれ始めた。むろん、連邦政府はこの最大の銀行以外の金融機関に対しても「牙」を研ぎ始めている。

しかし、新法が制定されても、個々の金融機関は個々のケイスでは訴訟を起こして争う。政府機関は個々の条文から個別的ルールを細分化、議会に報告する。この煩雑な過程では報告の遅滞は頻繁である。D＝F法の「牙」の中核、前述の「ヴォルカー・ルール」は、2013年12月10日、FRB、証券取引委（SEC）その他、5つの関係政府機関が相互に受容できる精密なルール細分化をやっと完了した。ルールの細分化過程で銀行側は、自行の処罰対象に関して、例えば「連邦控訴院首都巡回区」などに訴える。裁判所は、ルールを「費用＝便益分析」によって便益が費用を上回ればゴーとする。だが、慣例では、裁判所が取り上げれば「証券取引委」など政府機関側が敗れてきた。

従って、銀行側は反ウォールストリートの民衆側が「ウォールストリート占拠」をやった向こうを張って、司法機関を使って「SEC占拠」で新法に抵抗している最中だと言える。つまり、D＝F法も、新法を判例によって具体化する、気の遠くなる過程を歩んでいる。さらには、銀行側は共和党議員らも使って抵抗するから、議会によって決まった新法は、取り締まり対象の銀行側の抵抗によって他ならぬその議会、そして司法側から揉み抜かれても「牙」を研ぎ続けないといけないのである。

ダイモンが50億ドル支払いに応じたのは、企業側にとって訴訟が引き合わないほどD＝F法の「牙」が確かなものに研ぎ上げられてきたことの証拠かもしれない。

第8章

政権第1期――健保に覗いたオバマ流儀

国民皆保険をめぐる共和党の「精神分裂」

　ついにこぎ着けた国民皆保険は、オバマ第1期政権の大きな遺産となった。アメリカは、ジョンソン民主党政権によって低所得層及び身障者保険「メディケイド」と高齢者保険「メディケア」(65歳以上)だけはやっと成立した。要は65歳以下の中及び高所得層の保険制度がなかったのである。子育てに奮闘する、アメリカの屋台骨を支える階層が、4700万人も無保険で放置されてきた、先進諸国では珍しい国だったのだ(最高裁でのオバマ健保合憲裁定を受けてのオバマ演説では、無保険者は3000万人、うちオバマ健保でカヴァされるのは2700万人。中・上流階層の民間健保加盟者は2500万人余にすぎない)。

　国民皆保険がない場合、どうなるか？　民間保険に加盟していない、ボルティモア在住の52歳の修理業男性は、2008年の夏、比較的穏やかな心臓発作で入院した。その費用が1万7000ドル、薬代が月400ドル、発病した以上、民間の保険会社は受け入れてくれない。そういう場合、対応してくれる「35州加盟の健保」に応募したが、年間の保険料が4572ドルかかる。ところが、彼の年収は3万5000ドルで、州保険加盟条件を満たすには高すぎた。つまり、入れてもらえないのだ。

「35州加盟の健保」は30年間存続してきたものの、4700万人の未加盟者のうち、30年間でわずか20万7

000人しか加盟させられなかった！

オバマ健保は、病気の有無にかかわらず全国民の最小レベルでの健保加盟を義務づけ、加盟を拒めば罰金をとられる（原則、所得税の還付金を押さえられる）。強制加盟でないと、土壇場まで加盟しない者が増えて、結果、保険料を押し上げてしまうからだ。加盟費が払えない者には、一定基準で政府助成が下りる。

とはいえ、オバマケアは日本のような、政府がまるごと面倒を見るタイプの国民皆保険ではない。日本のそれに近いのは、前述のメディケアである。ただし、これは65歳以上でないと恩恵に浴せない。では、なぜ合衆国政府は全てのアメリカ人にこの恩恵を提供できないのか？　共和党が邪魔のかぎりを尽くすからだ。

共和党の言い分は自助精神と私企業の自由競争を混淆させたものである。つまり、共和党は保険会社に一枚噛ませないと承知しない。オバマケアはその点で妥協、保険会社を取り込むしかなかった。「国民健保の民営化」と呼ばれる所以だ。すでにブッシュ息子政権では、メディケアに製薬会社を押し込んでいた。

ここでおさらいだが、「アメリカン・デモクラシー＝平等＋自由競争」である。そして「平等＝機会均等」で、原則、誰もが同じスタートラインに立てる。立たせてもらえなかったユダヤ系や黒人は「公民権運動」、労働者は「労働運動」を起こした。奴隷解放は、リンカーンの共和党が断行したが、元来この政党は北部資本を代表していて、「自由競争」を基軸にしてきた。

ところが、何度も書いてきたように、ニクスンとレーガンが差別的な「南部民主党員」を共和党に取り込んで、この政党は劣化した（南部民主党員らは、レーガン、ブッシュ父子時代の「キリスト教右派」、オバマ時代の「茶会派」の温床）。他方、「北部民主党」は、フランクリン・ローズヴェルトの「ニューディール」で明確に「平等」主体の政党になる。しかし、「自由競争」は劣化した共和党が引き続き党是とした。

この図式を単純化すると、社会主義は「平等」を重視、「自由競争」禁止となり、ソ連はアメリカに後れをとって、1989年に瓦解した。そこで共和党は、アメリカがついに完全な覇権国家として生き延びられたのは、「自由競争」がこの国のエンジンであり続けてきたからだと過信、連邦政府主導の国民皆保険を「過剰平等」、「社会主義もどき」として猛烈に反対してきた。

「自由競争」がアメリカを覇権国家たらしめてきたことは事実だが、「平等」を否定してしまえば、本も子もない。アメリカン・デモクラシーは、片翼飛行となり、「平等」だけで片翼飛行して墜落したソ連と同じ穴のムジナになり果てる。

共和党にも言い分はある。国民皆保険だと、中央政府が万事を統括するがゆえに、どの国でも「親方日の丸」で健保費用は天井知らずになる（これは日本の懸念でもある）。それを抑えるには、「国民健保の民営化」は不可欠となる。なぜか？ 「民営化」によって、保険会社に競争原理が取り入れられるから、低価格&高品質の保険が確保される。

メディケアとメディケイド合わせて1兆ドルの国費（むろん、国民が治める健保費用も含む）の多くが、保険会社にも流れるわけで、これは「ワシントンからウォールストリートへ」の流れであり、つまり、「元来、国民健保には無縁なはずの資本主義が噛んでくる」。

従って、日本の皆保険制度やメディケアに比べて、オバマケアは分かり辛い、無様なしろものになった。いや、メディケアも、製薬会社の参入で「無様」になった。

「無様」とは？ まず、（1）加盟希望者は保険会社の幾つかの保険から選択して1つを購入しなければならない。これを「強制加盟（インディヴィデュアル・マンデイト）」と呼ぶ。（2）購入が苦しい者には、連邦政府が助成するので、政府はその人物の年収を把握しないといけない。（3）反オバマケアの諸州は「保険市場（エクスチェインジ）」開設を遅らせるので、それら諸州に代わって、連邦政府が申請手続きを代行せざるをえない。（4）保険会社が噛むゆえに、従来、これらの会社の保険に加盟してきた者（総数１２００万）の中には、オバマケアに連動して従来保険の掛け金が上がる者が出てくる（逆に下がる者も出てくる）。しかも、これらの人々は収入がありすぎて、かりにオバマケアに切り換えても助成の受給資格がない者が多い。しかも、オバマ自身、「保険会社の従来健保加盟者はオバマケアの影響を受けない」と請け合ってきたため、これらの加盟者らは当然激怒している。政権側はこれへの対処を行った。（５）オバマケアには、保険会社、製薬会社、病院が絡んでくる「無様さ」から、これらと政府保険機構の軋みを和らげる仲介組織まで新企業として登場しつつある（１件に要した費用の２％を申し受ける）。メディケアだけで５０００万人が加盟しているから、これら新企業には膨大な市場である。

共和党との妥協の産物であるオバマケアのぎこちない無様さは、（４）だけでなく、（３）のケイスでほとばしり出た。すなわち、２０１３年10月１日からのオバマケア加盟手続きで、主に連邦政府担当の手続き窓口で不具合が発生、共和党は喜色満面、改めてオバマケア廃止の声をあげ始めた。期限までに「保険市場（エクスチェインジ）」を開設した17の州は、ほぼ大過なく申請手続きが進行しているのに対して、期限までの自前の保険市場開設を見送った34州中、連邦政府が代行した場合（27州）にかぎって不具合が集中したのは、加盟希望者の情報データの把握が不備だったからと思われる（残り６州は連邦政府と州政府の提携開設）。27州の多くが反オバマケアなので、このままだとこれらの州は２０１４年度の開設を見送り、自州民を自ら不利益にさらす愚を冒すことになる。

なお、27州の不具合は、２０１３年12月初旬、連邦政府側の懸命の努力によって改善され始めた。

無様さに輪をかけるのは、共和党がその妥協の産物オバマケアすら否定し、さらにはメディケアをすらオバマケアのタイプに引き戻そうとしていることだ。

では、「国民健保の民営化」であるオバマケアになぜ共和党は反対するのか？　共和党が従来の「資本主義派」と「茶会派」に分裂、後者が「反オバマ病」にとり憑かれているからだ。彼らの病理の根源は、以下に起因する。従来の健保が民間保険会社基盤で、加盟は任意だった（むろん、日本でも任意）。ところが、日本その他の国民皆保険は、強制加盟である。当然、オバマケアも強制加盟で、この「強制」こそ「自由競争」否定として、茶会派はもとより、一部の共和党員も痛烈に反発する。

　とはいえ、これは明らかに、共和党の「精神分裂」である。この分裂の根源には、「連邦政府が生存競争に敗れた貧しい国民を助ける」ことへの共和党側の根深い敵意がとぐろを巻いているのだ。

　貧困層への邪険さは茶会派の特徴だが、これは南部白人の黒人への過酷さに淵源している。他方、茶会派が頑強にオバマケアに抵抗するのは、「黒人大統領」への抵抗という意味合いよりも、アイゼンハワー、ケネディ、ジョンスン政権時代、公民権運動に連邦政府が手を貸して黒人への差別体制を突き崩した歴史への怨恨である。ところが、「オバマがこの国を破壊する」というアンケートにイエスと答えた共和党員は6％、しかし茶会派だと70％！　従って、オバマは茶会派の病理のプリズムを通すと、途方もない広がりを持つ化け物となり、中でもオバマケアはその「化け物」像をさらに天文学的に増幅させる。だから予算案や国家債務上限引上げを拒否、アメリカ合衆国そのものを危殆に瀕せしめても、仕留めようと躍起になる。標的はオバマ＝オバマケアで一体化している。これこそ、今日、ハラヒレホーな国々は多々あるけれども、21世紀初頭のアメリカをそのダントツに押し上げる病理である。心理的病人の特徴は、自身の病理を存在理由に切り換える。かくして、少なくとも、茶会派に乗っ取られた合衆国下院は「愚者の船」と化し、乗員はたがいの喉首を狙って噛みつこうとしている。茶会派に飲ませる薬はないのである。

　従って、連邦政府命令で健保を購入させられること（それが自分らの利益に繋がるくせに）にこれだけ頑強に抵抗するのは、アメリカ以外にありえないねじれだ。いずれにせよ、これが日本やヨーロッパ、いや隣国のカナダでも当たり前となった国民皆保険に、アメリカ人の一部が未だに抵抗を続ける頑迷さの原因である。

共和党精神分裂の中核、「強制加盟」反対

しかし、いかに無様とはいえ、オバマ健保こそ、前述のジョンスン大統領の2つの健保以降、最大の成果だった。「ニューディール」のローズヴェルトすら成し遂げられなかった実績である。それだけにこの法案の上程は、大統領たらんとするオバマの野望と一体化していた。民主党の大統領として最大の業績を上げたローズヴェルト、他方、ジョンスンはヴェトナム戦争の悪評ゆえに高い評価を得られないが、上院議員としての実績（例えば、民主党大幹部の彼が、日米安保条約の上院通過を共和党大統領アイゼンハワーのために実現）、大統領としての実績（前記の2健保、公民権法、投票権法、「貧困との戦争」）は輝かしいものがあった。2名の自党大統領のこれらの実績を見れば、オバマがローズヴェルトに迫り、ジョンスンを越えるには、健保でカヴァされない中流・上流層を救済すれば近道となる。従って、早くもイリノイ州上院議員として、「州民の基本的権利としての健保を5年以内に制定する」とする条項を州憲法に入れようとして挫折している。当時としてはドン・キホーテまがいの行動だった。だが、少なくともこの早期の政治努力から見て、オバマの健保への思い入れは、州単位ではなく全米単位でこれを実現するには大統領になるしかないという軌道へと収斂（しゅうれん）されていく。

強制加盟も、前記の修理業男性のような自営業を除けば、企業側の負担金と個人（被雇用者）側の負担金の折半が基本である。従って企業に媚びる共和党は、1990年代までは個人負担一点張りだった。言い出しっぺは保守のシンクタンク、ヘリティジ財団で、1989年。しかしながらレーガンが1986年に署名した「緊急医療積極労働法（EMTALA）」は、最初の国民皆保険で、保険金の支払いの可否さえ度外視、おまけに

不法移民までカヴァしていたのである！　共和党も、EMTALAのレーガン、環境保護局を新設したニクソンなど、民心掌握術を心得ていた時期があった。しかし、EMTALAはご覧のように抜け穴だらけで、「ただ乗り（フリー・ライダー）」続出になるため、個人負担オンリーがこれまた保守派から唱えられ始めた。

他方、ヒラリー・クリントンが策定し、議会で葬り去られた健保案は、自営業以外は企業負担と被雇用者負担の併用だった。

すでに米企業の工場の海外逃亡は、2度の石油危機にあおられた1970年代に始まっており、企業負担の余裕はなくなってきていた。従って、「ヒラリーケア」はその風圧を受けた議会によって1994年9月に葬り去られる。これに懲りた彼女が2008年の予備選では個人負担による強制加盟を強調、他方、黒人貧困層の窮状をコミュニティ・オルグとしてつぶさに見てきたオバマは、非加盟者の続出を予測、それに罰金をかけること、つまり「強制加盟（インディヴィデュアル・マンデイト）」に反対だった（親が子供に保険をかけるのだけは認めていた）。

実際、オバマ健保の罰金額は、2014年までは95ドル、または年収の1％、専門家の多くは「強制加盟の実を上げるにはインパクトが弱すぎる額だ」と言う（2015年からは395ドル、または年収の2％に跳ね上がる）。

さて、予備選の過程で、オバマは個人負担／強制加盟の必要にやっと気づき、クリントン政権時代の健保専門家らを選対に入れ、健保への姿勢を急旋回させた。彼独特のナッジ流儀でめだたない形で宗旨変えしたのである。ナッジ流儀が効いたのか、本選挙中も政権初年度も「強制加盟」はさほど問題とならず、法案をめぐる議会での揉み合いは政権2年目で起きた。オバマは、自党議員たちが議会で強制加盟を掲げて法案可決に奮戦する姿を手を尽くして支援し出した。これを見た共和党議員らは、かつてのお株を横取りされたことは棚に上げ、一転、強制加盟を「オバマの暴挙」として糾弾し始めたのである！

保険業界も、無保険の4700万人を巨大市場と見て、最初は「強制加盟を条件に既往症があっても受け入れる」と、積極的に「オバマケア」を支持する構えを見せた（08年初夏）。ところが、共和党が狂ったように強制加盟に反対し出すと、5大保険会社を中心に反対に回るのだ（「ヒラリーケア」は保険会社、製薬会社と医師会の3権益団体の反対で潰（つい）えたのだった）。

ちなみに、「ヒラリーケア」も「オバマケア」も、元々は反対勢力側の蔑称だったものが、一種の愛称に拡大されたもので、本書ではこれを後者の意味で使う。「オバマケア」の公式名称は「患者保護・妥当価格保険法（PPACA）」である。「妥当価格保険」とは、前述の「最小レベルでの加盟」を意味する。

それにしても、企業負担支持の民主党がヒラリー・クリントンとオバマも含めて個人負担支持、強制加盟支持に変わり、企業におもねるべく個人負担／強制加盟に固執してきた共和党が一転それへの反対に回った。共和党のこの「精神分裂」は、「炭酸ガスの発生上限設定＋ガス発生権の売買（キャップ&トレイド）」でも起きた。連邦下院議長でクリントン大統領をいびり抜いたニュート・ギングリッチ、08年、オバマに敗れたジョン・マケインは、つい07年まで、「キャップ&トレイド（C&T）」の熱心な唱導者だった。ところが、石油資本におもねるブッシュ息子は、それより数年も前に「京都議定書」離脱を表明、茶会派も「代替燃料開発で石油関連産業で失業率上昇」との流言を信じ込んだ。結果、あっと言う間に「C&T」は共和党のメニューから民主党のメニューへと横滑り、08年、オバマ政権の中心公約になった。

ところが、懸案山積の自身の第1期政権、共和党と茶会派のごり押しへの対処に追われて、オバマは自前の「C&T」法案を潰された。以後は議会を避けて、営々と「環境保護庁（EPA）」を使っての規制で環境保護や温暖化対策に対処してきたのである（詳細は第12章）。

共和党側の豹変は、「南部戦略」以後のこの政党が「理念」とは無縁の、政局次第でころころ変わる、「状況主義」の政治集団に堕したことを如実に露呈している。人物で言えば、前述のニュート・ギングリッチ。そしてマサチューセッツ州知事時代、同州基盤の民主党連邦上院議員、エドワード・ケネディとともに「オバマケア」の祖型となる「ロムニーケア」に署名したミット・ロムニーが「豹変」の最たるものだった。

ロムニーとともに宿願の「州民皆保険」を通したケネディは、奇跡的な「超党派ぶり」に狂喜、「われわれ2人のどちらかが法案を読んでいなかったんだ」とジョークを飛ばした。それも道理、この健保は雇用主負担と個人（被雇用者）負担を兼備していたのだ。ロムニー知事は、雇用主負担に対しては拒否権を発動したが、州議会の80％を占めていた民主党議員らが知事の拒否権を「無効化」、ダブル負担を確立させたのである。同州の非加盟者は約10％だったが、今日３％、加盟促進にはボストン・レッド・ソックスの有名選手らが協力した。このような大衆的スターの加盟協力は、他州では起こらず、非加盟者は20％を超える。起こらないのも道理、今日、共和党側は各州毎に地元のプロ選手らに圧力をかけ、オバマケアへの宣伝協力を停止させてきたのである！

ちなみに、むろんオバマ健保も、雇用主負担と個人負担併用、自営業には「強制加盟」である。自営業者は完全に単独で商業保険への加盟を強いられ、その余裕がない者は一定基準で政府の助成を受ける。雇用者50名以上の企業は雇用者の保険負担を義務づけられる。50名以下の企業は、政府の助成金を受けても雇用者の保険を分担する。

「奇跡」と言えば、後述のように、保守派の連邦最高裁長官ジョン・ロバーツが、大方の予想を裏切って「オバマケア」に合憲判決を下した（その3カ月前の２０１２年3月のある世論調査では、「オバマケア」を違憲と見る一派が51％、別のブログでは60％台を行きつ戻りつしていた）。ロバーツの合憲裁定はオバマの再選を保証した奇跡だったが、ロムニーは２０１２年の大統領選に勝てば、「政務初日から『オバマケア』廃止に動く」と発言した。「ロムニーケア」の署名者だった以上、さすがに正面切って「廃止する」とは言えなかったのだ。

ロムニーのために弁じておけば、彼は「自分が大統領に選ばれれば、未加盟者のカヴァは各州に責任を委ね、被雇用者をカヴァできない中小企業には減税分をそれに当てさせ、州境を越えて保険を売る」ことを認め、「未加盟者を減らす」と言明した。マサチューセッツでの実績に賭けて、少しは意地は見せたのである。

頑固一徹「自助老人」と配偶者と息子の当惑

共和党の「豹変」は、企業主体の同党の支持基盤が「茶会派（ティー・パーティアーズ）」のような無知蒙昧な民衆に浸食されてきたからだ。始まりはニクスンが呼びかけた「サイレント・マジョリティ」、つまり奴隷制の歴史を引きずる南部民主党員、以後の「レーガン・デモクラッツ」、ブッシュ父子を押し上げてきた「キリスト教右派」、そして今日の「茶会派」である。「キリスト教右派」と「茶会派」は、南部からはみだし、西部や中西部の北にも拡大を遂げた（いわゆる「赤地域」）。

アメリカ史の特徴は、過激派が左派よりも右派から出てき易い土壌だということである。その最たるものがKKKだったように、「右派の過激化」は主に奴隷制護持派か「移民排斥派」に淵源する。

奴隷制護持派、移民排斥派に加えて、「右派の過激化」のエンジンの極めつけは、連邦政府を悪の根源と見なす「州権主義」である。反連邦主義は、以下の例のように、大半のアメリカ人には極めて日常的な次元にまで下りた感覚で、過激だとすら意識されていない。「アメリカ人にとって新しい法律は、通りの交通信号から所得税に至るまで、私事に関する個人の自由への干渉として、全米規模での怒りの対象になる。連邦法規による規制などは二重の意味でうさんくさい。それが個々の州が持つ、自前の法律を制定する自由に抵触するからだ。連邦政府の規制はワシントンの官僚が国民に押しつけたものだという観があるし、また声を荒らげてこうした法規に抗議したくらいでは、国民の多くは自尊心が満たされたとは考えない」（ルース・フルトン・ベネディクト著『菊と刀』第6章／越智敏之と筆者共訳・平凡社）。

そしてアメリカ人の反連邦主義の権化こそ、「連邦政府は悪だ」と指弾しながら他ならぬ「連邦政府のトップ」（大統領）に立候補、当選した、レーガンのハラヒレホーな姿勢である。いかにも彼らしく舌足らずで、実際は「連邦政府は必要悪だ」と言うべきだった。ところが、「必要悪」では弱すぎて過激派になれないのである。

なお、右のベネディクトの引用の後には、以下の文句が続く。「だからこそ、日本人は、私たちを無法な国民と判断する。他方、私たちは日本人を、民主主義という概念と無縁な自立心のない国民と考える。両国では国民が自尊心を表す態度が異なっていると言ったほうが、より正確だろう」。

以上で、オバマケアに逆らう茶会派の心理が、ある程度、お分かり頂けるのでは？　例えば、茶会派の中には、前々節冒頭の修理業男性のようになっても、「絶対健保には入らない！」と息巻く者がざらにいるのである。遵法精神の権化、日本人には、こういうアメリカ人はまさに「無法な国民」としか見えまい（さらには「アホな国民」としか見えない）。企業は利害打算で動くから常識が通用する。しかし、無知蒙昧を「信念」とする輩には常識は通用しない。要するに、「個人負担による強制加盟が連邦政府による人権侵害だ」というのだ。利害得失がはなから逆転しているのである。

ところで前章で触れたように、茶会派リバタリアンにはベビー・ブーマーが右傾化した白人老人が多い。彼らが無知蒙昧を信念にする心理にも、共感できる部分を探しておきたい。彼らもまた、人間なのだ。以下の例はどうだろうか。

自助精神を謡いあげてきたプロテスタントのアメリカでは生活保護を受けることへの抵抗感は日本以上に強

い。

アメリカでは長らく「食糧切符（フッド・スタンプ）」と呼ばれてきた社会保障事業は、これまた「貧困との戦争」を主導したジョンスン大統領の発案で、１９６４年に施行された。これは今日、「補助栄養援助計画（ＳＮＡＰ）」と呼ばれ、年収１万５０００ドル以下の市民に受給資格が認められている。１人当たり月額１３３ドル44セント、日割りで４ドル50セント、切符はテイクアウト・フッドには使えない。今日、４７００万人がこのＳＮＡＰを受給。10年前までの受給率は、有資格者の50％、リーマン・ショック以後の今日、75％である。食糧切符だから、食糧購入にしか使えない。

一例を挙げると、第二次大戦と朝鮮戦争の帰還兵は、酸素ボンベを抱えて暮らす身なのに、「ひどい暮らしだ。しかし、受給承諾書に署名すれば、女房にどう言い訳すりゃいいのか？」と抵抗する。この老人は州の加盟勧誘員に、こう諭（さと）された。「奥さんにはこう言いなさい。あなたはアメリカ人であるからには、これは受けて当然の手当てだって」。老人は署名するのだが、特徴的なのは、世間よりも、配偶者に対してさえ「虚勢」を張ろうとする傾向だ。これは、プロテスタントの自助への固執が相当行き過ぎたものだと分かる。この「虚勢」が、一転、平然と受給する者への怨嗟（えんさ）に転移される。

いや、カトリックでもアメリカ式自助精神に蝕まれて「抵抗」する。典型例を上げる。40年の蓄えをはたいて始めた運送業でしくじったイタリア系の老人は、倒産の結果、自宅を差し押さえられて、７５０ドルで買っていたフロリダの、冷房すらないオンボロのモビールホームに転がり込んでいる。この老人は、彼の配偶者は受給希望なのに、最後まで抵抗した。

物事には幾つかの側面がつきまとう。ＳＮＡＰも同様だ。実は受給者が増えれば州も潤うのである。ＳＮＡＰで５ドル使えば、地元経済を９ドル20セント儲けさせる仕組みになっているので、州は受給者を増やしたがっている。フロリダ州では、60歳以上の「SNAP忌避者」が30万人もいて、このために州には3億8100万ドル分の連邦SNAP予算が下りない。それでも「リーマン・ショック」で最大の被害を受けた州の1つだけに、08年の受給者145万人は、2012年で335万人に増えた。

だが、このイタリア系老人は抵抗するのだ。州から見れば、途方もない愚か者となる。いや、年老いた妻も、「困ったときは助けを受けないとやってけないのよ」と諌める。にもかかわらず、老人は「自助」の「虚勢」に固執する。見かねて彼の息子が冷房を買ってくれ、抗議する頑迷な父親に息子は、「止めてくれよ。こいつは必需品だ。ちょっとくらい人から助けてもらっても、問題ないんだぜ」と諭す始末。

以上が、茶会派その他の「虚勢型自助」を個人レベルで見た一例で、この頑固一徹さは筆者ですら当惑と好感を同時に覚える（筆者自身も施しを潔く受けられるはずがないと想像がつくからだ）。父親を諭した息子も、内心では父親の意気地を多少は誇りに思い、同時に煩わしさも感じているはずだ。そして、老人か配偶者に健保の助けが不可欠になるとき、この老人は死病を抱えてオバマケア反対にいきりたつのだろうか？

「私の健保を政争の具にするな！」

前述のように、共和党側が個人負担／強制加盟を真先に振りかざしたのは、「自分の面倒は自分が見る。政府に頼らない。自分の健康も同様だ」という、アメリカン・デモクラシーおなじみの「自助論」に由来していた。しかし、「自助」は健康で経済的にもゆとりがあって初めて可能となる。前述の修理業男性のような立場に追い込まれれば、人間は「助け」を求めるしかないし、社会も「安全網」を用意する義務がある。

ところが、茶会派にはその程度の想像力すら欠落しているのだ。共和党政治家らは、この無知蒙昧を信条とする票田におもねるべく、急遽、年来唱えてきた「強制加盟／個人負担」を「オバマの暴挙」にすり替えてみせたのである。

ポピュリズムの行き着く果ては、「暴民政治（オクロクラシー）」だ。暴民政治こそ、民主主義が最初に開花を遂げた古代アテナイで最も恐れられたもので、プラトンはこの危険を免れ得ない民主主義を否定していた。民主主義を海外に輸出してきたアメリカが、今や民主主義最悪の形態に悩まされているのである。輸出先の1つ、日本のほうが民主主義をうんと「ゆるーく」享受している。

それにしても、「暴民」らはオバマが黒人大統領だから反対するのか？　いや、ヒラリー・クリントンがファーストレディとして国民皆保険に取り組んだときも、民主党議員らまで反対に回った（彼らは「ヒラリーケア」に結集するどころか、自前の健保案を勝手に振りかざす始末）。

それにしても、常軌を逸した「暴民」らの大暴れに、さぞかしオバマも苛立ち、側近らに八つ当たりしたのでは？　2分の1混血児という同じ出自ゆえに、年下のオバマをシカゴ時代から弟のように保護してきた、最高顧問のヴァレリー・ジャレットは言う。「心労がどれほど深くても、彼が切れたことはない。健保法案の通過にやきもきしていた9カ月、彼が怒鳴ったことは1度もなかった。彼が声を荒らげたのは、1度もない。思うに、彼がほんとに怒るときは、声が低くなる」。

健保法案が下院での票決に入ると、オバマは100余名の側近をウエスト・ウィングに集めてテレビで見つめた。通過後、オバマは彼らを大統領居住区のイエロウ・オーヴァル・ルームとお気に入りのトルーマン・バルコニーに移動させ、祝宴を開き、珍しく自らマーティーニを干した。

ここはローズヴェルトが小宴を開いた部屋で、大統領は真珠湾奇襲をここで知らされた。アクセルロッドは、「大統領は健保をめぐる議会でのバターン死の行進をやっと終えた」と述懐した。これは、彼が票決までの艱難辛苦を日本軍が米兵捕虜に強いた強行軍に譬えたもので、頑迷な共和党議員団は悪鬼のごとき日本軍になぞらえられたのである。

祝宴は午前1時半ころまで続き、ジャレットはトルーマン・バルコニーでオバマに聞いた。「大統領当選の夜と今夜とでは?」。オバマは、こう答えた。「比較にならないな。重要度では今夜だ。当選はわれわれを今夜に繋いでくれるきっかけなんで、今こそわれわれはやるべきことをやっている」と。

これだけクールで、感情を表に出さないオバマでも、健保が連邦下院で成立した瞬間、ホワイトハウスでかすかに涙したと言われる。ところが、共和党議員団を率いるジョン・ベイナーは議場で「ヘル・ノー!」と絶叫した(「べらぼうめ!」の意味だから、無頼派向き)。彼こそは、酒場経営のカトリック教徒の家に生まれ、12人兄弟が1部屋に詰め込まれて育った。いちばん健保が要る階層ではないか!

とはいえ、前述のように、ベイナーは茶会派におもねる共和党内結社RSCにおもねらないと、造反によって議長職を追われかねないのである。

前述のSNAP忌避のイタリア系老人、ドイツ系とアイルランド系混血のベイナー、いずれもカトリックである。一般に、自助はプロテスタントに強く、カトリックには弱いと言われているが、アメリカだとカトリックはプロテスタント以上に依怙地な自助精神を標榜(ひょうぼう)するようになる。これは、ヨーロッパとの文化の違いゆえか。ただし、SNAPのイタリア系老人のほうが、ベイナーよりはるかに依怙地で、その片意地はベイナーのような利害打算抜きだけにいっそ感動的ですらあるのだが。

民主党が上下両院で多数を占めていた2010年3月23日、オバマが議会を通過してきた健保法に署名した日、手ぐすね引いていた14州の司法局長が「強制加盟は違憲」として訴訟を起こした(訴訟はその後24余件に増加)。これは専門家から見れば、笑うべき愚挙で、政治家以外に官僚までポピュリズムに巻き込まれていたのである。

オバマにとっての意外な「援軍」は、「議会予算局（CBO）」だった。CBOは、あらゆる新法案に要する予算を「試算（スコア）する」。金融機関や自動車産業の「08年危機」からの救済で強いられたすさまじい「支出」に頭を抱えていたオバマは、役目上、救済に箍（たが）をはめるCBO試算に激しく苛立ち、ホワイトハウスでの会議ではCBOの名すら口にしなかった。ところが、いったん健保法案が可決され、共和党から政権奪取後にはオバマ健保を廃止すると息巻く輩が続出するや、CBOは「廃止は政府にほぼ3000億ドルの負担を強いる」とこれまた役目上「試算」、ロムニーら共和党側を当惑させたのである。

とはいえ、筆者がアメリカ人であれば、絶望のあまり、「私の健保を政争の具にするな！」とのプラカードを掲げるだろう。この文句は、アメリカでのデモでは最もよく見られたものだ。茶会派はびこるアメリカでも、常識は生きている！

就任に反対した最高裁長官に救われたオバマの強運

ジョン・ロバーツは、歴代長官では最も保守的だったウィリアム・H・レーンクイストが連邦最高裁の陪席判事時代に「ロウ・クラーク」を務め、そのレーンクイスト長官の後任としてブッシュ息子に連邦最高裁長官に任命された。ロバーツのこの背景から、「新長官は何としてもオバマケアを『違憲』とする」と信じ込んだ者が、保革双方に多かった。長官就任前の実績でも、アイルランド系カトリックのロバーツは銃規制や「アファーマティヴ・アクション」（マイノリティ・女性などの進学・雇用・昇格・ビジネス機会面での優遇措置）に反対してきたのである。

ましてや、ブッシュによる長官指名時点、連邦上院では議員78名がロバーツを承認、22名が承認しなかったが、オバマ上院議員はその22名の中に入っていたのだ。ハーヴァード・ロウ・スクールでは、ロバーツはオバマのほぼ10年余先輩である。

しかし、２０１２年6月28日、ロバーツはＰＰＡＣＡ、すなわち「オバマケア」を合憲としたのだった。最高裁は長官を入れて９名構成、合憲派・違憲派ともに４名で伯仲、ロバーツが前者に回ったのだから、彼はまさにキャスティング・ヴォウトを投じたのである。

賛成派・反対派双方が最高裁正面の長大な階段に詰めかけていたが、「茶会派」その他右派は、「勝訴」と勘違いして「憲法が勝った！」と歓声を上げた。数分後、事態が判明すると、一転、彼らは「今度は廃止だ！」と喚きだした。両の腕を露出した白衣の白人女性が、書類をもみしだき、肩を揺すってうめき声を上げる狂態が、ユー・テューブに流された。他方、「負けて泣く覚悟でいたら、喜びの涙に一変した」賛成派は、階段で「イエス・ウィ・キャン！」を連呼したのである。

オバマ大統領は、すかさずこう声明を出した。「これで世界で最も裕福な国アメリカにおいて、病気や事故が家族を破産に追い込む恐れはなくなった。保険会社は既往症の有無で加盟者を差別できなくなった。幾つかの条項は、各州が踵(くびす)を揃える数年後に効力を発揮する。この日から5年後、この日から10年後、今日を振り返れば、われわれが勇気を奮ってこの法律を通したからこそ、暮らしが楽になったと覚(さと)るだろう」と。そして、「個人負担」、正確には「強制加盟(インディヴィデュアル・マンデイト)」が未だに国論を分裂させている点については、こう揶揄(やゆ)してみせた。「この概念は、歴史的に見ても両党の支持を享受してきた。目下の共和党大統領候補も含めてね」。その「候補」とは、オバマ再選を阻もうとしていたロムニーである。

上院で奮戦してきた民主党党首、ハリー・リードはこう切って捨てた。「わが国の最高裁が断を下した(ハズ・スポウクン)。一件落着だ。そろそろ共和党は、時代遅れの過去の戦いを止めてしかるべき時期だ」と。

09年12月、ABC記者に対してなされたオバマの以下の発言は、この法案に賭けてきた彼の深い自負が表れている。「過去7名の大統領が挑んで潰(つい)えた。これが通過すれば、『社会保障』以来、最も重要な国内立法になる」。「社会保障」は、1935年、ローズヴェルト政権が成立させた。

また、最高裁がオバマケアを違憲とした場合の深刻さは、元ビル・クリントン選対幹部ポール・ベガラの言葉に要約されている。「6月には大統領選での再選は勝ち取れないが、その大統領選での敗北は〔6月の最高裁の違憲裁定によって〕決定的になる」。つまり、ロバーツによる合憲裁定は、その重要性においてオバマケア法案の議会の通過に劣らなかったのである！

従って、ロバーツの合憲裁定によって、オバマ再選が絶対命題となった。つまり、前述のように、ロムニーが大統領になれば、必然的にオバマ健保を無効化する恐れがあるからである。オバマ選対はラティーノとアジア太平洋系票の獲得から移民法改正、不況対策のハイウエイ補修予算獲得、中流票狙いでの学生ローン利率の引き下げその他に邁進、他方、共和党は多数を占める下院でなりふり構わずそれらを阻止しようとした。

最高裁裁定前に共和党内で論議されたのは、「『強制加盟』だけ違憲として、オバマ健保を合憲とすれば骨抜きにできる」という狡猾な手法だった。オバマ司法省は、「ならば、健保法全てを違憲とせよ」と一歩も引かなかった。強制加盟抜きでも、保険会社に対する既往症のある者の加盟受入れ義務、地理・年齢・ジェンダー・健康状態での治療上の差別厳禁などの強い規定が盛られていたのだが。それでもオバマの司法省が強硬姿勢を貫いたのは、強制加盟が違憲で骨抜きされてしまえば、加盟者負担額は跳ね上がり、健保制度自体、現実性を失ってしまうからである。現に1990年代、強制加盟抜きで、ケンタッキー州の健保では掛け金が高騰、他州へ逃げ出す者が続出、ワシントン州健保では未加盟者が30％に迫った。

オバマは、合憲裁定を受けての演説で、大統領執務室に額に入れて掲げてあるネイトマ・キャンフィールドの切々たる手紙に言及してみせた。彼女は何十年も前から健保加盟してきたが、18年前、癌を発症、保険会社は掛け金を引き上げた。「それも年々引き上げ続けたのです。ついに彼女は、再度の発症の恐れにもかかわらず、運を天に任せて保険を断念せざるをえなくなりました。本職は彼女のことを非加盟のアメリカ人の代表として念頭に浮かべ、本法の成立に邁進（まいしん）してきました。彼女らのために本法を通過させました。そしてわが国最高の法廷が、今回断を下しました（ハズ・ナウ・スポウクン）」。

健保制定を念じて映画『シッコ』（２００７）を制作した映画監督、マイクル・ムアは、合憲裁定に際して、「オバマケアじゃない。オバマ・ケアズだ」とトゥイターを飛ばした。「オバマはみんなの身を心配してくれる」という意味である。「思いやりのある健保のために『課税』されるのは名誉」（ディーパク・チョウプラ／ホリスティック医療の高名な医師／インド系）は、後述のように、「強制加盟」を「課税」と見なした、ロバーツ裁定への献辞である。

法案成立後の最大の課題、「保険市場（エクスチェインジ）」開設

さて、めでたく合憲となりはしたが、連邦法に各州が応じて、２０１４年までに「エクスチェインジ（保険市場）」を設立できるかどうかは、はなはだ心もとない。なにしろ、実に26州がオバマ健保を訴え、フロリダ州では２０１１年1月3日、早々と違憲判決が出ていた。ロバーツ連邦最高裁の合憲判決（２０１２年6月28日）時点で、条件を満たしていた州は15、少なくとも33州はまだエクスチェインジ開設のキャンペインを開始しておらず、アーカンソーとルイジアナはエクスチェインジ設立拒否を表明した。この引き延ばしも共和党の卑劣

な戦術に入ってくる。一般大衆は、ますます蒙昧化に追いやられる。

雇用者保険の有無は、その企業が優秀な被雇用者を魅きつける要諦だ。従って、オバマ健保では被雇用者50名以下の企業は租税面での優遇措置を主体に庇護される。しかし、企業規模の拡大を図って50名を越えれば優遇措置は消えるので、企業主は拡大を手控え、オバマ健保が労働市場の拡大を阻害している。

さらに言えば、オバマ健保による市場拡大によって、保険会社はそのビジネスの特殊な形態から、市場拡大でかえって掛け金が上がる。さらにオバマケアでは、保険会社は既往症のある者でも加盟を拒否できないから、よけい掛け金を上げざるをえない。零細企業は、その掛け金高にも備えなければならない。この業態を踏まえて、各州が「エクスチェイン」ジを法制化していく結果、組織編成にずいぶん時間がかかる。いや、「保健人事省（DOHHS）」という連邦機構すら、やっと2013年3月下旬に最低価格健保にかける予算比率（60％）を決めたありさまなのだ。

「エクスチェインジ」が開設されれば、貧困線の400％以下の年収（4人家族で9万ドル）ならば、助成金を受けられるから、かなり条件は新規加盟者に有利である。これも、州どころか郡毎にルールが変わるアメリカらしく、フロリダ州のパーム・ビーチ郡の助成金受給資格は貧困線の300％以下、年収3万5000ドル、少なくともこの半年間、いかなる保険にも加盟していない個人という条件。郡内130万人中、非加盟者は25万人。

「エクスチェインジ」には保険会社が関与、行政側と加盟促進に当たるが、教会、勤務先、町内会など、日常的な人間関係ネットワークが仲介しないかぎり、無知蒙昧な加盟予定者を説得できない（言い換えれば、保険勧誘員が知り合いなら保険の中身が分からなくても信じる。無知とはそういうものだ）。なにしろ、共和党や茶会派の悪宣伝に惑わされて、相当理解力の高い者すら半信半疑のままという体たらく。

２０１４年時点で、ＰＰＡＣＡ（患者保護妥当価格保険法／オバマケア）は、今日、政府と州合体プログラムで運営されてきた前記の「メディケイド」（低所得層&身障者健保）を拡大、連邦政府認定の貧困線１３８％以下の収入の者に開設する規定がある。つまり、普通の者は「雇用主負担」と「被雇用者負担」の組み合わせで健保に加盟するが、貧困層はこの「拡大メディケイド」に頼って健保に加盟する。

ところが、ロバーツ最高裁はこの「拡大メディケイド」規定に欠陥ありとした。ＰＰＡＣＡをメディケイドに加えることによって、各州に負担がかかるので、各州自体この規定に反対してきたもので、最高裁はこれを「各州の頭に突きつけた銃」と非難した。すなわち、最高裁は、各州には「メディケイドの拡大」選択の自由だけを認めた（完全にこのプログラムを離脱する余裕は州にはないのだが）。

ロバーツは、「連邦権限」vs「州権」の競り合いで、「オバマケアを連邦政府から押しつけられた」と力む州の名目上の顔を立ててみせたのだ。これはロバーツが、オバマ政権によけいな面倒の種をまいたことになる。

最高裁が「メディケイド拡大」の選択権を州に認めたらどうなるか？　「州」は知事（行政部門）と州議会（立法部門）からなっているが、知事は「拡大賛成」派、州議会は「拡大拒否」派に割れたのである。共和党の知事は大半がオバマケア反対のくせになぜか？　「拡大」で連邦政府から予算がつくためである。金となれば主義主張も節操もあったものではないのだ。他方、茶会派に突き上げられる州議員らは、彼らの手前、「拡大拒否」のふりをしてみせるしかない。

キャスリーン・セベライアス保健人事省長官は、保守的なキャンザス州で革新的な民主党知事を務めた間に州知事間に広げてきた人脈を頼りに、貧困層を救う「メディケイド拡大」を働きかけてきた。オバマケアでは、貧困線の１３３％以下（1人分の所得約1万５０００ドル）は、メディケイド拡大で健保に加盟を認めている。さらには最初の3年間、費用の１００％を連邦政府が負担、３年経過後も90％以上負担である。従来のメディケイドでは、州側は平均57％を受領してきたにすぎない。貧しい南部諸州ほどオバマケアで潤うのに、これらの諸州がオバマケア反対の急先鋒なのだ（茶会派の頭脳が末世的なのが分かる）。

長官は、幾つかの州で成果を上げたものの、州議会と保守的な票田に締め上げられた州知事らは総じておぼつかない足取りだ。2013年6月20日時点で、民主党知事の諸州は、15州が「拡大」を受け入れ、3州が拒否。共和党知事の諸州は受け入れは6州、拒否が22州。このままだと、全米でも最貧困の諸州が、2014年度は貧困層が健保にありつけない（州議会と票田のオツムのパー具合はまたしても想像を絶する）。

しかし、セベライアス長官自身、キャンザスで州議会と州民の「パー度」にはほとほと手を焼いてきた。「パー度」最高の州議会として、アーカンソー州議会（共和党多数）だけ挙げる。この議会は、「拡大」絶対拒否貫徹、その代わり、連邦予算を使って、「拡大」より50％高い民間健保（！）の購入を州知事（民）に迫った。この州は、ビル・クリントンが長年知事を務めたが、頑迷さは相変わらず。いたぶられる知事、マイク・ビーブは、セベライアスの旧知である。この究極的馬鹿さかげんにも、セベライアスとビーブは目をつぶり、これを「アーカンソー方式」と銘打ってしぶる「パー州」に勧め、1州でも貧困層を健保加盟させようとする。抵抗を続ける州議会と州民は、世界に類を見ない頑迷さではある。これではとうてい、アメリカは長く「覇権国家」の看板を掲げてはいられまい。

そして「アメリカン・デモクラシー＝平等＋自由競争」の等式では、普通、「やり手」や上流層が「自由競争」傾斜、労働者が「平等」傾斜だ。ところが、アメリカでは、競争とは無縁な労働者まで「自由競争」傾斜である。茶会派の多くは白人ブルーカラーで、彼らは健保に何が何でも反対なのだ。しかし、健康な間は、「その気概やよし」だが、病気になると、労働者は、いや中流層も、高額医療のアメリカでは二進（にっち）も三進（さっち）も行かなくなる。しかし、アメリカの労働者の多くは、自分らが病気になるとさえ思ってもみない。

この過度な「自由競争」は、企業体である病院側の請求にも露骨に表れる。2013年5月初旬に公表された「格差」の数例を紹介する。同じ病気の治療費でも、ある病院は8000ドル、別の病院は3万8000ドル。また州毎に額が異なる。脚の関節を人工関節に取り替える場合、メリランド州だと最高3万6000ドル、ダラスのある病院だと、高齢者健保（メディケア）ですら16万832ドル！　心臓疾患だと、メディケアを使っての最高額がニュージャージー州ニューアークの17万3250ドル、最低額がテネシー西部の7304ドル。

それどころか、同一州内でも額が猛烈に異なる。前述のダラスの病院から5マイル離れた病院では、街路が同じなのに、脚部の取り替えが4万2632ドル！　喘息治療だと、ニューヨーク市で63マイル離れた病院では、それぞれ3万4310ドル、8159ドルと、3倍以上である。ロサンジェルスでは、人工呼吸器4日間、1日4時間以下使用で7万8000ドルから27万3000ドルの格差。

とはいえ、州別の違いは目立つ。脚部手術で最低がオクラホマ州アダの5304ドル、最高がカリフォルニア州モンタレイの22万3373ドル。同じ脚部手術を受けたメディケア使用患者42万7207名（全米総数）の全米平均額が5万2063ドル。カリフォルニア、フロリダ、ネヴァダ、ニュージャージー、ペンシルヴェニア、テキサスの6州が、総じて高額。アイダホ、モンタナ、ノース・ダコタの3州は総じて低額。

ただし、これは健保がらみの金額で、病人自身が総額負担するわけではない（周知のように、アメリカには低所得層健保メディケイドと高齢者健保メディケアに加えて民間保険会社の健保がある）。専門家によれば、健保がらみだと、患者には費用総額は分からないので、病院側が恣意的に請求額を決めるせいだという。病院側こそ、健保制度を食い物にしているのだ。

オバマケア施行の茨の道、いくつか

オバマケア粉砕に固執する共和党側は、増税どころか予算削減に血道を上げ、オバマ健保実施に要する予算を標的にした。それどころか、両院を通過、オバマが署名、さらには最高裁が合憲としたオバマケアを「撤回」する議案を、共和党下院は２０１３年7月現在で、39回、上院は28回、両院合わせて67回も出し続けてきた。民主党議員らもほとほと呆れ果て、１人はこう漏らした。「同じことを繰り返し巻き返しやるのが、狂気の特徴だ。おまけに、やっこさんらは撤回議案を繰り返す度に、オバマケアを無効化できるとマジで信じてる。アインスタインの定義では、これが狂気の特徴だ」と。

とはいえ、全米半分の州が、メディケイドの拡大を拒否、最貧困層を「無保険」状態に放置して顧みない。政権側も座視できず、懸案事項の包括的移民法や温暖化対策をひとまず棚上げ、7月18日にはオバマケア加盟者らをホワイトハウスに集めて、新健保市場では従来より50％経費が減ること、加盟者の急増ぶり、健保なんて要らないと力んでいる者は18歳から64歳人口の11％にすぎないことなどを報告、反撃を開始した。

オバマケアの成否は、３０００万人にのぼる未加盟者からいかに多くを加盟させられるかにかかっている。共和党の右派にすれば、ここを潰せばこの健保は立ち往生を遂げるしかないと見切っている。おかげで「保険人事省長官」、キャスリーン・セベライアスは、予算不足ゆえに、２０１３年2月から保険会社や地元団体、教会などに義援金を呼びかけるしかなくなった。共和党はそれに対しても「役人が資金集めはできない」と噛みついたから、これは無頼漢集団としか言いようがない。セベライアス長官は、一私人として寄付集めに取り組んできた。

当初、政権側は健保実施予算を10億ドルと見積もっていたが、「議会予算局（ＣＢＯ）」の試算では以後の10

年で50億ないし１００億ドルと出た。前述のように、「エクスチェインジ（保険市場）」の設立を拒否する州が多いので、実施予算は「保健人事省（ＤＨＨＳ）」の肩に押しかぶせられてきたのだ。「エクスチェインジ」開設は、２０１３年10月1日からだったが、カイザー・ファミリー財団によれば、12月時点で開設した州は17、残る27州は全ての業務を連邦政府に委ねた（つまり、２０１４年度の自前開設を見送った）。他方、連邦政府と州政府連携で開設する州が7つある。保険会社にとっては、新たな市場なので、自前の勧誘によって「保険市場」を創出しようとしている。

しかし、低収入ゆえに助成を受けてもオバマケアに加盟できない者が３０００万人もいると言われる（「強制加盟（インディヴィデュアル・マンデイト）」を助成によって免除されても）。完全にオバマケアが施行されても、２６００万人は加盟できない（『ワシントン・ポスト』２０１３年6月7日）。現在、健保未加盟のアメリカ人は４８６０万人だから、オバマケアに加盟できるのは１８６０万から２１６０万人にすぎなくなる（オバマ自身は３０００万人と言っていたように、数字はまちまち）。万事に精密な数値予測で定評のある「議会予算局（ＣＢＯ）」は、２０１２年6月、「メディケイド（低所得層・身障者国民健保）を拡大」しても２６００万から２７００万が加盟できないと試算していた。

オバマケアは、アメリカの重荷を双肩に担う若年層と急速に増えつつあるラティーノにこそ照準しており、例えばオバマケア勧誘では模範になりつつあるカリフォルニアで加盟が見込まれる６００万人中、助成が見込めるラティーノは１３０万人に達する。

この新市場創出を実現する第一歩は、「健保シリコン・ヴァリー」の構築である。従来、医師や病院側は、医療行為の成功報酬ではなく、医療過程と検査を基準に支払いを受けてきた。これを成功報酬に転換するには、患者情報への精密かつ迅速なアクセスが大前提になる。前述のような、同じ治療に対する病院毎に異様な請求額の違いを、早急に是正しないといけない。「保健人事省（ＤＨＨＳ）」は、自省に蓄えた膨大な患者情報へのアクセスの精密化・迅速化を推進できる起業家を招集しつつあるが、２０１０年3月下旬、オバマケアへの大統領署名がなされた当初、招集に応じた業者は45社、それも半信半疑の体だった。ところが、新プログラムへの関心は鰻登り、２０１２年の説明会には１６００社の起業家らが押しかけてきた。すでに新プログラムを立ち上げた２３０社のうち、１００社がプリゼンテイションを行った。

5月31日、さらなる朗報が届いた。かねがね共和党右派は、「オバマケアはメディケア予算を蚕食する！」と国民を脅迫していた。いや、オバマ自身、「10年間で、メディケア予算に7億ドル食い込む」と言っていたのだ。ところが今回、「メディケア評議会」は、「２０２６年までメディケアは大丈夫」と発表、これは従来の予測を2年先延ばしとなったのである。しかも、「社会保障は２０３３年までの基金あり」と発表もした。

さらには、オバマケアゆえに個人が包括的健保を購入できるとなると、雇用主負担分に依存しなくてもよくなる結果、「起業家になりたい者が大挙自立する」との予測が出された。ある調査では、１５０万人が自立すると見られる。予測の前提ははっきりしていて、テッド・ケネディとロムニーが合作した前記のマサチューセッツ州健保の成果で、同州で起業家が増えた事実である。

そして7月2日、政権側が、社員50名以上の企業に課せられた「雇用主負担（エンプロイヤー・マンデイト）」申請期限の1年延長、つまり「従来の期限２０１４年1月を、２０１５年1月まで延長する」と公表したのである（この期限を過ぎて申請しない場合、その企業は社員1名につき２０００ドルの罰金をとられる）。

さて、社員50名以下の小企業は全米企業の96％に及び、「雇用主負担」を免れる。社員２００名以上の企業は、すでに何らかの被雇用者健保を擁している。とはいえ、これらの企業、そして50～２００名の企業は、オバマケアのルールに同意できるだけの学習が進んでおらず、特に50余名の企業は、人員を50名以下に減らして「強制負担」を免れようと、組織体制いじりに追われるありさま。さらには、「エクスチェインジ（保険市場）」

開設を拒否するテキサスやフロリダのような諸州が、連邦政府側に制度実施の推進面で大きな負担となってきた。なにしろ、この延期発表は、前述のように、２０１３年10月1日の手続き開始まで、後３カ月足らずしかない状況でなされた。おまけに、共和党が仕掛けた「財政の崖」ゆえに、ホワイトハウス側はオバマケア実施予算をまだ受け取れないでいる始末だった。

むろん、共和党や茶会派は、「これでこの制度は機能しないことが証明された。わが党は２０１４年の中間選挙で得票率が上がる」と手放しで喜んでいる。

しかし、あくまで50名以上の企業の問題であり、被雇用者には何ら影響はない。共和党が言い立てるように、「制度面での機能不全」でも何でもない。オバマケアの最大の核心は健保に入っていない個々のアメリカ人を加盟させる「強制加盟（インディヴィデュアル・マンデイト）」であり、さらには既往症がある者でも加盟可能、新たに開設される（あるいは開設された）「エクスチェインジ（保険市場）」で「手頃な（アフォーダブル）」価格での加盟と免税措置などである。これらの、オバマケアの中核部分は、予定通り２０１４年に始動する。だから、遵法精神で行くつもりの多くの企業は、今回、新制度の細部に習熟できる時間的余裕を得たとして、延期を歓迎している。「全国小売業連合（ＮＲＦ）」は、この措置に感謝を表明した。

とはいえ、この延期は、オバマにとっては苦渋の決断だったのは言うまでもない。しかし、むしろ彼の類まれなプラグマティズムの発露と見たほうが確かだろう。肝心な「雇用主負担」をフイにしないよう、行政府における自身の権限を目一杯使って切り抜ける覚悟なのだ。

ロバーツ長官が発揮した「展性」

さてロバーツのために弁じるなら、彼の合憲裁定の背景は以下の点にあったと見られている。

2000年の大統領選のフロリダ本選挙で投票用紙の不備から起きた騒ぎに、前記のレーンクイスト長官の最高裁が介入、わずか537票差でブッシュ勝利と裁定した。537票の僅差だと、数え直しで逆転の可能性が極めて高い。しかし、このレーンクイスト裁定で、ブッシュは同州に割り振られた選挙人25名をものにし、271対266でアル・ゴア候補を下した。

ところが、フロリダ問題以前での、他州での獲得選挙人数ではゴア266、ブッシュ246。何よりも全州の一般投票ではゴアが54万3895票差で勝っていたのだ。レーンクイスト最高裁の介入は、（1）投票用紙の手作業での数え直しに違憲判決、さらに（2）州選挙の結果提出が締切り期限（12月12日）に間に合わないとして数え直し自体の停止の判決を押しかぶせた、極めて強引なものだった（前掲拙著『大統領選からアメリカを知るための57章』明石書店）。

ロバーツは、「師匠」のこの「党派性」こそ、連邦最高裁の三権分立の大原則の放棄と見なしていた。ロバーツは、「師匠」が振るった「大技」、つまり露骨すぎる党派性の事例から、最高裁を救出する必要があったのである。

保守派に言わせれば、1960〜70年代、リベラル派長官によって三権分立が侵され、例えば1973年には妊娠初期の中絶が合法化され、46州で成立していた中絶非合法化法が廃止された（アール・ウォーレン長官は当時の共和党にもいたリベラル派）。筆者は中絶を推奨できないが、妊娠の事情はレイプによる場合などさまざまで、国内で中絶ができない結果、もぐりの医師に頼んで、以後、生めない体になってしまうとか、金を借りて中絶が合法の外国で堕胎するとか、女性側の苦労はたいへんだった。そのため、第2次女権運動、いわゆる「ウーマンリブ」では、「中絶は妊婦の専決権」という主張が中心的アジェンダとなったのである。他方、この「ウォーレン裁定」（初期段階での中絶合法化）が「キリスト教右派」を中心とする中絶反対の草の根運動を始動させ、共和党が今日の茶会派のような超保守を票田とせざるをえなくなり、自らの劣化を招いた。

合憲裁定で肝心なことは、「ロバーツが長官ではなく陪席判事だったら違憲派に与（くみ）したはずだ」という憶説だった。従って、彼の右派への「裏切り」は、最高裁の独立性を担保する一種、悲壮な決意だったと見られる。とはいうものの、2000年のレーンクイスト裁定を埋め合わせた点では「受身ながら政治的・党派的」ではあった。しかし、ロバーツが司法の独立を掲げた以下の争点は、議会と大統領府に差しつけた、三権分立の大義となる点では連邦最高裁長官としての名分の確立となったとも見られる。

それはすなわち、健保への強制加盟を保険会社が介在する「商業行為」ではなく、「懲罰課税」と見なすことだった。強制加盟という、アメリカでは新しい概念を、オバマ政権（行政部門）も議会側（立法部門）も、保険会社が介在し、加盟者が保険を購入する「商業行為」と見なし、議会の商業行為規定権限の拡大と見なしていた。既往症のある者の健保加盟も容認させる点などでは、保険会社に対する商業行為の規制にも通じる。2012年3月、オバマ政権は、「強制加盟は憲法の商業行為条項に確立された、連邦政府の市場への介入権限に包括される」と主張していたのだ。

これに対してロバーツは、強制加盟を「商業行為」の範疇から外し、「課税行為」と見なすことによって同じく議会が関与権限を有する課税の範疇へと封じ込めたのである。特に加盟拒否者に科す罰金は、まさに懲罰課税に相当する。ロバーツは自身の裁定書にこう書いた。「わが国の憲法制定者たちは、（中略）議会に商業行為を規制する権限は認めたが、それを強制する権限は認めていない」と。さもなければ、「連邦政府は限定され、法律条文に列挙された権限しか認められない政府だとする原則に抵触することになる」。他方、課税は「強制」で、政府に付与された、商業行為とは別個の権限だと言うのだ。

前述の、茶会派などの「オバマ健保違憲派」が勝訴と勘違いしたのは、このくだりではなかったか？　司法の独立を死守するロバーツの綱渡りの切所（せっしょ）である。

オバマ健保が最初は楽勝と見られていたのが、徐々に保革の最大の争点になりゆく過程をブログで追ってきたブラッド・ジューンデフ（サンタクララ大法学部教授）の結論はこうである。「合衆国憲法が石に刻まれている箇所はほとんどなきに等しい事実を如実に示す出来事だった。憲法は幅の広い枠組みで、その解釈は世代ごとに異なる。PPACA（オバマケア）が1960年代に上程されていれば、最高裁の連邦権限の概念が今とはずいぶん違っていたので、PPACAは間違いなく合憲だったろう。商業行為規制の条文も何1つ変わってはいないが、政治体制は当時とずいぶん変わっている。民主党ですら当時より右寄りだ。最高裁も1960年代よりうんと右寄りだ。しかし、憲法の枠組みは、条文は不変でも、極めて幅が広く、展性がある」。

ロバーツは、保守化が最高度に達した今日のアメリカ、その保守化の精髄、共和党員の長官として異例の「展性」を発揮したことになる。展性とは、金・銀・銅などの金属特有の、いくら打撃を加えても破壊されず、板か箔に平伸ばしできる可塑性を指す。

「展性」と言えば、序章で触れた「憲法修正第14条」の援用ぶりを思い出してほしい。奴隷解放で資産（奴隷）を失った元奴隷所有者関連で、南北戦争からの「再建期」、つまり19世紀後半に制定された憲法修正第14条を、21世紀に、オバマ政権の財務長官、ティモシー・ガイトナーが、国家債務上限設定を「違憲」とする根拠に援用したではないか。ビル・クリントン元大統領が、なりふり構わぬ共和党のごり押しに対するオバマの慎重さに業を煮やし、「第14条で国家債務の上限設定は『違憲』と分かっているのだから、正面切って対決せよ」と発破をかけた。この援用こそ、憲法の「展性」の例では、ロバーツの「展性」例を凌駕するものだろう。

　ただ、一般の判事が、最高裁長官でなくとも、最高裁陪席判事に任命された時点で、極めて司法の独立性に過敏になり、右派は左派へ、左派は右派へ、結局は中道へとにじり寄る傾向は何度も見られた。しかも、ロバーツとハーヴァード・ロウ・スクールの学寮でルームメイトだった人物によれば、ロバーツは「制度に敬意を抱く院生だった。カトリック教会やハーヴァードという制度にね。過激さとは無縁だった」。裁定書でも、ロバーツは「国家の選良たちの行動を無効化することに対しては全面的に気が進まない（中略）国民が選んだ政治的選択から国民を保護するのも、司法の仕事ではない」と書いているのだ。言い換えれば、「茶会派」のような「暴徒」が増えた「国民」は、自らを「無知蒙昧から保護せよ」と言っているのである。これは民主主義の根底に照らして「正論」だろう。国民は、自らの叡知（えいち）に導かれてこそ、民主主義の本質を享受する資格があるのだ。

白人側の不公平感の「原子核」

確かにオバマを大統領に当選させたのは、白人だった。08年は43%（マケイン57%）。2012年は39%（ロムニー59%）。白人票は4%減った。%では少なく見えても、白人はまだ実数では個々のマイノリティの実数をはるかに凌駕している。

ところが、オバマに投票しなかった白人の一部は、「今度はおれたちがマイノリティだ」と開き直り、それまで肚の中で思っていたことを口に出すようになった。「肚の中で思っていたこと」とは、つまり、自分らが公民権運動以後、有色人種の台頭に対して募らせてきた憤懣と不公平感である。

例えば、「強制バス通学（バシング）」（第4章）や「アファーマティヴ・アクション（AA）」に対する不公平感だ。AAは、「有色人種・女性・身障者などに対する差別是正」で、具体的にはこれらの積年の被差別者たちに「大学進学・就職・昇格・ビジネス契約」などにおいて優遇措置をとることである。分かり易い例では、地方自治体が消防士を10名採用する場合、自治体の黒人人口が2%とすれば、2名を黒人枠として「別枠」とする。つまり、試験の点数で採用できる枠は、8名に減る。従って、点数が9位と10位の者は、白人であれば撥ねられる。黒人受験者が、点数ではかりに350位以下でも2名は「別枠」で採用される。

言い換えれば、撥ねられた白人2名は、過去に白人たちが犯してきた黒人差別という、自分とは無関係な「罪」の償いをやらされたことになる。そして、AA自体、白人側から見れば、「逆差別」ということになる。

ジョン・ロバーツ長官率いる連邦最高裁は、2013年6月の会期末に同性婚合憲など、リベラル側も驚愕する裁定を連発した。そして、同じ6月の24日、AAについても「アメリカの競争社会における人種的多様性を維持すべくその存続を認め、ただしその施行においてさらに慎重を期する」旨の裁定を下し、下級裁判所へ差し戻した（7対1の圧倒的多数。1名はオバマ政権の「訟務局長」としてこの訴訟に関与した前歴ゆえに裁定に不参加）。唯一の反対意見を出したユダヤ系の女性判事、ルース・ベイダー・ギンズバーグも、「裁定が訴訟を下級裁判所に差し戻す」ことに反対したにすぎない。彼女は、「何世紀も法的に認められてきた不平等の、未だに残る、日々明白な影響に政府が目をつむることはない。差し戻す必要はない」という断固たるAA容認論だった。

「裁定」は常に個々の訴えが最高裁まで上がっていった結果下され、法律と同等の威力を持つ。この場合は、AAによってテキサス大学への入学を拒否された白人女性の訴えが原点だった（彼女は、現実にはルイジアナ州立大を卒業）。前の消防士の例では、彼女は、彼女の主張によれば、点数9位か10位で撥ねられた白人に相当する。

もっともテキサス大学側は、「あくまで彼女の点数が合格水準に達しなかったからであって、彼女の人種ゆえではない」との主張を崩さなかった。この大学は、75％は高校の上位10％を占めた者を入学させ（「トップ・テン・パセント・プラン（TTPP）」）、残る25％をAA枠としてラティーノと黒人に回してきた。しかし、両民族集団を合わせても、州内の2集団の人口は25％に達しない。原告の白人女性は、TTPPには該当しなかったわけで、AA枠に受け入れられなかったと言い張る論拠は弱い。

この裁定で悩ましいのは、連邦最高裁で唯一の黒人判事、クラレンス・トーマスが裁定には同意したものの、AAそのものを「違憲」とする年来の主張を繰り返したことである。彼は、AAを「人種差別の最悪の形態」

と断じてきた。つまり、AAは白人側から見れば「逆差別」だが、トーマスのように十分に白人を凌げるだけの能力を持つ黒人にも、AAは「新たな差別」となるのである。彼自身が、「あいつは『AA最高裁判事』なのさ」という白目で見られかねないのだから。

オバマ自身は、おそらくトーマスと同じ理由から、個人としてはAAに反対なのだ。任命制の最高裁判事と違って、熾烈な大統領選を経てきたオバマは、間違っても「AA大統領」とは言われないにしても。とはいえ、長い差別ゆえに黒人全体の競争力がまだ十分ではないという点は彼も無視できず、彼の政権は「全ての人種が対等の競争力を発揮できることが数値的に証明されるまではテキサス大学のAAを支持する」立場をとっている。

以上のように、AAは白人側の不公平感の「原子核」で、茶会派リバタリアンだけでなく、多くの白人が「肚の中で思っていたこと」を口に出し始めた。それは黒人を怒らせると同時に、オバマを歓迎する白人をも一層苛立たせた。厄介なのは、以下の例である。ヴァージニア州南部の元シェリフは「開き直った白人」の1人で、オバマの登場で奥歯にものがはさまった歯がゆさから自由になれたと思って、率直に人種の機微を口に出すと、白人の友人から「隠れ人種差別主義者」だと拒否され、黒人の同僚からは、「あんたは、黒人が大統領になった事態に対処できないんだ」とクギを刺された。

つまり、この期に及んで「AAこそ積年の白人の罪科に落とし前をつける非常手段だ」と言い張る黒人は、「放射能を撒き散らす黒人」だと忌避される。しかし、「開き直った白人」もまた、「放射能を撒き散らす白人」として白人側からさえ忌避され、その多くが茶会派と重なるのである。

しかし、こういう逆の事態もある。第二次大戦を経験した93歳の黒人が、歩行機で歩くと、白人が扉を押さえて、彼の通過を助けてくれた。彼は、「この変化は高齢者だからというより、オバマの登場で国のトーンが変わったせいだ」と感じている。

２００８年の大統領選投票前までは、ギャラップ調査では「オバマが当選すれば人種関係は変わる」が56％だった。それが当選の恍惚感の最中、70％に跳ね上がった。肝心のオバマは、２００９年早々、「その高揚は1日で消えたね」とジョークを飛ばした。３年後のギャラップ調査では、「黒人大統領が登場しても何ら変わらないか、むしろ人種関係が厄介になった」が64％と出たのである。オバマ自身、メディアから「黒人が『08年危機』最大の被害者だ」と言われると、「違う違う。アメリカはそういう風に動いていない。誰もがチャンスを持てて、アメリカは初めて団結できる」と気を遣った。

他方、人種融和団体は、この矛盾した動きこそ、「人種差別が死ぬ前のあがきで、目下われわれはその断末魔のあがきの渦中を通過しつつある証拠だ」と言う。つまり、第1章で触れた「多元文化主義（マルタイカルチュラリズム）」への移行が着実に進行中だと言うのだ。オバマの当選は、その事態を引き起こす「画期的な跳躍」だったと言うのである。ピュー・リサーチの調査では、30年間に人種横断結婚は倍増している。冬から春への移行が「三寒四温」であるのと似て、悲観論と楽観論がめまぐるしく交差し合って極めて不安定なのだ。

最初に開いた箱――「ビール・サミット」

ただ、厄介なのは、以下の事実である。すなわち、近い将来、マイノリティの人口が白人を凌駕することが確実になり（つまり、アメリカは白人優位でない国になる）、「開き直り派」が拠って立つ共和党の支持層が激減することが不安と開き直りを加速していることだ。良識派の共和党議員ですら、当座、ますます凶暴化してくる「開き直り派」有権者のご機嫌をとり結ばないと、たちまち落選の憂き目を見る。「凶暴化」を募らせる白人たちの政治的旗頭が、何度か触れてきた「共和党研究委員会（ＲＳＣ）」という党内結社である。

「凶暴化」の典型例。前述のジェレマイア・ライト師（黒人／第６章）は、オバマ夫妻の結婚を司式したのに、牧師の激しい白人指弾ゆえに白人票を疎外するのでオバマから絶縁された。このため牧師は白人以上にオバマと彼のユダヤ系側近らを憎んでいる。２０１２年５月、ある右派の億万長者がライトを担ぎだして反オバマ運動を主導させるべく、１０００万ドルを寄付した。つまり、公民権運動を叩きに叩いてきた共和党極右（この億万長者）が公民権運動の極左（ライト師）に資金を提供して、オバマ叩きを「代行」させ、黒人同士の「同士打ち」に持ち込もうというのだ。白人右派（共和党右派）に起きた歪みの深刻さが露呈された挿話である。

ただ、「開き直り派」の強さは、08年にオバマに投票、２０１２年にはロムニーに鞍替えした白人（本章冒頭の４％）の存在によって裏打ちされていることもまた忘れてはならない。この「鞍替派」の動態調査は、筆者の射程に入ってこない。だが、史上初の「２分の１混血児」大統領の登場が切開したアメリカ史の暗黒、アメリカ史の「パンドラの箱」を、まず以下の３つの事例でかいま見ておいてほしい。（１）「ビール・サミット」（09年夏）、（２）「シャーリー・シャロッド解任事件」（10年７月19日）、（３）「フロリダの黒人青年射殺事件」（12年２月26日）。

ただし、これらは前述の「多元文化主義」の台頭が引き起こした「負の部分」であり、「正の部分」がこれと競り合っている「三寒四温」のダイナミズムとして受け止めて頂きたいのだ。希望は性急に失ってはいけない——失うとしてもけちけちと失い、ちびちびと補給を続けなければならない。
（１）「ビール・サミット」。09年７月16日、ハーヴァード大教授で、メディア露出度も極めて高いヘンリー・ルイス・ゲイツ二世（当時58歳／黒人）が、中国から帰国、勤務先があるケンブリッジの自宅玄関先で白人警官に逮捕された。玄関の錠前が壊れて開かず、空港から乗ってきたタクシーの運転手の手を借りて錠前を壊そうとしていた。家宅侵入の疑いありとの近所の女性からの通報（昼間の12時45分）で、警官が駆けつけた。その警官、ジェイムズ・クロウリー（ケンブリッジ市警巡査部長／当時42歳）とゲイツは口論になり、秩序紊乱（びんらん）で手錠をかけられる。4時間、市警に拘留された後、告発はとり下げられた。

市警に通報した女性はハーヴァードの職員だったが、ゲイツとは面識がなかった。

まず、巡査部長が「家宅侵入容疑だ」と言うと、教授は「どうしてだ？　私がアメリカに住む黒人だからか？」と切り返した。奇妙な表現の英語は、「ビコーズ・アイム・ア・ブラック・マン・イン・アメリカ？」という、やや抽象的な言い回し（それだけ、アメリカ黒人が、ハーヴァード教授になっても解放されない被差別意識の深刻さの表れ）。

筆者はラジオでゲイツの声を耳にしたことがあるが、甲高くて抑えが効かず、いかにも激し易い気質らしく、自宅へ入るのに「家宅侵入容疑」と言われて激昂した。ハーヴァード教授だろうと、黒人はいとも簡単に逮捕される（ゲイツの同僚、これまた著名なランダル・ケネディ教授も万引き容疑で百貨店の警備員に捕まったと、筆者に語った）。しかし、教授職を勝ち取るだけの智慧があるならば、ここはグッと抑えて、ことさら冷静な口調で説明していれば、一件落着のはずだった。巡査部長がここが自宅だという証拠の提示を要求、教授はハーヴァードの身分証明書は見せたが、当然、住所記載はなかった。

さて、翌17日、ホワイトハウス側が「大統領には事件への発言は特にない」と発表した4時間後、オバマは記者会見での記者の質問に応じ、警官と教授双方に過剰反応があったと認めた上で、市警が「ばかげた行動をとった」と非難、自分がホワイトハウスへ押し入ろうとすれば「撃たれたかも」とジョークを飛ばした。これは、彼が大統領に選ばれた状況を、一言で要約してみせた、実に当意即妙な返答だった。

ちなみに、ゲイツ教授は、ライト牧師との絶縁（「人種演説」／第6章）を公表したオバマに極めて理解を示していた。白人を疎外してはオバマの当選はないことを、教授は十二分に理解していたのだ。

しかし、市警警官が加盟する「警官労組」は、一致して巡査部長に与し、真っ向からオバマ発言に噛みついた。巡査部長に教授宅へ同行していた黒人警官まで巡査部長に味方した。一方、連邦議会の黒人議員らは一致して大統領を支持した。巡査部長は地元ラジオに出て、教授がはなから喧嘩腰で驚いたが、「あれだけ高い教育を受けていたと分かった今となってはなおさらだ」と、教授側の急所を突いたが、教授はハーヴァードの身分証明書を提示ずみだから、「分かった今となっては」という巡査部長の台詞は詭弁。

この反応に対して、18日、オバマは驚きを表明する。他方、教授の代理人を務めた同僚教授は、クロウリー巡査部長の経歴・勤務歴を調べて、問題はなかったと声明を出した。市警側も教授との合同声明で相互に遺憾の意を表明していた。

「黒人大統領」が打ち出す国民皆保険への白人の反発

しかし、「黒人大統領」が「黒人教授」の側に立ったことに対する反発は、全米規模に広がる兆しを見せ始め、切所に差しかかっていた「オバマ健保法案」の前途にまで翳りを投げかねない雰囲気になってきた。1993年、ヒラリー・クリントンが指揮した健保案に比べて、オバマ健保に対する「人種的姿勢は目立って大きなインパクトを持っていた」（マイクル・テズラー）。これを直観していたオバマは、「黒人教授逮捕」騒ぎの最中、「気づいたかね？　誰も健保法案に大した注意を払っていないのが？」と聞いている。オバマ健保反対で連邦議事堂に押し寄せた茶会派は、教授逮捕の一件でオバマを支持した黒人議員の誰彼に罵詈雑言の機銃掃射を食らわせた。

「最初の黒人大統領」の登場で「開き直った白人」たちの集団的な「心の沼地」に、ふつふつたる「瘴気（しょうき）」が沸き上がってきたのである。これぞオバマが開いたパンドラの箱が、最初に顕在化した光景だった。それを早くも察知したミシェル夫人、ユダヤ系として代々この種の「瘴気」に過敏でありえた側近中の側近アクセルロッドその他の進言もあって、オバマは急転直下、火消しに動いた。

まず、午後、巡査部長にじきじき電話（５分間）、今回の不幸な出来事を教訓とすべく、大統領、教授の三者でホワイトハウスでビールを飲んで歓談しようとの約束をとりつけた。１時間後、教授に電話、こちらは旧知の間柄で、話は弾んだが、教授は即答を避けた（後にeメイルで出席を回答。この展開に慎重になったのか？　教授自身は大統領へのメイルで「自分のほうが先に巡査部長に和解の会見を申し入れていた」と発言）。当日午後の大統領記者会見で、大統領はなおも「相互の過剰反応」という見方には固執しつつも、後にメディアによって「ビール・サミット」と名づけられる手打ちが公表された。

オバマは最初の２年間、１９６１年以降の民主党大統領の中では、最も「人種」に触れない人物だった（ダニエル・Ｑ・ギリアン／各大統領の発言を詳細にチェック）。従って、ホワイトハウス側がこの事件についての大統領発言なしと発表した後での異例のオバマ発言は、慎重なオバマにはこれまた異例の「即興劇」だった。彼には珍しいこの衝動的な動きが、「政権最初の人種論議」を触発させた。つまり、彼は自ら「パンドラの箱」を開いたのである。クロウリー部長の行動を「ばかげている」と非難、「自分がホワイトハウスに押し入ろうとすれば撃たれたろう」という痛烈な発言——これには、明らかに教授の窮地への、自身の体験に根ざした、制御しきれない共感と怒りが表出されていた。にもかかわらず、巡査部長をビールに誘う１８０度の転回（ヴァルトファース）は、「私人」と「公人」の間に広がる紆余曲折を露呈してあまりある。

「ビール・サミット」には、バイデン副大統領も加わったが、黒人２名、白人１名の劣勢（黒人側の錚々（そうそう）たる学歴・経歴に照らしても、白人巡査部長は極めて劣勢）に、大統領側が配慮したのである。オバマ、バイデン、ゲイツは終始笑顔だったが、クロウリーは仏頂面で、「ホワイトハウスで全米のさらしものにされた」という意識がむきだされていた。巡査部長が意地にかけても笑顔を見せなかった背景は、彼にそうせよという「世論」が行き渡っていたことを窺わせる（彼はついにゲイツ教授への謝罪拒否を貫徹）。

筆者は、クロウリーの仏頂面で以下の挿話を思い出した。『菊と刀』（1946／平凡社より越智敏之と筆者の新訳）の中でルース・ベネディクトは、「南部を逃れて北部で暮らしてきた黒人のほうが、南部白人より知能指数が高い」と数値をあげて発言、怒った南部白人議員らの指弾にさらされた。差別意識は、加害者・被害者をともに無知蒙昧化するが、蒙昧化の度合いは、当然、差別の加害者が被害者を凌ぐ。

「危機」の本質は、以下の通りだ。すなわち、「アメリカで放たれる『人種の放射能』回避に懸命に打ち込んできたオバマこそ、黒人の側に立ったと見られたとたん、自らが『放射能』の発射体に豹変する仕組みを、自身が史上初の大統領となることによって造り上げてしまった」意外な結末である。「パンドラの箱」（アメリカの暗部）からは、この「放射能」が吹き出してくるのだ。そして、放射能を急速に伝達する物質こそ、「瘴気」なのである。皮肉は、彼がヒラリー・クリントンを08年に撃破したインターネットが、「放射能」と「瘴気」の瞬時の拡散に威力を発揮することだ。

極右ブロガーによる「将を射んと欲すればまず馬を」

（2）「シャーリー・シャロッド解任事件」は、ロサンジェルス在住の悪名高いリバタリアンのブロガー、アンドルー・ブレイスバート（白人）が攻め手、守勢に立たされたのが農務省のジョージア州支局のトップ、シャーリー・シャロッド（黒人）だった。2010年7月、ブレイスバートがウエッブサイトに、前年3月、NAACP（有色人種地位向上協会）ジョージア支部でシャロッドが行ったスピーチで「職権を乱用して白人農民を差別、積年の恨みを晴らした」と書いた。「瘴気」を攪乱するニセ情報の撃ち込みである。

地縁的にまるで繋がりがないロサンジェルス在住のブレイスバートは、（1）のクロウリーよりはるかに意図的（犯罪的）だった。狙いは、オバマへの間接攻撃である。過敏になっていた農務省の上司らは、シャロッドに問答無用で辞任を要請した。彼女が長い自動車の旅程にある最中、「ブラックベリー」を通しての辞表提出を命じたのである。性急な命令は、その夜、極めつけの極右パースナリティ、グレン・ベックが自身の番組で彼女を取り上げることが理由だった。滑稽なことに、その夜、ベックはすばやく彼女を辞任に追い込んだ政権側を攻撃する、実に巧妙な逆手を使った。

断っておくが、極右パースナリティは抜け目なさにかけては天才的で、彼ら自身は馬鹿で蒙昧どころではない。共和党議員らは茶会派におもねって議席を維持するが、極右パースナリティは無知蒙昧な「暴民」らをけしかけ、彼らの奥底にわだかまっている「瘴気」をかきまぜ、攪乱させることによって数千万ドルもの年収を極右メディアから得ているのである（前掲拙著『大統領選からアメリカを知るための57章』明石書店）。

シャロッド側からも政権側の落ち度を明らかにする事態が起きた。ブレイスバートが指摘した「シャロッドに差別された白人農民」が妻とともに名乗り出て、現実にはシャロッドがいかに営々と自分らを助けてくれたかを証言したのである。

シャロッドの従兄弟は、1943年、リンチで殺され、実父は1965年、数頭の雌牛をめぐる争いで、「白人側の親戚」に射殺されていた（黒人には「白人側の親戚」あり／第4章）。目撃者は3人いたが、白人による黒人殺害事件の当時の通例で、大陪審は告発しなかった。1年後、シャロッドの実母が起こした「民事訴訟」でも、被害者は敗れた。この間、白人側の脅迫が続き、シャーリーの弟を身ごもっていた実母は、銃を構えて玄関に現れ、群衆の中の知っている白人らの氏名を片っ端から叫んでみせて、やっと脅迫は下火になった（非暴力だとなめられるだけ、やはりパワーの行使、特に加害者の名指しは不可欠）。とはいえ、シャロッドは、公民権運動では「ブラック・パワー」には走らず、非暴力闘争の側に止まった。彼女によれば、「勝ちたかったから」だ。「非暴力こそ最後の勝利」としたキングに倣ったのである。

　これは痛切極まりない。なぜなら、多くの日本人には、彼女の隠忍自重はただ「立派、天晴れ」ですまされてしまうが、要するに黒人は怒りを押さえ込める、白人にとって「白人の倍はいい黒人」でなければ「勝てない」ことを意味するからだ（ターナハーシ・コウツ／第4章）。つまり、「怒れる黒人」は、アメリカ社会では犯罪者へと追いやられてしまう仕組みができ上がっていることを意味する。ゲイツ教授は、自宅に入ろうとして「家宅侵入」で逮捕された（クロウリーの詭弁だと、「秩序紊乱」）。

　しかも彼女の公民権運動は、６０００エイカーの大共同農場を開設するなど、極めて具体的な運動だったが、１９８５年、「隠れ差別主義者」レーガンの政権からローンを拒否され、閉鎖に追い込まれた。この黒人農民に対するローン拒否こそ、地域農業行政での差別の要であり続けてきたのだが、レーガンの連邦政府が右へ倣ったのである。同じ共和党政権でも、アイゼンハワー政権はしぶしぶながらも南部の各種差別に介入、是正させるだけの正気さを保持していたのだが。

　オバマ政権は、シャロッドを農務省のジョージア支所のトップに任命、彼女は自分や黒人農民を差別してきた組織の長になった。繰り返すが、ブレイスバートは、シャロッド側からの報復を予測した農務省ジョージア支局の白人役人ではない。縁もゆかりもない、ロサンジェルスの極右ブロガーで、シャロッドには何の恨みもなく、要はオバマいびりの間接技に彼女を使ったのだ。以下は、黒人側の周章狼狽である。農務省の迅速なシャロッド解任を、ホワイトハウスは「ニュースの拡大前によくぞ先手を打った」と称賛した。彼女が講演したNAACPすら、慌てふためいて彼女を非難した。

「最初の黒人大統領に首を切られたことを孫子にどう説明？」

これ全て、オバマが大統領でなかったら、起こらなかった現象である。なぜなら、黒人側は積年の差別に対する反撃の手段を公民権運動で手に入れていたから、それを行使すればよかった。ところが、今日のアメリカ黒人は、以下の固定観念で金縛りになっているのだ。すなわち、〈日々窮地に立たされているオバマ大統領を、自分の窮地への対処を求めることでこれ以上追い詰めてはいけない！〉と。

しかし、今日、黒人の失業率は白人の倍。全米失業率は、オバマ政権発足の09年1月時点の7・1％から、2013年2月時点で6・8％に低下しているが黒人の場合だけ逆に、同期間、12・7％から13・8％へと上昇した。一方ラティーノは、同期間、10％から9・6％に低下した。健保へのアクセス率でも、黒人は白人の半分。家屋差押え率になると、黒人は白人の倍。投獄率では、黒人男性15人に1人、白人男性は106人に1人。総人口比13・8％の黒人が、貧困線以下の人数では27％に跳ね上がる。

ところが、オバマは連邦下院の「黒人議員団（CBC）」と距離を置き続けてきた。2011年にオバマはCBCに対してこう檄を飛ばした。「諸君には私とともに行進してほしい。愚痴や泣き言は止めて、突き進もう。われわれにはやるべきことがあるんだ、CBCの諸君！」。CBCは反発した。「どうして大統領に噛みついて邪魔ばかりしている共和党の白人議員らに向かって、そう啖呵（たんか）を切らないのか？　お門違いだ」と。それ以来、オバマはCBCには、アクセルロッドよりも近しい側近、ヴァレリー・ジャレット（両親は黒人。曾祖父はユダヤ系）を「代打」として派遣するだけになった。

オバマは早くも1995年、こう宣言していた。「われわれは公民権運動時代の『スローガン期』を脱皮、ネルスン・マンデラ麾下の南ア黒人のように『建設期』に入った」と。ジャレットは、その文脈をCBCに以下のように説明する宥め役である。「目下、健保に未加盟の黒人は700万人ほどいる。オバマ健保が施行されれば、彼らが救済される。黒人は全ての民族集団ではオバマ健保で救済される比率が最も高い。でもオバマ健保は、同時に黒人以外の、メディケイドに入れてもらえない、全ての民族集団の『中流の下』の階層を人種横断的に救済できる」と。

「建設期」には、「カラー・ブラインド」な政策が全ての国民に公平感を抱かせる。元来「色覚障害」を意味するこの言葉は、「スローガン期」、つまり公民権運動時代の、「黒人を差別しない」という意味から、「建設期」の今日、特にオバマの施政下では、「黒人だけを依怙贔屓しない」という、全く違う意味へと逆転を遂げた。すなわち、オバマが標榜する公民権運動からの脱皮は、カラー・ブラインドの語義の、180度の転換に集約される。

オバマは、この大転換を06年11月、『ハーパーズ・マガジン』へのインタヴューでこう要約していた。「政治家が何かをやり遂げるには、時代を先取りしないといけない」。英語は「アヘッド・オヴ・ザ・カーヴ」で、直訳は「グラフ曲線の先を行く」。オバマは、急いでこう言い足した。「しかし、先取りしすぎてはいけない。振り向いたら誰もついて来ていないのでは、政治家自身が干乾しになってしまう」と。

この「誰も」の最大の人口は「白人」である。むろん、ラティーノ、アジア太平洋系、中東系も入る。そして、〈頼むから「黒人」も入ってくれ、「特別扱いの要求」を自粛してくれ〉とオバマは言うのである。黒人を特別扱いすれば、「パンドラの箱」を自ら開いてしまい、「瘴気」は全米にみなぎり、オバマ自身が「干乾しになってしまう」のだ。

さて、全力を挙げて当選に一役買った「米史上最初の黒人大統領」から、やっと、解任されたシャロッドに慰めの電話は来た。しかし、シャロッドは、実母や夫とともに、「最初の黒人大統領に首を切られたことを孫子にどう言えば?」と泣いた。しかし、黒人ライターから会見を申し込まれたとき、シャロッドは「大統領を傷つけることだけはしたくない」と恐れたのである。

NAACPジョージア支部も、遅まきながら未編集のシャロッド演説録音を逐一起こして、ブレイスバートの弾劾が虚偽であることを突き止めた。オバマは、当然、シャロッドに謝罪、農務省も別のポストへの復職を持ちかけてきたが、さすがに彼女は峻拒(しゅんきょ)した。

ブレイスバートは、因果応報か、故人となった。

筆者に言わせれば、シャロッドは復職の誘いを受けて、敢然とカムバックすべきだった。このときこそ、小さな面子や悪遠慮は絶対無用だったのだ。復帰することによって、彼女はブレイスバートを犬死にに追い込み、ひいてはオバマが開いた「パンドラの箱」を少しでも閉じさせることができたのに。喧嘩と悪遠慮は常に釣り合わぬ組み合わせなのだ。

「私に息子がいれば、トレイヴァンに似ていたろう」

さて、(3)「フロリダの黒人青年射殺事件」は、2012年2月26日、フロリダ州サンドファドで、保険査定業者のジョージ・ズィママン(当時28歳)が、ヴォランティアの地元監視業務中、丸腰の黒人青年トレイヴァン・マーティン(当時17歳)を拳銃で射殺した事件である。ズィママンの父親はドイツ系、母親はペルー系だが黒人の血も入る。ジョージ自身は、ラティーノで登録していた。外観はラティーノそのものである。黒人青年を殺した犯人が白人ではなく、マルタイ＝レイシャルだったことが、以後の裁判の方向を決定した。

「地元」はここ20年ほどで全米に増えてきた「ゲイティッド・コミュニティ（以後ＧＣ）」である。有色人種を潜在的犯罪者と見なす、病的な防御意識が根にある住宅地だ（とはいえ、中流の上のアジア系、黒人、ラティーノ家族も居住）。普通、ＧＣは住宅地を塀で囲い込み、正面ゲイトには武装した守衛が配置されるか、住民がリモコン操作でゲイトを開閉して出入りする、「要塞化された住宅地」である。迷路のようにはりめぐらされた内部の道路はロータリー形式の行き止まりが多く、侵入者を捕らえる罠になっている。フリーウエイからＧＣにアクセスする「ターンオフ（出口）」の数も、極度に制限されている。

ズィママンは、警官志望の幼稚な英雄崇拝者で、この雨の夜、手頃な標的としてトレイヴァン・マーティンに目をつけ、ＳＵＶで彼を尾行した。当時、近在で数件の強盗事件が発生していたこと、トレイヴァンが流行っていたグレイのフードつきのスエットシャツを着ていたことが、ズィママンの猜疑心を昂らせた。若者はこのＧＣにある、父親のガールフレンドの家を訪問中で、「迷路」ゆえに迷っていたところを「物色中」と勘違いされた。

筆者もこの手の住宅地では、迷ってばかりいたから、住民からの誤解を恐れて夜間は絶対外へ出なかった。筆者は若いころから極めて用心深い人間だが、そういう若者は少ない。たとえ、「無実と証明されるまでは有罪」という偏見の目で見られてきた黒人青年の場合でも、慎重な者は少ない。オバマ少年は、ハワイで無名の黒人詩人フランクからすでに、「黒人は白人の家では絶対に油断できない」と言い聞かされていた（第1章）。

さて、ズィママンは、途中で911に「怪しい若者を尾行中」と電話、911の受け手から人種を聞かれ、「黒人だ」と答えている。911側は「尾行は対決になるから、警官の到着を待て」と忠告したのを無視、大事に至った。

911側が、尾行相手の人種を聞き、ズィママンが「黒人だ」と答えたこと、ズィママンが911の忠告を無視したことが裁判過程で考慮されない結果に終わったことは、被告の多人種性ゆえだったかどうか？　つまり、被告が白人であれば、「ヘイト・クライム（差別犯罪）」で立件されていたかどうか？

到着した警官らも、明らかに初動捜査がずさんで、ズィママンを正当防衛として逮捕せず、証拠集めも怠った。被害者が丸腰だったとの報道で世論が厳しくなった6週間後、やっと加害者を逮捕できるだけの証拠を集める始末だった。右派ですら犯人を非難、共和党員の州知事は、特別検察官を任命、彼はズィママンを「第2級殺人」で告発した。

この展開の中で、記者会見で事件への言及を迫られたオバマは、「私に息子がいれば、トレイヴァンに似ていたろう」と発言、またしても「パンドラの箱」を自ら開いてしまったのである。「超党派の服喪ムード」は一瞬にして吹っ飛び、おびただしいオバマ批判が巻き起こり、例えばクリントンいびり、オバマいびりの名手、ニュート・ギングリッチは、「では何かね、撃たれたのが白人青年だったら、大統領に似てないからOKだってことになるのかね？」と突きを入れた。4月、空気の激変を読み取った加害者は、弁護費用募金のウエブサイトを立ち上げ、2週間で20万ドルをかき集めた。

これまた、オバマが大統領だったゆえに起きた新たな現象だが、トレイヴァンが歴史的に「無実と証明されるまでは有罪」とされてきた黒人青年だったこと、そして被害者が黒人青年だったゆえの警察のずさんな初動捜査は古くからの現象だった。つまり、アメリカ黒人らは、2008年以降、この新旧2つの現象の狭間にがっちりと捕らえられたのだ。

以上でだいたいお分かり頂けたかと思う。上記の3例以外にも、類例はおびただしい変奏曲として全米を賑わせてきた。「白人の倍はいい黒人」でなければならない黒人側の「弱み」を素早くほじくりだす「暴徒」の悪智慧の目まぐるしいこと！

無罪評決後最初のオバマ発言

ズィママンの裁判は、ようやく2013年6月22日に始まった。以下の光景は、オバマが開いたパンドラの箱を再び浮かび上がらせる。

殺された黒人青年を代表する検察側と遺族側の弁護士は、極力、事件を人種問題から遠ざけようとしているのに対して、被告側弁護人は逆に被害者のトレイヴァン側に人種意識があったと言い張る。つまり、最初の証人喚問で、殺される前のトレイヴァン・マーティンから電話を受けたハイチ系女性が、「トレイヴァンは、『超ムカツク・クラッカー野郎にしつこくつけ回されてる』と言った」と証言した。被告弁護人は、ただちにこの証言を利用、トレイヴァン側に濃厚な人種差別意識があったと決めつける方向へ、法廷を誘導しようとした。これこそが、全く新たな展開であり、要するに白人側が黒人側のお株を奪って反撃に転じる風潮の典型だった。その際、被告の多人種性はお誂え向だったのである。

「クラッカー」は、微妙な言葉で、「貧乏白人」、特にジョージア、フロリダのその種の白人を指すものの、蔑称と愛称の両義がある。

逆に、当然、トレイヴァン側の弁護士はズィママンを「ヘイト・クライム（差別犯罪）」で告発しようとしたが、被告弁護側の戦略に阻まれた。例えば、被告側には「被告に不利な陪審員を排除できる権利」があり、普通、12名で編成する陪審員が今回は女性6名だけ、うち5名が白人、1名がラティーノ、黒人は0なのである。

また、判事も検察も白人が多く、黒人は0。

異様なのは、傍聴席にすら黒人はほぼ0で、ある日など、24名の傍聴者中、黒人は3名だった。地元の黒人リーダーによれば、「悪名高い事件で、反黒人の風潮を恐れて標的にされたくないからだ」。この事件をめぐる地元の動きに黒人側から関与している牧師は、「『フン、どうせやつは無罪放免さ』という気分が黒人側にある」と言う。「やつ」は、言うまでもなく被告である。

そして、事実、7月13日夜、ズィママンは無罪放免された。

雨の夜の事件で目撃者はおらず、警察の初動捜査はずさん、事件経過の陳述の大半がズィママンの言うがままだった。つまり、「トレイヴァンが馬乗りになって殴りつけてきたので、背中の拳銃を引き抜いて射殺した」。弁護側は、馬乗り場面の目撃者は法廷に喚問できたが、暗くてどちらが馬乗りになっていたのか、証言できなかった。第一、地面に押さえつけられていたズィママンが、どうやって背中の拳銃を抜き取れたのか？

司法省は、事件の捜査をやり直すと公表した。被害者の親たちは、民事訴訟を起こすと見られている。ただし、司法長官エリック・ホウルダーもまた、「史上初の黒人司法長官」であり、それ自体がオバマ以上に手足を縛られる状況を生む。つまり、ホウルダーもまた、「パンドラの箱」を開きかねないのだ。しかも、ホウルダーは黒人への依怙贔屓を拒否するオバマに代わって、自分が火の粉をかぶって苦境に立ち、オバマをかばってきた背景がある。

とはいえ、「有色人種地位向上協会（NAACP）」のウエッブサイトは、殺到した抗議で壊れた。NAACPは、黒人政治家や公民権運動家らの強い要請も受けて、司法省に「公民権告発」、つまり「ヘイト・クライム」による告発を断固要請した。しかし、司法省の元の職員はもとより、現役職員らが、加害者の人種差別的意図の有無が大前提となる「ヘイト・クライム」告発は「ほぼ不可能」と見る始末。前述の911への電話で、尾行相手の人種を聞かれて、ズィママンは「黒人」と答えているにもかかわらず。

「ヘイト・クライム」は、既成法で告発や有罪判決を免れた被告を、一事不再理（いちじふさいり）の原則を超越して再告発できる非常時法である。本章前述の「アファーマティヴ・アクション」とともに、公民権運動の最大の成果の１つなのだ。

むろん、全米に黒人側の憤懣は行き渡り、暴動の噂も飛び交う中、オバマ大統領は一層白人側の「瘴気」の発生を誘発しないよう、トレイヴァンの死を「アメリカの悲劇」と呼ぶに止め、同時に「陪審員の評決を受け入れる」と発言した。その上で、トレイヴァンの両親への同情を国民に求めた。この事件でオバマが銃器による暴力に話題を広げてみせたのは、被告への間接的とは言いかねる攻撃だった。フロリダ州法は、対決現場で銃器での攻撃を認めているのだ。

評決結果を教会で知ったトレイヴァンの母親は、こう答えた。「主よ、これ以上はない暗黒のとき、あなたにおすがりします。私には、あなた以外にすがれるものはありません」（箴言３：５－６）。時代は、公民権運動が最悪の試練にさらされていた１９６０年代に逆戻りしたのか？　その逆戻りがオバマが開いた「パンドラの箱」ゆえとは、アメリカ史でも最大の皮肉ではないか。

「トレイヴァンは35年前の私だったかもしれない」

しかし、オバマは、評決から6日後の7月19日、突如、ホワイトハウスで報道官が定例に記者らの相手をする現場へ現れ、こう言ったのである。「私は以前、自分に息子がいれば、トレイヴァンに似ていたろう、と言った。あれを言い換えれば、トレイヴァンは35年前の私だったかもしれないということだ」。

つまり、彼はいきなり「たまたま大統領である一介の黒人として話した」ことになる（ダン・ボールツ）。草稿抜き、考えを纏めるべく、言葉を切りながらの18分のスピーチは、２００８年の有名な「人種演説」（第6章）以来、彼が避けに避けてきた、自らを黒人側に立たせる2度目の「告白」だった（7月19日のスピーチの原文と訳は『イングリッシュ・ジャーナル』２０１３年11月号に全文掲載）。

しかし、「人種演説」は、白人には「過激分子」と映る黒人牧師ジェレマイア・ライトへのかつての傾倒が、オバマ自身の大統領選予備選の命脈を絶つ恐れに対処した、自己利益が動機になっていた。彼は、ジョン・ケリー（現・国務長官）陣営から引き抜いたスピーチライター、ジョン・ファヴローに演説の骨子を長時間にわたって伝え、上がってきた草稿に自身手を加え、演説当日の午前2時に仕上げ、仮眠をとった。

それに引き換え今回は、再選大統領として、もはや世論を気にする必要はない。とはいえ、オバマケアに対しては、共和党が議会で未だに67回も撤回案を押し出してきた。包括的移民法案も、与党少数の下院での通過は不透明だ。にもかかわらず、彼がスピーチを断行したのは、この一見、アドホックな記者団へのスピーチを、「自分の魂を探り抜いた作業（ソウル＝サーチング）」の果てに打ち出したからである。そしてスピーチの終わり近く、彼はアメリカ国民にこう呼びかけているのだ。「思うに肝心なことは、われわれ全員が若干のソウル＝サーチングを行うことではないのか」と。

事前に記者会見場へのオバマの登場を知っていた記者らは、ほんの数名だった。

「人種演説」は、国民の85％が1度は聞き、54％が何度も聞いた。今回のスピーチをアメリカ国民がどう受け止めるかは、この国が果して政治的・社会的な動脈硬化を免れうるか否かの分かれ目となるだろう。それを意識して、オバマは普段以上に感情を抑え、「私は、自分の中からできるかぎりバイアスを絞り捨てようとしている」と断り、警察による「人種プロファイリング」排除の教育・訓練、企業家・役人・牧師その他による黒人青年らへのさらなる配慮と評価をと訴えた。

オバマは、こう続けた。「この国のアフリカ系アメリカ人の男性であれば、百貨店で買い物をするとき、ガードマンに尾行されなかった者は極めて少ない。この私も含めてだ」。これこそが、まさに黒人男性につき纏う「無実と証明されるまでは有罪」状況の典型例だろう。さらに続けて、車の脇を通り抜けるとき車内の人間がドアをロックする、エレヴェイターで女性と乗り合わせると、彼女がハンドバッグをひしと抱き抱え、息を詰めてドアが開くやそそくさと逃げ出していくなどの具体例を挙げ、自分も上院議員になるまではそういう体験をしたと言った。

百貨店での尾行の例は、前述のように、ハーヴァード教授ランダル・ケネディの口から彼自身の体験として筆者も聞いた。

以上は、若者か壮年期にかけての黒人男性がアメリカ社会で支払わされる「やきもき税（アングザイアティ・タックス）」である。積年の罪意識を押さえ込んできた白人らは、黒人男性をすこぶる恐れる下地があるのだ。

従って、白人が黒人男性の辛さをつくづく思い知らされるためには、自分で黒人男性になってみるしかない。アメリカや南アの白人男性が、薬品で肌を黒く染めて黒人ならではの「やきもき税」を味わった体験談がそれで、１９６４年の映画、『ブラック・ライク・ミー』は、黒人男性に化けて「やきもき税」を支払ったジョン・ハワード・グリフィスの回顧録である。

さて、オバマのこの即席の記者会見でのスピーチは、公式の事前アナウンス抜きになされたために、いかにも衝動的になされた印象だ。しかし、当然、オバマは判決以降、ミシェル夫人や主だった側近に繰り返し相談、さらにはアル・シャープトン牧師からの強い要請もあって、熟慮のあげくに踏み切った。オバマにとっては、熟慮こそが「衝動」なのだ。18日、彼は側近を集め、翌日のコメントを通告した。

シャープトンは、公民権運動世代のオバマ不信を隠さなかった人物で、08年の民主党予備選にも出たが、爾後（じご）、迅速にオバマの存在意義を理解、しかし公民権運動世代の基本姿勢は継続する賢明な道を選んだ。トレイヴァン事件では、牧師は全米130都市で抗議集会を組織したのである。今回のオバマ・スピーチへの関与を聞かれても、「あくまで大統領の判断だ」と押し通した。

なお、全米の抗議活動では、黒人側の辛口ユーモアが大いに発揮されたのは、暴動へのなにがしかの抑止力になるかもしれない。首都では、例のフード姿のトレイヴァンの写真の脇にKKKの白頭巾をかぶった人物たちを配して、「どっちが怪しくみえる？」というプラカードを掲げて歩む参加者らの姿があった。カリフォルニア州のオークランドでは、13歳の少年がグレイのフードつきスエットシャツでデモに参加、持参のプラカードには、「おれ、プロファイルにピッタシ、ならお次はおれ？」と書かれていた。その後、暴力事件は起きていない。

「ワシントン・ポスト／ABCニュース調査」では、黒人80%が「トレイヴァンの死は報われていない」と回答したのに対して、白人は38%だった。大半の白人が、事件と裁判の詳細を知らないので、判断不可能との項目を選んだ。とはいえ、デモにはかなりの数の白人の男女が参加している。

さて、前述のヴァレリー・ジャレットによれば、「バラックが本気で怒れば、声が低くなる」という。このスピーチは、「声が低かった」。しかし、ギングリッチ元下院議長の反撃を招いた発言、「私に息子がいれば、トレイヴァンに似ていたろう」を今回、「トレイヴァンは35年前の私だったかもしれない」と言い換えてみせたのは、ギングリッチへの真っ向からの反撃だった（元議長は、これにも突きを入れ返さないと、いかに情けない類の存在理由であろうとも、彼自身の存在理由そのものがなくなる。だが、反撃はなかった）。物議を醸（かも）した発言をあえて反復してみせたことこそ、オバマが「声を低くした」怒りの表れだった。何としてもシニシズムに勝ち誇らせるわけにはいかないのだ。
「パンドラの箱」の先の２例の被害者たちと違って、トレイヴァンは殺されていたのである。２度にわたって、オバマはトレイヴァンに自らを擬してみせた。頂点に立ち、自らの存在理由を確立できた自分自身を、両親の息子である以外何らこの世に残せないうちに殺害された若者に「同一化」してみせた。これは、初代の「黒人大統領」としては、「義務」だったのだろう。「最初の黒人大統領、初めてアメリカ黒人として思いを吐露（とろ）したのである（第２章で触れたオバマ伝記作者、デイヴィッド・マラニスの『ワシントン・ポスト』記事の題名／２０１３年７月21日）。

この配慮を痛いほど感じ取れたのは、後に残されたトレイヴァン・マーティンの両親だった。彼らは大統領にこう感謝した。「オバマ大統領は、トレイヴァンにご自身を擬して下さった。私たちの息子にとって、これほどすばらしい贈り物はない」。

ズィママンこそ最も辛い思いをしていたことは、今回のオバマ発言を彼の兄弟、ロバートが喜び、「大統領の言葉を待っていた。今日の大統領は、率直に話され、その発言は真摯（しんし）さに満ちていた」と語ったことからも窺える。さらにロバートは、「司法省の査察と民事訴訟も、圧力に屈してのことでなければ受け入れる」とまで言い切った。

しかも、ロバートが右派の媒体、フォックスＴＶでそう言ったことこそ、象徴的だった。以後、右派は沈黙するのか？　それとも今回のオバマ発言をシニカルに貶める「威力」を回復するのか？

オバマはトレイヴァンが白人であれば、今回の悲劇は起こらなかったとしてから、本当の反撃に移った。「みなさんに以下のことを考えてほしい。トレイヴァン・マーティンが成人で武装していて、『スタンド・ユア・グラウンド法』を楯にとってあの側道で引き下がらなかったらどうなっていたか？ そして、自分を車で尾行していたズィママン氏に脅威を抱いたというだけの理由で彼を射殺していたら、彼は正当化されていたかどうか？」。むろん、トレイヴァンは正当化されず、ズィママンは正当化されたのである。「ならば、『スタンド・ユア・グラウンド法』の立脚点自体の差別性、少なくとも曖昧さが証明されたことになり、この法律の再検討が不可欠ではないか」と論を進める。

これは、法曹専門家としてのオバマの突き返しであり、彼が今回の裁判で被害者の弁護を担当していれば、常にこの論点へと法廷を引き戻し、世論を誘導し、少なくとも連邦最高裁まで持ち込む契機をつけていたかもしれない。

オバマがミシェル夫人と心を砕いたのは、この事件で黒人青年らがアメリカ社会に対してむき出された危険度が減ってはいない事実を、彼らがどう乗り越えるか？ だった。

白人識者側の反応では、08年のオバマ当選に興奮して彼を招待した保守派評論家ら（第7章）の1人、チャールズ・クラウトハマーが、ズィママン無罪票決直後のオバマ発言を「正気」と褒めた記事（「ズィママン・ケイス：ア・タッチ・オヴ・サニティ」『ワシントン・ポスト』7月16日）は、紙数もあって扱わないが、右派の記事としては良心的ながら、それなりの限界も露呈しているので、折りあらば参照比較されたい。

ここでは、クラウトハマーと同じく、『ワシントン・ポスト』のコラムニスト、ユージーン・ロビンスン（黒人／リベラル）とリチャード・コーイン（ユダヤ系／右派）が図らずも同じことを言っている事実だけ披露しておきたい。「（オバマ）の意図が、人種をめぐる対話をプロモートすることにある場合、彼が自分の思いの丈を語れば明白に逆効果になる」（ロビンスン）。「いっとき、私はオバマが人種問題を明るみに引き出し、人種差別的な疵を除去してくれると思った。ところが、彼は疵を永続化してしまったのだ」（コーイン）。コーインは、その期待の根拠として、オバマが、白人の祖母が通勤のバス待ちで黒人男性と一緒にいる状況を恐れたことを、「人種演説」で触れた例を挙げている（第6章）。

なお、コーインは、ユダヤ系に多かった「ネオコン」で、当然、ブッシュ政権とイラク侵攻支持、1986年、黒人青年の入店を拒否した宝石店を支持した。また、女性問題も多い点で、右派の無頼性を売りにしてきた。これだけの右派コラムニストが、公民権運動の系譜に属するロビンスン（ミシェル・オバマとは無関係）と、人種問題をめぐるオバマへの否定的見解を共有していたわけである。ここにこそ、「パンドラの箱」の複雑な構造、「瘴気」の信じ難い混じり合いが感じられる。

7月19日のオバマのスピーチへの反応は、ロビンスンから出た（7月23日）。書き出しは、「時には間違っていたと分かるのが嬉しいことがある」だった。そして、オバマの人種発言を手ぐすね引いて待ち受けている右派への懸念を自分も共有してきたことに触れ、「世界で最強の人物が、（黒人としての）弱さに触れるのを聞いて、胸のつかえがとれた（ディサーミング）」と書いたのである。使われた英語は、「疑惑・恐怖・敵意・怒りを鎮める」という意味である。つまり、全ての黒人がなめてきた屈辱を、合衆国大統領もなめてきた――あるいは、そういう合衆国大統領を、ついに自分らアメリカ黒人が得たことだ。それが「新しいことだ」と、ロビンスンは言うのである。

コーインは沈黙していた。

7月23日時点で最新の「ワシントン・ポスト／ABCニュース調査」では、黒人86％が無罪評決を認めず、ズィママンによる被害者の射殺容認不可87％だった。他方、白人の51％が評決容認、射殺容認不可は31％だった。党派別の白人では、共和党員が容認70％、民主党が容認30％と大差がついた。白人全員では、3分の1が銃による殺害は正当化不可能、3分の1が正当化可能、別の3分の1が意見を公表できるほど事件について知らないと回答した。興味深いのは、ラティーノの60％が、黒人を含めてマイノリティは犯罪司法制度で白人と同等に扱われていないと回答（黒人だと86％になる）、2対1の割合で無罪評決を容認しなかったことである（ズィママンはラティーノ登録）。

「やきもき税」については、黒人が86％、ラティーノが60％支払っていることになるかどうかは不明ながら、この「税金」は永久に白人には「肌」では理解できず、いや、平べったい「観念」としてすら理解できないのである。

スピーチの最後、オバマは自分の世代に比べて、自分の娘らの世代では人種関係がはるかに好転してきた例でしめくくる。これは、奇しくも同じ19日に出されたギャラップ調査でも証明された。人種差別が民族間の緊張の原因と答えた黒人は、１９９３年の44％に対して、今回は37％だったのだ。白人の場合だと、21％から15％に落ちた。老いた黒人だと、55％から47％に下落したが、数値は高止まりだ。18歳から34歳の黒人になると、今回は30％である。

オバマは、「今回の事件を契機に当局を預かる自分ら政治家が、『われわれの性質の内なるより優れた天使』を目覚めさせるためにあらゆる努力を傾注すべきだ」と言い足した。「われわれの性質の内なるより優れた天使」とは、リンカーンが再選演説で使った言葉である。彼は、南北戦争の生傷を癒すべく、人間の内に眠る「天使」の覚醒を願った（ジョシュア・ウルフ・シェンク『リンカーン――うつ病を糧に偉大さを鍛え上げた大統領』第9章明石書店・拙訳）。

なお、茶会派にねじ曲げられた自党に明瞭に反旗を翻し（第12章&終章）、08年に自分を破ったオバマに味方した出したジョン・マケインは、7月19日のオバマ・スピーチを支持、「スタンド・ユア・グラウンド法」の再検討を提案した。

この法律の名称は、象徴的だ。「おれは一歩も譲らねえぞ（アイ・スタンド・アワ・グラウンド）」——これこそオバマにむやみに噛みつく茶会派のいぎたなさが剥き出された身構えではないか。

第10章 シチュエイション・ルームでのオバマ

「最高司令官」としてのオバマ

オバマは意図せざる「戦時大統領」である。「意図せざる」とは、ブッシュ息子が引き起こした2つの戦争の尻拭いを押しつけられたからだ。むろん、オバマは、ブッシュが経済規制を放置して招いた「08年危機」の尻拭いもやらされた。いずれの尻拭いも、じりじりと成果を上げ、2013年初夏には2つの戦争からのアメリカ側の離脱、景気回復がともに確実視され始めた。この2つの尻拭いの成功こそ、オバマケア（第8章）と金融改革法（第7章）に匹敵する、オバマの大きな実績に数えないといけない（後世、これらは数値的データとともに検証されることだろう）。

しかしながら、本書では紙数ゆえに、彼の「意図せざる戦時大統領」の側面を、オサマ・ビンラディン殺害（2011年5月2日）の経緯でかいま見ておきたい。なお、この作戦は、オバマ健保と金融改革法という、オバマ大統領の2大成果の間で遂行された。

「戦時大統領」は、アメリカ大統領制度の特徴である、大統領に「最高司令官」の機能を付与する仕組みの現実面を担っている。

イラクとアフガニスタンからの出口戦略は、おびただしい日々の努力の積み重ねで、「最高司令官」としての適格性を一挙に国民と世界に印象づけることはむつかしい。リーマン・ショックからの自国経済の救済とオバマケアをめぐる泥濘（でいねい）を鮮烈に切り裂いてみせるには、「9／11」の首魁（しゅかい）の仕置きが最適だった。それがいかに一か八かでも、ドンピシャリ捕捉か仕留めるかできたときのインパクトは、鮮烈この上ないものとなる。オバマは持ち前の熟考の上、決断した。

「最高司令官」としての大統領の機能が、ホワイトハウスのどの一角に集約されるかと言えば、ウエスト・ウィング地下、ちょうど副大統領執務室の真下に位置する「シチュエイション・ルーム（SR）」においてである（直訳は「戦況室」、意訳は「最高指令指揮室」）。「9／11」時点で、ブッシュ大統領はここで対応策を練り、国民への演説も行った。オバマも、ビンラディン作戦ではここを拠点とし、現実の殺害の光景をここの会議室の1つにあるTV画面で見届けた（この写真は有名で、幕僚が居並び、ヒラリー・クリントンが思わず口に片手をあてがい、オバマは片隅で前屈みになり真剣な表情で画面を見つめている。時系列では、ブラックホークの1機がビンラディンの隠れ家の庭への着陸にしくじり、落下した時点で各自がみせた反応だった）。

それより2年前の2009年5月26日、このSRで開かれた定例の国家安全保障関連のブリーフィング後、オバマは出席者のうち4名を次々と指さした。「きみ、きみ、そしてきみ、そしてきみだ。上に来てくれ」と告げたのである。相手は、国家安全保障アドヴァイザー補佐トム・ドニロン（今日、アドヴァイザー。2013年6月末辞任）、新任のCIAディレクター、リーアン・パネッタ（2011年6月辞任、すぐ国防長官、2013年2月長官辞任）、「国家テロ対策センター（NCC）」ディレクター、マイク・ライター（2011年夏辞任）、首席補佐官ラーム・エマニュエル（今日、シカゴ市長）である。4名は、大統領執務室に入っても起立したままだった。オバマが座れと言わなかったからだ。4名は、大統領が命令を下すことを直観していたのである。

オバマは4名に告げた。「他でもない。オサマ・ビンラディンとアル＝ザワヒリ追跡を正面作戦にしたい。

彼らの行方は杳として分からない。そこで彼らの追跡捕捉を最優先事項とし、きみらの機構のトップがリードしてほしい。以後、私に定期報告をしてもらうが、その初回を30日後としたい」。

ビンラディンがアフガニスタン東部の山岳地帯、トラボラ渓谷の洞窟で連合軍の包囲を脱してから、すでに6年が経過していた。

オバマの特命を受けて13カ月後の2010年8月、ドニロンは大統領への定期報告で、「ビンラディンの元側近かつ密使役を特定した」と報告した。さらに、その人物がパキスタン首都イスラマバード北東48キロ、アボッタバド郊外の、高い塀をめぐらせた大きな屋敷に住んでいることも突き止めた（後で判明するのだが、ビンラディンは、足がつくのを恐れて、携帯電話やメイルも使わず、密使を使っていたのである）。

CIAは、ビンラディン班を編制していたが、その密使の本名を割り出すのに5年を要していた。なお、当日の大統領執務室でのブリーフィングには、CIAディレクターのパネッタが「ビンラディン担当班員」2名を帯同して同席した。

話題になった中心は、アボッタバドの邸宅だった。塀が異様に高い上に、上端に高さ2フィートの有刺鉄線が張りめぐらされていた。邸宅の様子は、空中からしか分からない。さらに目立ったのが、屋内にはインターネットも電話の回線も引かれていなかったことだ。CIAが探知したところでは、邸内には3家族が居住、1つの家族が本館の2階と3階を占拠していること、定期的に特定の人物が邸内の菜園の周りを歩行することだった。この人物にCIA側は、「ペイサー」という呼称を与えていた。「一定の歩幅で歩く者」の意味である。服装は、祈祷帽に長いパキスタン衣装、写真は彼の頭上からしか撮れないので、顔が分からない。身長も不明だが、歩幅と影の長さから割り出して、身長194センチと見られていたビンラディンとほぼ合致していた。

ブリーフィングに同席していた大統領補佐官（対テロ担当）ジョン・ブレナンは、CIA幹部時代の2000

年、プレディター（ドローン）の画像でビンラディンの歩く姿を見ていたので、ペイサーが彼だと直観した。なお、ブレナンは現在、CIAディレクター。

「OK、これは蓋然性の問題なんだ」

以後、秋の間、定期的にブリーフィングが行われ、2010年12月、この異様な邸宅付近に潜ませたCIA特務班が集めた報告から、邸内には洗濯物から察して、3つ目の家族は妻が3人、若者1名、10数名の子供がいることが分かり、これらの人数はビンラディンの所帯数とほぼ一致した。

12月14日、ハワイでの休暇に飛び立つ前、オバマは3つ目の家族が1度も邸宅を出ない事実、そして音もなく邸内を歩く「ペイサー」の画像に強い関心を抱いたことを表明した。持ち前の慎重さにもかかわらず、彼は「ひょっとして本物かも」と内心で期待を抱いた。そして、パネッタに「智慧を絞り抜いて確証を掴め。突き止めろ。行動プランを立てろ」と命じた。

パネッタと「ビンラディン担当班」を率いるマイクル・モレルは、当然、大統領命令がCIAに下されたと見て、邸宅の空爆か、襲撃かを詰め始めた。CIAだけで敢行したほうが、機密も保ち易い（事が明らかになってから4カ月、機密は露顕せずに来ていた）。

CIAの幕僚らは色めき立った。それでも2人は、従来、この手の荒事の大半を担当してきた海軍の特殊部隊、シールズのトップ、ビル・マクレイヴン提督（現在は大将）に相談はした。それは年が変わって2011年の1月だった。マクレイヴンは、その時点で、陸海空の特殊部隊を一括した「合同特殊作戦軍司令部（JSOC）」のトップを兼ねてもいた。

ＪＳＯＣは、日本の戦闘文化で言えば「忍者部隊」のようなもので、大部隊に先行して情報収集、陸海空軍による砲撃や爆撃の誘導、ＪＳＯＣ自体によるピンポイントの襲撃などを担当する。例えて言えば、今日、先端医療が猛烈に精度を高め、ピンポイントで患部を破壊できる状況を軍事面に置き換えたものである（拙著『覇権国家アメリカの中国「新・封じ込め」戦略の全貌』李白社）。

マクレイヴンは、意外にも、直ちに空爆案をとった。「地下の退避壕も想定すれば、５万トン以上の火薬が要る」。すなわち、精度の高い爆弾30発以上か、同数のミサイルである。「死者は、邸宅近隣にも相当数出る」。他方、シールズによる襲撃だと、「問題は減る。襲撃では年季が入っているので、この程度の標的なら軽い。構造から見て、侵入は上空からだ」。「むしろ問題は別にある」と、マクレイヴンは告げた。「標的の在り処はアフガニスタン国境から２４０キロ離れている。パキスタン側がこちらの無断不法侵攻に激怒、攻撃してくる恐れが高い。作戦が複雑になれば、しくじる公算が高い。最新の襲撃ノウハウで対処しないと、対応しきれない」。

ＣＩＡ側は、あっさり実行班を下りた。ヘリコプター部隊による襲撃となれば、シールズには太刀打ちできない。

3月初旬、「ペイサー」が標的だと見る確率は、モレルとブレナンが95％、他はまちまちだった（決行が迫ると、モレルは60％に修正する。彼は、ブッシュをイラク侵攻に踏み切らせた「サダム・フセインは大量破壊兵器を擁している」との誤謬（ごびゅう）情報に責任があったのだ）。

揃わない足並みに、オバマはこう断定した。「ＯＫ、これは蓋然性（がいぜんせい）の問題だ」。それでも、結論が出ないのに業を煮やしたオバマは、こう押しかぶせた。「これはフィフティ・フィフティなんだ」（モレルの「60％」より低い）。全員が口をつぐんだ。オバマは、こう続けた。「これはコイン投げなんだ。なあ、みんな（ユー・ガイズ）、ぼくはこの決断にそれ以上の確実さを求める真似なんかできっこない」。要するに、成功率50％でも、「もう決断は下した。後はやり方の問題だ」というのである。

彼の熟考は、おそらく早朝のジム、あるいは午後10時から午前1時の就床前、あるいはエアフォース・ワンでの外国への長旅の途次、いずれかでなされた。決断を下す果断さの典型である。客観状況に迫られないかぎり、オバマは決断をぐらつかせることはないのだ。

オバマは、後に『ヴァニティ・フェア』の記者マーク・バウデンにこう語っている。「大統領になって学んだのは、いつだって蓋然性との格闘だってことさ」。「蓋然性」は「可能性」より確度が高いが、それでも「50％」にすぎないのだ。「完全に解決可能な案件など、ぼくの机に回されちゃこない。経済問題だろうと何だろうとね。みーんな蓋然性だから、ぼくが決断を下さないといけないものばっかしさ。役に立つ情報と込みになって、不確かな情報まで希望が持てそうに変装してる――こいつが蓋然性ってやつなんだ」。要するに、これを避けていれば大統領は務まらない。つまり、大統領は日々、フィフティ・フィフティ、つまり「丁か、半か？」の博打を打っているわけである（マーク・バウデン「『ジェロニモ』狩り」／『ヴァニティ・フェア』2012年11月号）。

以上から、オバマがあらゆる不確実な案件に対処してきた「気合」のほどが窺える。

とはいえ、オバマは、3度、二の足を踏んだ。その最大の理由が、本書で何度か触れてきた側近中の側近、ヴァレリー・ジャレットが乗り気でなかったことだった（リチャード・ミニター『背後から指導／乗り気でない大統領と彼に代わって決断する側近たち』）。オバマがジャレットへの依存度が高い事実は、その点をオバマに確認した記者エドワード・クラインに対して、大統領自ら「イエップ、まさにその通り」と回答したことで分かる（クライン／『ニューヨーク・タイムズ・マガジン』編集長／オバマに関する近著『アマチュア』）。

ジャレットがオバマの内懐深く食い入っているのは、彼女がシカゴ市政でミシェル・ロビンスン・オバマの上司だったことも関係している。「ヴァレリーは、どのボタンを押せばいいか、弱点、事の経緯、全体像が分かっている」（ミシェル夫人）。

また、アメリカ黒人としては珍しく背景がオバマと似ている点も上げられる。ジャレットの父親（黒人）は医師としてシラーズとロンドンで働き、娘に異例の経験を与えた。シラーズはワインで有名だが、イラン南西部のこの大都市はモスクの多さでは有名で、ケニアとインドネシアという2大イスラム圏に縁があるオバマと似ている。ジャレットの母親は祖父が白人（ユダヤ系）だった。

ジャレットがビンラディン仕置きに乗り気でなかったのは、再選問題に支障を来すことへの危惧だった。これは以下に触れるように、副大統領バイデンも表明する。しかし、ビンラディンを仕留める絶好の機会をみすみす座視したと露顕したときの共和党側の攻撃を慮るパネッタCIAディレクターの危惧を、オバマは共有、珍しくジャレットの意見を排したのである。

3 閣僚のそれぞれの反応

3月14日、国家安全保障会議は、シチュエイション・ルーム（SR）に集合した。SRは仰々しい呼称ながら、最新のモダンな会議室ではない（ブッシュ政権時代、2006～07年にかけてリフォームはした）。中心となる大会議室には、長大な木製の会議卓、その周りに背が高い、黒革張りの椅子、そこに高官らが座ると側近らはベージュ色の壁際の椅子にかつかつ座れる。この会議室のあだ名が「薪小屋」である所以だった。TVは6つ、最大のものが大統領席から見えるものだった。

オバマは、早々に空爆案を捨てた。マクレイヴンは、「ヘリコプター部隊による襲撃自体は成功するが、問題なのは、標的潜伏先への侵攻までと引上げだ、アフガニスタン国境との距離ゆえだ」と回答した。さらには、「ビンラディンが降伏して、生きて捕らえられた場合も問題を孕む」と告げた。

最後の問題については、オバマはバウデン記者にこう語っている。「ビンラディンを捕捉した場合、ぜひとも連邦法廷で裁くつもりだった。そのほうが彼を殉教者扱いさせずにすむし、『法の適正な過程』を指し示すことは、アルカーイダに差し付けられる最上の武器だからね」。

「法の適正な過程」は、法治の根幹であると同時に、民主主義の根幹でもある。アメリカにおいてこれが破られた最大の歴史は、南部において白人陪審員らが結託、黒人を殺した白人を無罪にしたことだった（ズィママンの無罪評決がこの苦い苦い記憶を、アメリカ黒人に蘇らせた／第9章）。「法の適正な過程」の完遂こそ、公民権運動の中核的闘争綱領だったのである。オバマはこれを、「9／11」の首魁に適用することによって、国際社会に模範を示そうと願ったのだ。

さて、空軍は、近隣への被害を出さずにすむ小型化された爆弾による改正空爆案を出してきた。だが、それだと地下壕がある場合、標的の抹殺がおぼつかないし、標的がビンラディン当人かどうかの確認もできない。さらに、「ペイサー」の散策時を狙って、ドローンで小型ミサイルを発射して仕留める案まで出た。これはまさに「一発勝負」なので、敬遠された。しくじれば、標的自体が逃亡してしまう。

ヘリコプターでシールズの襲撃部隊を送り込むと決まると、2010年4月7日、最初の襲撃リハーサルが行われた。場所はノース・キャロライナ州中部にある、4郡にまたがる広大な基地フォート・ブラッグ、そこの林の中に立てられた標的邸宅の実物大模型を使っての演習である。ブラックホーク2機を使い、1機からはシールズ第6班が屋上にロープで降下、3階から襲撃、別の1機は塀の内側に着陸、隊員らは地上から攻める。

作戦は90秒で完了した（シールズ隊員には慣れっこの任務で、目を閉じていてもやれるくらいだった）。襲撃敢行中、ヘリは現場を離れ、作戦終了と同時に戻ってくる段取りだった。

1週間後、アボッタバドと高度と気温が近いネヴァダ州でもう1度リハーサルが行われた。これの狙いは、この気象条件にヘリが適応できるかどうかの確認だった。本番では、ヘリは国境から邸宅まで90分の飛行となる。パキスタン側のレイダーを避けての低空高速飛行である。それにヘリが耐えられるかのテストでもあった。

4月28日の最後のシチュエイション・ルーム（ＳＲ）での会議には、マクレイヴンは出なかった。すでにシールズ部隊とともにアフガニスタンに飛んでいたのだ。再び「ペイサー＝ビンラディン」の確率が話題になったが、「38％」という低下ぶりに、オバマは再び「フィフティ・フィフティ」を繰り返した。部下たちが悲観的になれば、リーダーはますます揺らいではならないのだ。

しかし、後になってこの作戦を知らされた閣僚らは、別な反応を示した。最後の土壇場にもかかわらず、襲撃案に反対したのが、バイデン副大統領とゲイツ国防長官だった。バイデンの主張は、「しくじれば、オバマ政権の第2期とはおさらばだ」というもので、もっともな話だった。オバマは、イエスマンを副大統領に選ぶ愚は冒さなかったので、バイデンは直言を恐れなかった。

他方、ゲイツは、ヘリ部隊による襲撃作戦の次第を初めて聞かされて、顔色を変えた。そして、ドローンからのミサイル発射という奇策を推した。理由としては、自分がＣＩＡで一介の情報分析官だった１９８０年、カーター政権の時代、テヘランで人質にとられた米大使館員のヘリ部隊による救出作戦が悲惨な失敗に終わった例を挙げた。ヘリがＣ－１３０爆撃機（プロペラ機）と衝突したのである。ヘリが極めて気象条件に左右され易い危険な飛行物体であることは、今回の作戦でも実証されることになるのだ。

この１９８０年の出来事こそ、まさしく、カーター大統領がレーガンに再選を阻まれた大失態で、バイデンもこれに強く頷いたはずだ。ゲイツがマクレイヴンの作戦を初めて聞くと、顔色が変わったのは、国防長官としての立場からも、パキスタンはアフガニスタンの駐留米軍への燃料と食糧供給面で不可欠な存在だったからでもあった。

ヒラリー・クリントンは、別だった。08年、熾烈（しれつ）な予備選を展開中、彼女はオバマをこう非難していたのだ。「チャンスと見れば、一方的にパキスタンに米軍を送り込んでもビンラディンを仕留める気でいる」と。その「前科」ゆえに彼女は折れて、こう言ったのである。「パキスタンとの関係は友邦というより、相互依存的なものなので、国務省は何とでも捌（さば）きをつける」。

パネッタは、バイデンへのアンチテーゼとして、こう言った。「トラボラ以来初めてとも言えるビンラディンを仕留める最上のチャンスを手にしながら、われわれがそれを試してみなかったと分かれば、平均的なアメリカ人はどう言うだろうか？」。〈むしろ、手をこまぬいていたと暴露されれば、そのほうが第2期政権をフイにしかねない〉と匂わせたのである。

ペンタゴンでは、ゲイツがドローン攻撃を主張したと知った高官2名が、眦（まなじり）を決して諫言した。この2人は、マクレイヴンの手並みに満腔（まんこう）の敬意を表していたのだ。「長官、ドローンのミサイルは誘導できません。『ペイサー』は歩いているから時々刻々位置が変わります」。1時間かけての説得に、ゲイツは電話でホワイトハウスにシールズ襲撃了承を告げた。

「ジェロニモEKIA」

オバマ大統領は、4月28日にほぼ決断していたが、それまでの数カ月、熟考を続けていた。わざと決断を1

カ月遅らせ、最後の詰めを行っていた。いや、08年の大統領選の予備選時点ではパキスタンに一方的に兵を入れてもビンラディンを捕捉する気でいたのだから、相当長期の熟考だと言えた。その「熟考」の多くは、家族を休ませた後、居住区階にあるトリーティ・ルームで1人で3時間は起きている間に行われた（序章）。彼はバウデン記者に告げている。「あれは最後の最後の詰めで、自分が気づいていない点がないかどうかを確認するためだった」と。この念には念の入れ方は、オバマ最大の特徴である。「これ以上の確率でビンラディンを捕捉できないのなら、いつ引き金を引くかだけだった」。「これ以上の確率」とは「50%以上」で、オバマの「蓋然性」理論から言えば、そんなものはあるはずがなかった。しかし、パネッタがバイデン案に対して言い切った「最上のチャンス」は今をおいてなかったのだ。

そう思い定めてやっと床についても何度か目がさめ、ついにマクレイヴンに賭ける決断へと行き着いたのである。

以上で、本章の目的、最高司令官としてオバマがどう機能したかはほとんど尽くした。作戦の次第は、事実関係以外、彼の反応だけに絞る。その事実関係では、マクレイヴンは、シールズ23名、パシュトゥーン人通訳1名、警察犬1頭の本隊以外に、対パキスタンへの備えに大型ヘリ、チヌーク3機に「迅速対応部隊（ＲＲＦ）」を乗せて発進させた。ＲＲＦの同行は、オバマの強い要請に応えたとされる。彼こそは、最もパキスタン側の出方を懸念していたのだ。その懸念には、若き日、オクシデンタル大とコロンビア大で知り合ったパキスタン留学生との交誼（こうぎ）がなにがしか反映されていたかもしれない。つまり、彼らの激しい自尊心を今回の措置で逆撫でることへの配慮である（第3章）。なおパシュトゥーン人は、アフガニスタン東部・南部、パキスタン北西部に住む部族で、スンニ派。

どのみち、マクレイヴンは、パキスタン留学生への配慮などあるはずもなく、単純明快にこのミッションの最大の危険がパキスタン側の出方にあると見切っていた。マクレイヴンは、チヌーク1機を国境すぐの位置に着陸させ、残る2機を標的近くへ飛行させた。国境近くへの配置は、そこまでの引上げに消耗し尽くした襲撃部隊と護衛部隊への、土壇場での援軍である。

作戦の一部始終は、センティネル・ドローンによって、逐一、シチュエイション・ルーム（SR）とペンタゴンで固唾を呑む要人たちに画像が送信され続けた。

ブラックホークの1機が変調を来し、ホヴァリングができず、高い塀の一部を削ぎ落として地面に直立する形で落下した。これは、気象条件が似たネヴァダでのリハーサルが役に立たなかった結果だった。細かく言うと、リハーサル場の「塀」は応急に鎖を繋ぎ合わせただけのもので、熱された空気は吹き抜けて気温は高まらずにすんだ。これに対して、アボッタバドの塀は熱された空気を閉じ込め、その温度上昇ゆえにヘリは失速したのである（ヘリ機能の微妙さの具体例）。

2機目は、1機目の爆発を恐れて、塀の外の畑に着陸した。予定では、塀の外で兵員4名、通訳と警察犬をロープで下ろすと、邸宅の屋上に飛来、残りの兵員をロープで下ろすことになっていたのだ。通訳は、近隣の住人らに「治安関係の演習だ」と言って、静まらせる役目だった。

この事件まで、ドニロンの勧めによって、他の閣僚らと一緒に、オバマは画面を見ず、刻々の報告を受けるに止めていた。詳細な画面凝視が、寸秒を争う決断の揺らぎを引き起こすことを避けたのである（過剰な視覚情報は決断を鈍らせる）。

だが、変事を聞くと、彼はいきなり立ち上がり、小さな会議室へ移動した。クリントンが後に続いた。その小会議室でチャットラインを操作していた制服姿のマーシャル・ブラッド・ウエッブ准将が驚いて席を譲ろうとすると、オバマは相手を再び席につかせ、「この椅子で結構。ここはどうしても見届けないと」と告げた（これが、例の写真でオバマが端っこに座っている理由)。ウエッブは、空軍だが、JSCOの副司令で、マクレイヴンの補佐だった。ヘリの故障に苛立つマクレイヴンに、ウエッブは「閣下、大統領が部屋に入ってこられたところです」と報告した。

邸宅近くのチヌークで指揮をとるマクレイヴンは、それどころではなかった。1980年の惨事が頭をかすめたが、ヘリは大破しても、兵員が無事と判明した。直立着地のせいだったのだ。彼らはすでに標的の邸宅の鉄扉を爆薬で破壊、邸内に乱入しつつあった。塀外に着陸した兵員らも、ただちに門扉を爆破、構内に侵入しつつあった。隊員らは、事態の急変にもうろたえず、即応できる訓練を積んでいたのだ。マクレイヴンは即座にCIAに事態を報告したが、ホワイトハウス、つまりSR側は五里霧中だった。

例の写真は、この瞬間をホワイトハウス付の写真家が捉えたものだった。クリントンが口に片手をあてがう、いかにも女性らしい仕種で懸念を露(あらわ)にしているのに対して、ゲイツは腕組みして不敵な薄笑いを浮かべている(元々、この襲撃案に反対したせいか?)。オバマは一座の中で最も深刻な表情だ。バイデンは上司より軽い表情で、〈これで政権第2期は吹っ飛んだ〉と思っているのか?

ただ、マクレイヴンのテキサス訛りが活気を取り戻し、心理的保証となった。階下での銃撃戦では、銃撃で抵抗した「密使」が射殺された。

シールズは、映画で見るのと同じ、各自が合わせて全包囲をカヴァできる姿勢を繰り返しつつ階段を駆け上がり、先頭の隊員が膝まである長いパキスタン・シャツ姿の長身の男を発見、銃撃した。相手はすぐ引っ込んだが、別の隊員らが寝室に躍り込むと、男は床に倒れていた。彼の妻、アマルが叫びながら夫の前に立ちはだかろうとしたのを、隊員の1人が殴りつけ、別の隊員らが致命傷を受けた男の上に跨がって、胸に数発撃ち込んだ。

マクレイヴンは、襲撃隊員が発した「ジェロニモ」という暗号名を耳にすると、即座にラングリー（CIA本部）に陣取るパネッタに伝えた。パネッタがそれをCIAとホワイトハウスに伝えた。「ジェロニモID判明！」。オバマは、「どうやらやっつけたらしい」と、まだ信じられない口調で言った。これまた、「蓋然性」に賭けた彼の強運だったろう。

マクレイヴンは、即座に「ジェロニモEKIAかどうなのか、調べよ」と命じた。EKIAとは、「エネミー・キルド・イン・アクション（敵、戦闘中殺害）」の頭字語である。隊員からは、「ラジャー、ジェロニモEKIA」と返ってきた。

アメリカ人にとっての仮想敵は、独立戦争の敵、イギリス人であるよりも、「インディアン戦争」の相手なので、この暗号名がビンラディンに対して使われた（未確認だが、インディアン側が抗議するのは当然）。隊員らは、「最強のテロリスト」をインディアンのように扱ったのである。彼らは、ボディバッグに遺体を押し込むと、階下へ運んだ。後に、ビンラディンの娘の1人が、「父の頭が階段をゴツゴツ音を立てて引きずられ、跡に血糊が尾を引いた」と語った。

「ミスタ・プレジデント、警察犬にはご褒美を」

襲撃はものの数十秒でけりがついたが、それでも隊員らは遺体の搬送と、ビンラディンのコンピューター・データ類の搬送には時間をかけた（インターネットは引いていなくとも、ビンラディンは膨大な記録を収蔵できるコンピューターは使用、書簡はこれに書いて刷りだしたものを「密使」に託していた）。オバマもじりじりした。パキスタン軍が到着しないうちに、急げ！

ところが、隣近所は、ほとんど出てこなかった。通訳は数名に「治安上の訓練だ」と告げたきりだった。警察犬がいたことが信憑性を増した。

マックレイヴン率いるチヌークが、塀の外に着陸した。兵員は墜落したブラックホークを爆破、飛行記録を破壊した。同時に医療班員がボディバッグの遺体から綿棒に血液を吸い取らせ、注射針で骨髄を吸い取った（後にビンラディンの実妹のDNAとの照合に使用）。遺体をブラックホークに積み込むまで、20分かかった。骨髄標本の1つとコンピューター・データの一部は分割されて、2機のチヌークに搭載された（パキスタン軍との戦闘か事故に備えて積み分けたのだ）。

パキスタン空軍のF－16が2機、ついにスクランブルをかけてきたとき、3機のヘリは無事に国境を越えて、午前3時、ジャララバッドに帰還し終えていた。

面白いことに、あれだけ用意周到だったマクレイヴンも隊員も、ビンラディンの身長を知らなかった。「6フィート4インチか5インチだ」と言われて、マクレイヴンは6フィート4インチの隊員を並べて寝かせ、だいたい同じと判断した。アメリカ人は、こういう迂闊さを気にしないらしい。首実検という、古の文化がなかったせいか？

そのくせ、遺体を水葬に付すことは、かなり前に決めていた。聖堂に祀られれば、殉教者として信奉者が跡を絶たなくなるが、水葬なら信奉の対象が拡散してしまう。遺体は洗い清めた後、V－22オスプリーでアラビア海に停泊中の空母カール・ヴィンスンに運ばれた。その前に国務省から、ビンラディンの母国、サウディ・アラビア政府に問い合わせると、相手は遺体の引取を拒否、直ちに「水葬結構」の返事が届いた。母国の政府にとってすら、「最強のテロリスト」の死は、自分が手を汚さずにすむ、いい厄介払いだったのである。暗殺当日の陽光燦々たる昼間、重しをつけた白い屍衣に覆われた遺体は、イスラム教の簡素な儀式の後、水葬に付された。司式は海軍の写真班員が撮影した。

4日後の5月6日、オバマ大統領は、ケンタッキー州のフォート・キャンベルに飛来、襲撃に加わったシールズ隊員とヘリの操縦士らに会見した。大統領は、彼らが映画に出てくるような屈強な体格というより、ごく普通の男たちで、銀行員か弁護士であってもおかしくないという印象を強く抱いた（軍服をつけると、鍛えぬいた筋肉の凄味が隠される）。年齢も20代から40代とさまざまで、白髪の者までいた。現場には、アボッタバドの邸宅の模造物が置かれ、小柄でずんぐりしたマクレイヴン提督は隊員らに命じて、彼らの行動の軌跡を辿り直して大統領に示せと命じていた。彼らは、大統領の質問に全て答えたが、標的の殺害については秘匿した。

墜落したヘリの操縦兵も長身痩躯の普通の人物だった。オバマに説明を求められた彼は、下降が始まった瞬間、わざと尾翼を塀にぶっつけて、直立で着地させようとしたと答えた。「気象条件のせいだったのかね？」と大統領に聞かれた操縦兵は、前記の事情を説明し、航空力学の初歩をつけ加えた。

マクレイヴンは、尾翼を塀にぶっつけて、壊滅的な墜落と隊員の死亡を防いだ彼の機転を褒めた。そして今回のミションの成功は、すでに戦死したシールズ隊員らの犠牲の上に築かれたと告げ、彼らの氏名がアフガニスタンで作動中の前線基地に残されていることを大統領に報告した。警察犬まで参加したと知って驚いたオバマが、「ならその犬にも会いたいものだね」と言うと、シールズとＪＳＯＣの司令官は「ミスタ・プレジデント、そのときはご褒美を用意されるといいですよ」と答えた。

第44代大統領は再選大統領では第17代目

史上初の混血大統領への際どい信任投票

章題にある通りなので、再選の至難さから言って、オバマの再選は史上最初の「2分の1混血児」大統領へのアメリカ人による信任投票だったことになる。獲得票数比率、51・20％対47・16％、つまりロムニーとの票差比率が4・04％と僅差だったのも、「パンドラの箱」（第9章）を思えば致し方ないことだった（獲得選挙人数は、オバマ332名（61・7％）、ロムニー206名（38・3％）と大差）。本選挙間際まで、オバマの勝差は2％を切る、史上最低となると見られていたのである。

人種別に見ると、出口調査では、投票者の72％を占めた白人は、オバマに投票した者39％、ロムニー59％、投票者の13％を占める黒人は、オバマに93％、ロムニーに6％、投票者の10％を占めるラティーノはオバマに71％、ロムニーに27％、投票者の3％を占めるアジア系はオバマに73％、ロムニーに26％、投票者の2％を占める「その他」（多民族系（マルタイレイシャル））はオバマに58％、ロムニーに38％。

2008年大統領選の出口調査では、白人はオバマ43％、マケイン58％、黒人はオバマ95％、ラティーノはオバマ67％、マケイン31％、アジア系はオバマ62％、マケイン35％だった。

従って、2012年はオバマの白人票は実に9％も減ったことになる。黒人票ですら2％減少（おそらく「オバマが開いたパンドラの箱」に対する、黒人側の複雑な憤懣が原因）、逆にラティーノ票が4％、アジア系票が11％とそれぞれ増加した。ラティーノ票とアジア系票が、オバマを辛勝に導いたことが分かる。この数値は、本書で何度か触れてきた今世紀半ば前にアメリカが有色人種が白人を凌駕する国になることを、先取りで証明していることになる。

20世紀以降の再選大統領は9名、オバマ以外の8名の再選票数は初当選で獲得した票数を上回った。ところが、オバマは2008年、6798万6186票を獲得したが、2012年は6590万9451票。207万6735票減った。この207万強こそ、減少した白人票9％を朧げに指し示している。つまり、彼らの多くは茶会派の突出に踊らされた、優柔不断な共和党および無党派層の白人だったと想定される。

08年の獲得票数比率、オバマ52・80％、マケイン45・90％で、6・9％差。それが再選では前述のようにロムニーとの差は4・04％に減った。

しかし、ニクスン以降、再選時点での対抗馬への勝差のほうは低下を続けてきたのだ。ニクスンの勝差は実に23％だったが（1972年）、レーガンは18％（1984年）、クリントンは9％（1996年）、ブッシュ息子（2004年）に至っては2・5％だった。それでも、オバマの場合、08年の6・9％から12年の4・04％への低下、いや08年獲得票数から2012年度は207万6735票減少という事態は、オバマが124年ぶりで最初の大統領ということになる。史上初の混血大統領への信任投票は、それだけ際どいものとなったわけだ。

2012年のオバマ再選が信任投票だった側面には、失業率7・9％の高率で再選された点では、彼がフランクリン・ローズヴェルト（FDR）大統領以来だということも上げられる。FDRは、1936年、失業率16・5％という異常な高率でも再選されたから、「ハスル型」大統領が世界大恐慌に立ち向かった獅子奮迅ぶりが評価されたことになる。「ナッジ型」大統領（第7章）のオバマはこの高率ならば、とうてい再選はありえなかった。民主党大統領は、ＦＤＲ以降６名、そのうち再選されたのはクリントン以来、オバマが２人目にすぎない。

なお、セオドア・ローズヴェルト（共）はウィリアム・マッキンリーの暗殺、リンドン・ジョンスン（民）はケネディの暗殺で、副大統領から先任大統領の残任期間を引き継ぎ、ハリー・トルーマン（民）はフランクリン・ローズヴェルトの病死で、やはり副大統領から残任期間を引き継いだ。つまり、彼らはその後１回自力当選したきりで、再選大統領とは言えない。

再選大統領でも、暗殺で第２期を全うできなかった大統領は２人（リンカーン、マッキンリー。ともに共和党）、弾劾を避けての辞任１人（ニクスン／共）だから、８年の任期を務め上げた実質上の再選大統領は13人ということになり、オバマが実質的に「第14代目」となることをこそまず祈るしかない。

任期が倍ならば、大統領の実績も、少数の例外（グラント／共、レーガン、ブッシュ息子）を除いて、より多くなる。第一、第１期政権の最大の成果、オバマ健保（第８章）も金融改革法（第７章）も、ロムニーが当選していれば、彼が打ち出す代替法によって葬り去られるところだった（ロムニーはそれを公言していた）。つまり、再選のおかげで、２つの法は施行が確定したのである。

オバマ第２期政権の課題と２０１４年中間選挙

第２期オバマ政権の課題は、移民法の調整整備、代替エネルギー開発（温暖化対処）、税制改革、雇用創出策を兼ねた高速道路補修などのインフラ整備の公共事業投資と、「パンドラの箱」ゆえに第１期では先送りせざるをえなかった公約項目が数多く残されているが、最初の２つを除いて（第12章）、道は険しい。再選決定後の

２０１２年12月14日、サンディ・フック小学校（コネティカット州ニュータウン）で児童20名、教師７名が精神の不安定な若者（白人）に射殺された事件で、銃規制がにわかに課題として浮上してきた。しかし、銃規制法案は、４月早々、共和党支配の下院ばかりか、辛うじて民主党支配の上院ですら挫折。

　これらの実現の道が険しいというのも、大統領権力は生身で、第２期も最初の２年で鮮度が失われ、第２期の３年目から大統領はレイム・ダック化する。後は、２０１４年の中間選挙で自党が上院を維持し、連邦下院を奪還できるかどうかにかかっている。

　ところが、１９１０年以降２０１０年までの26回の中間選挙では、与党が中間選挙で両院を制したことは２度（１９３４年、ローズヴェルト民主党政権、２００２年、ブッシュ息子共和党政権）だけだ。下院だけ与党が勝てたのが１度（クリントン民主党政権）、上院だけ勝てたのが３回（１９１４年、ウィルスン民主党政権、１９６２年、ケネディ民主党政権、１９７０年、ニクスン共和党政権）。近年では、１９９４年の中間選挙でクリントン政権が下院54議席、上院８議席をニュート・ギングリッチ率いる共和党に奪われ、共和党に１９５２年以来40年ぶりの両院支配を許した。しかし、１９９８年の中間選挙では民主党は下院で５議席を挽回できた。

　他方、２０１０年、オバマ政権は下院63議席（！）、上院６議席を奪われた。これは史上３番目の惨敗で、１９２２年、ハーディング共和党政権が下院77議席、上院７議席を奪われたのをダントツとして、１９３８年、ローズヴェルト政権が下院72議席、上院７議席を失ったのに次ぐものだ。従って「パンドラの箱」が開かれた最初だった。つまり、２０１０年中間選挙では、史上初の「２分の１混血児大統領」に触発されて躍り出てきた茶会派リバタリアンの猛威のほどが露呈された。中間選挙自体が、「瘴気」の噴出だったのだ。

　２０１３年春時点、メディアはオバマの指導力不足をあげつらいだした。しかし、下院を野党に押さえられた大統領はいずれも苦戦を余儀なくされてきた。近くはクリントン、そして上院議員として振るった辣腕を大統領行政に転移させて内政で大きな成果を上げたリンドン・ジョンスンですら、中間選挙で与党が両院で敗れると（1966年、下院48名、上院3名喪失）、神通力は消えた。共和党大統領では減税が売りのレーガンが、下院を民主党に押さえられると野党勢力との妥協を重ね、実に5年にわたって増税を続けざるをえなかった。

今日、民主党が辛うじて制している上院ですら、自党に5名の造反が出て、オバマは銃規制法案を潰された（この法案は超党派で組まれ、共和党議員4名は賛成に回ったのだが、アラスカなど、銃規制を拒む地域を選挙区とする友党議員5名が造反した）。さらに上院自党議員に引退が相次ぎ、強力な後継候補を擁立できない状況から、2014年は下院回復どころか、上院失陥すら噂されている。

という次第で、第7章で触れたように、2008年、史上初の「2分の1混血児大統領」の登場に興奮、自宅に数名の右派政治評論家を集め、新大統領を招いたあの右派評論の大家ジョージ・ウィルは、「2014年に民主党が上下両院を押さえなければ、オバマは第2級大統領でも先頭集団に入れない」と切って捨てた。かりに再び強運に恵まれて、2014年の中間選挙での下院奪還と上院確保が実現すれば、オバマ大統領のレイム・ダック化は先送りできる。それがだめな場合、どの大統領も、外交課題に専念する習わしである。外交課題は野党も国内政策ほど躍起になって大統領の邪魔をしないので、権力鮮度が落ちてきた第2期大統領は、成功すれば歴史に名を残せる外交課題に専念したがる。オバマの場合も、イスラエルとパレスティナ和平か、北朝鮮のKFM（金一族レジーム）瓦解の暁には南北朝鮮の再統一かが選ばれるかもしれない。

2014年の中間選挙は、2013年5月中旬時点、共和党地盤に民主党候補を立てる常道作戦が辞退者相次ぎ、難航していた。例えば、2010年の中間選挙での大勝を見込んで、「オバマを『1期大統領』で終わらせる」とテレビ番組で豪語した（第7章）、共和党上院党首ミッチ・マコネルへの民主党側の対抗馬は、すでに1人辞退、2人目は思案中で、やっと7月始めにもたもたと出馬表明、古狸のマコネルにいいようにあしらわれる印象が強い。マコネルの「豪語」はオバマ再選で不発に終わったが、溺れかけた犬を打てで、2014年に敵側の総帥（マコネル）を粉砕すれば、民主党は中間選挙自体を自党が制する契機となるのだが、この始末である。

おまけに、マコネルは以下の窮地に置かれているのだ。すなわち、マコネルは、2010年はブッシュ減税2年延長、2011年は国家債務上限引上げ拒否に土壇場まで固執、2012年は「財政の崖（フィスカル・クリフ）」で粘り抜くなど大奮闘だった。なのに、州内での支持率低下が著しいのである。茶会派リバタリアンが自分らの言いなりになるマコネル弱しと見て、自党派の極右候補を押し立てる脅しを続けているのだ（今日、脅しではなくなっている）。マコネル自身、不安に駆られてすでに中間選挙20カ月前の2013年3月から選挙運動に入っているのである。彼は資金源だけは豊富なのだ。

マコネルの支持率低下は諸刃の剣で、（1）共和党のオバマ政権妨害作戦への国民の嫌悪（民主党支持層と無党派層）、（2）茶会派の突き上げと、マコネルには前門の虎、後門の狼である。ここで、ケンタッキーに鮮烈な民主党候補を擁立できれば、民主党は中間選挙をものにできる可能性がうんと高まるのだが……。

しかし、マコネルは自州を少なくとも、共和党の堅塁とし続けてきた。つまり、オバマは再選時点では、マコネルの地盤ケンタッキー州では120郡中4郡しか勝てなかった。しかも、この州は圧倒的に民主党なのだが、奴隷制賛成だった「南部民主党員（ディクシークラト）」の巣窟で、事実上の共和党支持。おまけに、今日の本来の民主党員も混在するややこしさだ。それだけに、民主党はマコネルに挑戦し難い。このケンタッキー州同様、共和党地盤で民主党の対抗馬が立ち難い背景はかなりの州に及び、2014年の民主党側の躍進に赤信号が灯る大きな原因になっている。

外交課題では、前述のように、オバマの場合も、最大の外交課題はイスラエル＝パレスティナ問題だが、歴代大統領時代に比べて、問題が一層複雑化している。すなわち、ハマスとイランの関係、イランの核開発絡み、さらには民主化後のエジプトのイスラム政党による支配（「キャンプ・デイヴィッド合意」で安定していたエジプト＝イスラエル関係の不安定化）、しかもそのイスラム政党がわずか1年で転覆され、さらにはシリアの反政府軍とイラン及びアルカーイダの連携などなど。一方、南北朝鮮の再統一の仲介は、かりにKFMが瓦解しても、北朝鮮に膨大な既得権益がある中国が、オバマの仲介を座視はしない。

第1期政権から、オバマ大統領は、外交の軸足を中東からアジアに移すことを宣言、まずは外交の底力となる海軍と空軍の太平洋海域への大幅移動を推進しつつある。中東と違って、極東にはいざという時に「アメリカの鉄砲玉」役を務めることも辞さないイスラエルに相当する強力な友邦が存在しないため（日本はイスラエルには及びもつかないし、韓国は中国と両股外交）、オバマ政権はＡＮＺＵＳ（豪ＮＺ米・太平洋共同防衛体）、日米安保同盟、米韓防衛同盟その他をなだめあやしながら中国包囲網の構築に励むしかない（詳細は前掲拙著『覇権国家アメリカの中国「新・封じ込め」戦略の全貌』李白社参照）。

「政権第2期の呪い」へのオバマ流対処

さて、「政権第2期の呪い」というのがある。典型がニクスンにとっての「ウォーターゲイト」（１９７２〜７４）、レーガンにとっての「イラン＝コントラ」（１９８６）、クリントンにとっての弾劾裁判（大統領弾劾では連邦上院が法廷となる。裁判は21日続き、99年2月12日放免）である。「イラン＝コントラ」は、レーガン政権の一部がイスラエルを介してイランに兵器売却、その利益をニカラグア左派政権に抵抗する右派ゲリラ、「コントラ」の戦費に回した事件だった。米イ両国にとって仮想敵であるイランとの隠密裡の兵器取引だけでも、レーガンは弾劾されてもおかしくなかったのだ。ところが、ウォーターゲイトの二の舞によって合衆国大統領制のさらなる威信低下を恐れるあまり、民主党ですら弾劾を回避してくれて、事なきを得た。

オバマ政権の「第2期の呪い」は、いずれもニクスンやレーガンの場合とは比較にならない。共和党は、茶会派リバタリアンにこづき回され、執行部が正常な議会運営ができなくなっている（第7章）。歴史に名を残すという長大な展望に基づく執政官のオバマがニクスンやレーガンのような本物のスキャンダルに手を染めるはずがない。そこで共和党側は、わずかな齟齬（そご）をスキャンダルに押し広げて、オバマ政権を引きずり倒そうとする姑息な手しか打てない。

すなわち、（1）リビヤのベンガジ領事館襲撃（2012年9月11日、テロリストによるJ・クリストファ・スティーヴンズ大使他4名の米外交官殺害／大統領選真っ最中に起きた）と（2）内国歳入庁（IRS）での茶会派など右派団体への免税基準の過剰強化（2013年5月15日、司法省捜査命令）、（3）司法省がAP記者20名の電話記録を機密漏洩の咎で押さえたこと（5月13日、APが公表）、（4）「国家安全保障局（NSA）」による情報収集批判などである。

（1）は、共和党側は殺害されたスティーヴンズ大使の腹心外交官ジョージ・ヒックスの憤懣を利用、オバマ政権と同時に、国務長官時代のヒラリー・クリントンを標的にすることによって、2016年の大統領選では最有力候補となる可能性がある彼女を今から潰しにかかる悪智慧の発露である。

ヒックスは、「アルカーイダ系のゲリラによる襲撃の可能性を国務省に進言し続けて入れられなかった」と非難した。国連大使スーザン・ライス（2013年7月1日から国家安全保障アドヴァイザー）が「預言者ムハンマドを揶揄する映画『イノセンス・オヴ・モズレムズ』（2011）に怒った信徒らがカイロのアメリカ領事館に押し寄せていた状況と関連した偶発的な事件」とTVで発言、後に勘違いと判明したのが混迷の始まりだった。

この映画への抗議は他のアラブ諸国でも起きていた。

ゲリラの襲撃最中、ヒックスは「F－16ジェット戦闘機と特殊部隊の緊急派遣を軍部に要請して拒否された」と発言、軍関係者は「F－16が現地に到着するまでに20時間を要する。非現実的な話だ」と応酬した。オバマ第1期政権で国防長官を務めたロバート・ゲイツも、事件翌日の12日、TV番組で、「F－16が飛来していれば暴徒が四散していたというヒックスの発言はマンガ的だ。殺害されたカダフィの兵器庫からどれだけの地対空ミサイルが消えているかご存じないとみえる」と説得力のある回答を行った。地対空ミサイルの登場以来、最新のジェット戦闘機は無敵ではなくなったのだ。

ベンガジ領事館襲撃の犠牲者は4名だが、レーガン政権の１９８３年10月のベイルート駐留の海兵隊兵舎への爆弾トラック突っ込みでは海兵隊員２２０名、水兵18名、陸軍兵士３名、合計２４１名が犠牲になり、海兵隊員の1日の死者数では硫黄島以来という惨事となった。にもかかわらず、民主党主導の追及公聴会は12月終わりまでには幕が引かれた。ところが、（1）は、事件から10カ月後も幕引きの動きはなかった。民主党の甘さと共和党のしぶとさの対比が際立つ。

共和党主導で議会で蒸し返されたのが事件の7日後（２０１２年9月19日）、以後開かれた公聴会は、9月に7回、10月は何と21回！、11月10回、12月4回、２０１３年1月1回、2月2回、4月1回、5月1回、以後、やっと下火に。２０１２年12月7日には標的のヒラリー・クリントンを引きずり出せる目処が立って共和党側は色めき立ったが、彼女が自宅で失神、倒れた拍子に脳震盪を起こして、1カ月半遅れの出頭、彼女は堂々と事件の政治化を非難、国務省を弁護した。

「アラブの春」は、（a）イスラエルと提携してきたエジプトが反イスラエル化、（b）民主化勢力側にアルカーイダが紛れ込んでいることへの警戒もあって、オバマ政権の反乱側への高性能兵器の提供などの出足が鈍くなり、事件当初の情報欠落と混乱が痛かった。共和党が減税と予算削減を迫る口の下から、領事館の警備を怠ったと、ハラヒレホーな非難の矛先を政権に向けているのだ。そして、「アラブの春」自体、２０１３年７月３日深夜の軍事クーデターで竜頭蛇尾（りゅうとうだび）に終わった。

（２）は、ＩＲＳが「保健人事省（ＤＨＨＳ）」と「労働省」ともども「オバマケア」の実施官庁である点で、共和党側のオバマ健保潰しの契機に利用されつつある（この期に及んで）。

ＩＲＳ職員から縄つきを出す確証を法廷闘争で打ち固めるところまでに行けない可能性が専門家の間で口にされ、大山鳴動して鼠一匹という結果に終わる公算が高いとされた。第一、ＩＲＳに不当な扱いを受けたと言い張る茶会派の諸団体は、オバマ打破など露骨な政治目的を打ち出したものがあり、免税対象の適格性をＩＲＳは精査する役目があった。例えば、２００６年、女性の立候補を喚起する団体、「イマージ・アメリカ（飛び出せ、アメリカ）（ＥＡ）」という団体は、実は女性民主党員の出馬を訓練するのが目的と判明、ＩＲＳは「特定政党がらみの組織には免税措置はとれない」と通告した。茶会派系の団体は、露骨な共和党候補支援を打ち出しながら、「ＩＲＳが免税措置を認めなかった」と言い張る始末で、裁判沙汰になれば勝ち目はない（『ニューヨーク・タイムズ』２０１３年5月26日）。

従って、共和党側が意気込むように、「民主党側のウォーターゲイト」とは行きそうにない。ニクスンは、ＩＲＳを使って政敵を居すくませてきた（前掲拙著『大統領選からアメリカを知るための57章』明石書店）。それ以来、大統領行政府はＩＲＳを鬼門とし、オバマもそのためにそこで起きたとされる今回の「事件」を知るのが遅れたほどなのだ。オバマはウォーターゲイト以後の歴代大統領では、最もＩＲＳを鬼門としてきた。この官庁の不可侵性は、「政治任命職」がわずか2名という、合衆国官庁では異例の少なさである点にも表れている。

オバマは、ＩＲＳ同様、司法省にも距離を置いてきたので、（２）と（３）は彼にとってはそれが幸いした側面（免責）と不運だった側面（対応の遅れ）が共存している。

（4）は、CIAの情報アナリストだったエドワード・スノウドンという、リバタリアン志向の青年（29歳）が、唐突に香港のホテルでNSAの情報収集実態を告発したことで、茶会派リバタリアンは大いにほくそ笑んだ。スノウドンは、2013年6月10日に香港のホテルから消えている。6月14日、連邦検察が彼を訴追したことが、6月20日明らかになった。スノウデンが高校中退、高校の教師も同窓もまるで記憶に残らない、影の薄いネット・オタク少年だった点では、サンディ・フック小学校での銃乱射犯人と酷似している。

ともかく、スノウドンの暴露によって、右派の狂喜乱舞は手の舞い、足の踏む所を知らず、リバタリアンの総帥ロン・ポールは、NSAの活動を「意図的な憲法破壊」、極右最大のパースナリティ、ラッシュ・リンボーは「オバマ政権によるクーデター」と大騒ぎ（リンボーについては、前掲拙著『誰がオバマを大統領に選んだのか』NTT出版／『大統領選からアメリカを知るための57章』明石書店参照）。右派独特の詐欺行為もある。メディアに左派機関の名をかたって「スノウドンをヒーローと宣言、NSA抗議集会を議事堂前で開く」と案内してきたくせに、記者らが出向くと、抗議者はただ1人、実は右派の周辺団体だった。ロンの息子ランドは、諜報機構に箍（たが）をはめる法案を上院に上程したが、共同提案者もいなかった。なにしろ、諜報機構はこれ以上箍のはめようがないほどがんじがらめにされているのだ。NSAは、裁判所と議会の監視下に置かれ、電話盗聴には裁判所や司法省の認可が必要である。この事件でも裁判で争えば、共和党側の惨敗は避けられない。

これだけ監査の目が光っていて、何が「オバマ政権によるクーデター」だ。茶会派リバタリアンと彼らにおもねる者（リンボー）の「クーデター」ではないか。

共和党の手札への切り返し

いずれにしても、（1）〜（4）いずれも、2014年の中間選挙目当ての共和党側の揚げ足取りで、国民がこれをどう見ているかの目安は日々の世論調査で、オバマの支持率の推移を見守るしかない。

政権への支持・不支持調査が毎日出だしたのはオバマ政権が最初だそうで、やはりこういう点にも「最初の2分の1混血児大統領」に対するメディアや政治家や国民の過敏さが窺える。ちなみに、ギャラップだと、オバマ支持率は3月始めは各週47〜51％、5月6日〜12日が49％（不支持率44％）、直後から5月21日までが51％（不支持率44％）。CNN／ORC（5月17〜18日）だと、支持率53％で、4月初旬より2％上昇（5月13〜19日も不変）。

他方、共和党の支持率は、CNN調査では35％、不支持率59％。1992年以来の同社調査で不支持率59％以上は0で、共和党はその間、前にも不支持率59％になったことがあった。民主党は、支持率52％（不支持率43％）と、共和党よりははるかにましである。

共和党下院の妨害戦術を世論がどう見ているか？　ABC／ワシントン・ポスト調査（5月16〜19日）では、「自分にとって重要と思える事柄への集中度」については、民主党の場合、イエスが43％、ノーが50％、共和党だとイエスが33％、ノーが実に60％を超えた。おそらく、この「33％」が全米有権者総数で茶会派が占める最大数値かと推測される。

支持率でなく、「好感度」となると、オバマは79％、信頼性でも彼は58％、統治の効果性ではオバマ52％（ノーが47％）、オバマが有権者に関心のあるテーマに取り組んでいるとする者51％（ノーが47％）。これらを総合して見ると、共和党はオバマに太刀打ちできないので、政策論争よりも捏造スキャンダル、つまり前述の（1）

〜（4）という、選挙時点でのネガティヴ・キャンペインを選挙が終わっても継続するしかないことが分かる。

政権第2期の同時期の支持率は、ニクスン45％、クリントン57％、レーガン55％、ブッシュ息子46％で、「第2期の呪い」の数値的目安となる。モニカ・ルインスキー問題を共和党が弾劾まで持っていった手口も、選挙用のネガティヴ・キャンペインを選挙後も援用した典型で、ギングリッチ議長時代とベイナー議長時代は何ら変わっていない。弾劾の渦中で、クリントンは支持率が逆に上昇した。この前例を見れば、オバマ支持率が47〜51％を維持すれば、共和党が投げかけた「4つの呪い」、つまり（1）〜（4）は、彼に対しては利き目がなかったことになる。

とはいえ、第2期は、幕僚側からの鮮度の高いアイディアが枯渇、政権はガス欠に陥り、そこに政権側のエラーが重なり、敵側からつけこまれる恐れは消えない。

それでも、オバマは恒例の「ホワイトハウス特派員協会ディナー」（2013年4月28日）では、「ガス欠」を巧みに防いでみせた。ある女性政治評論家が、「オバマ大統領は、映画『アメリカン・プレジデント』（1995）で大統領を演じたマイクル・ダグラスを見習って、問題解決に励め」と書いたのをオバマは逆用、ディナーに招かれていたダグラスにこう聞いて一座を笑わせてみせたのである。「今夜、マイクルが来てることは知っている。どうか秘訣を教えてほしいね」。ダグラスは、「俳優の大統領には台本の終わりが分かってますから」と回答、これで一座がまた笑った。

ジョークを飛ばすときは、二進も三進もいかない場合だが、窮地を笑いのめすことは必須事項である。オバマはこう続けた。「この期に及んで、私が共和党議員らとのおつき合いが足りないと言う者がいるんだよ。なんでミッチ・マコネルともっと一杯やらないのか?って言うんだ」。「オバマを『1期大統領』で終わらせる」と大見得を切って外れた、あの共和党の上院党首である。「マジ? なんでミッチ・マコネルともっと一杯やらないのか?だって!」。一座は爆笑（現実にはオバマは十二分に共和党領袖らと会談してきた）。ともかく、オバマはみごと、次の台詞を決めてみせた。「おあいにくだね。結構、フラストレイションものだかんね」。

ただ、幕僚側にも工夫はある。訪米中のトルコ首相との共同記者会見（2013年5月16日）を活用、シリア難民を抱え込むトルコとの通商拡大によってシリアのアサド政権への圧力を高める連鎖作戦によって、本章上記の（1）の問題に間接的に対処してみせた。さらに予算削減の手綱を緩めない共和党主導の下院に対して、ベンガジその他、在外公館が予算不足で、不測の事態に対処できないと逆ねじを食わせ、共和党に「予算削減の手綱を緩めよ」と迫り、2014年の中間選挙で野党を横紙破りでの失点に追い込む手数の1つとした。

そして、上記の（2）の問題に関して、記者から「ホワイトハウス側は公表前に知っていたか?」の質問に対して、「事態発覚時点で確実に糾明の措置をとった」としか言わなかった。こういう場合、「知っていたか?」に対して「知らなかった」という迂闊な答弁をして蹴手繰りを食らう愚は回避できた。さらに「（2）に対して特別検察官を立てるか?」との質問にも、「司法省と議会法務委員会で十分だ」と回答した。

（3）については、「国民の知る権利は重要だが、アメリカ人を守る私の責任のほうが重要だ。アフガニスタンにはまだ6万人の将兵を展開させており、世界に展開するわが国の諜報関係者の身辺保護はベンガジに劣らず肝要だ」と回答した。

ハワイの高校時代、「最も恐れるべきものは言葉だ」（第8章）と回答した片鱗が、まさにこの記者会見でも活かされた。あまりに隙がないので、共和党側は以下の姑息な手しか打てなかった。すなわち、会見途中で雨に見舞われ、オバマは「私にはスーツの替えがあるが、トルコ首相にはあるかどうか分からないので」と笑いをとってから、ホワイトハウス護衛の海兵隊員に自分とトルコ首相に傘をさしかけさせた。大統領のこの措置を、共和党側は「傘をさすな」という海兵隊規にもとると噛みつく以外手がなかったのである。右派メディアは、「最高司令官にあるまじき規則違反」、セアラ・ペイリンは「アメリカ人は傘は自分でさすものだ」と非難した。海兵隊報道官は、『ワシントン・ポスト』に対して、「『大統領が命じた任務は実行すべし』という隊規もある」と回答した。ペイリンの言葉は、いかにも「自助マニア」の「茶会派」に似つかわしい。

以上は、オバマ自身の冷静さと彼の幕僚側の工夫が合体したもので、政治はこれら日々の小技の積み重ねが国民への印象を形造り、世論調査に反映されていくのである。

第12章

第2期政権の実績は？——包括的移民法改革

移民法改正と温暖化対策

第8章で、共和党が近過去の主張を翻し、民主党がその共和党の主張を党是とする入れ違い現象に触れた。今度は、民主党の党是、(1)移民法改正によるラティーノ優遇、(2)温暖化対処、に共和党がおずおずとにじり寄り始めた。この2つは、オバマの公約でもあり、彼は政権第2期での実現を切望している。

右の事態は、オバマ政権はもとより、来るべき2016年の大統領選でアメリカ史上初の女性大統領が実現すれば、彼女にとっても、諸刃（もろは）の剣となる。つまり、今のように共和党が「茶会派」におもねって横紙破りの無知蒙昧ぶりを繰り広げ、常識を保持しているアメリカ人を民主党になびかせてくれたほうが有り難い。しかし、共和党に良識が戻れば、アメリカの良識層の支持は両党に割れる。他方、両党の政治家の良識層がいたずらな党派争いを控え、超党派的姿勢を今日よりは取り戻してくれるかもしれない。昨今の共和党の一部に起きてきたよき方向への変化が、民主党にとって諸刃の剣たる理由である。

まず(1)から入る。これはラティーノ票の喪失が2012年大統領選でのロムニー敗退の主要原因と見なして、多少とも共和党の一部では強く主張されてきた観点である。テキサス基盤のブッシュ政権は、ラティーノ票目当てに移民法改正に熱心だったが、彼の中心的支持基盤である白人保守層が反ラティーノだったから、改正は挫折した。特に、メキシコ女性と結婚したジェブ・ブッシュ元フロリダ州知事は、移民法改正論の中核だ。従って、2016年は彼が共和党本命候補となる可能性がある（兄の失点は、オバマ政権の8年で帳消し?）。

また、国勢調査局（CB）によれば、出産率が落ちてきたアメリカでは、最多人口（7500万人）を誇る「ベビー・ブーム世代」の老化と相まって、人口の自然増は望めず、1850年以来初めて移民が人口増加の動因に浮上してきた。「ベビー・ブーム世代」の呼称はなぜか白人に限定して使われる傾向があり、この世代の老化と白人人口の自然増停止は、共和党にとっては致命的で、党内ではこの事態を「死に向かっての急降下（デス・スパイラル）」と呼ぶ（後述）。

共和党の首脳部が、実はラティーノ票獲得に熱心なことは、目下、オバマの移民法改正に正面切って反対の保守系シンクタンクが、ヘリテジ財団しかないことでも分かる。その他の財団は、移民法に賛成する共和党議員らに移民関連の調査を引き受けてきた。

さらに2007年にはなかった動きとして、「キリスト教右派」の一部が移民法改正に熱心になってきたことが上げられる。かつては、今日の茶会派以上に「再魔術化」（蒙昧化）的集団だった「キリスト教右派」の一派の「脱魔術化」（近代化）への変貌は、後述する温暖化対策でも顕著になってきた。変化の理由は複雑だが、単純に言って「いつまでも馬鹿はやっていられない」と気づき始めたからだ（詳細は前掲拙著『誰がオバマを大統領に選んだのか』NTT出版参照）。「キリスト教右派」は元来プロテスタントだが、ラティーノの「大北上」でめざましい増加を示すカトリックにも門戸を開き始めた。キューバ系カトリックながら共和党上院議員で、移民法改正で共和党側の推進役を務めてきたマーコ・ルビオ（終章）は、ラティーノの「大北上」を旧約に描かれたモーセに率いられての「出エジプト記（エクソダス）」に擬している。彼自身、カストロのキューバに戻れない両親の息子である（ただし、両親はカストロが革命を起こす前にフロリダに来ていたから、「難民」ではない）。

また、今回の法案の目玉、不法移民への13年かけての市民権賦与は、産業面で莫大な利益をもたらすので、企業関係はこぞって移民法改正に賛成である。

共和党の世論調査専門家、ジョン・ラーナーが１０００名の党員に行った調査が２０１３年7月10日に出たが、被調査者の75％が茶会派、78％が極右のフォックス・ニュース視聴者と、共和党に巣くい、自党を破壊に追いやり、隠れもないアメリカ民主制度の「破壊主義者（オブストラクショニスツ）」だ。この事実を念頭に置いて以下の意外な調査結果を見てほしい。まず、実に彼らの65％が、「国境警備強化を条件にすでに合衆国に入り込んでいる不法移民１１００万人に市民権賦与の道を開くことに賛成」と出たのである。さらに、国境警備強化がなくても不法移民に市民権賦与ＯＫが８％いた。合計すれば、実に73％！　他方、いかなる場合でも不法移民への市民権賦与に反対は、21％にすぎなかった！　これは、以後触れる茶会派の姿とはまるで相いれない結果だ。合法移民の増加に賛成に至っては、71％（反対が25％）。

この意外な結果は、茶会派が匿名でいられる世論調査では本音を吐露、仲間に見られる政治行動では付和雷同を旨として不法移民への市民権賦与にノーと突っ張っているとしか思えない。もしそれが事実なら、茶会派は何という哀れな病理的集団だろうか？

以上の背景から、以下の複雑な事例が出てくる。リンジー・グレアム議員（第7章）に言わせると「共和党議員らが、国境警備強化に躍起なのは、自分らが不法移民に市民権への道を開くのに賛成という本心を隠す隠れ蓑だ」というのである。すっきりと正論を打ち出せない者は、このように哀れな身の振り方をする。議員は言う。「なら、せいぜい隠れ蓑を強化してやろうじゃないか。そうすりゃ、市民権賦与の道筋は自ずと開けてくる」。

それに加えて、「議会予算局（ＣＢＯ）」は、「包括移民法案が通れば、向こう10年間で赤字を１９７０億ドル減らせる」と試算してみせた。これで国境警備員を4万人に倍増、監視無人ドローンの3倍の配備数と、当初予算の4倍強を注ぎ込める（後述）。それも不法移民への最初のグリンカードが発行されるまでにしてのけなければならない。

　複雑な事例をもう1つ。テキサス基盤の連邦下院議員、ジョン・コーニンは、２０１２年の大統領選でロムニーが「不法移民は自らを国外追放せよ、さもなければ彼らを投獄せよ」と発言したのに痛烈に反発した共和党政治家の1人だった。今回の改正移民法を上院で通過させたリンジー・グレアム議員に言わせれば、「共和党議員全員がロムニーに反発した」のである。コーニン議員は、ラティーノ票36％を得て現職に就けた。ところが、今回の１１００万人の不法移民に13年間で市民権を賦与する法案に土壇場で反対した。彼の票田で茶会派票がラティーノ票を上回っている状況に、踊らされたのだ。

　おそらくコーニンは、終章で触れる八面六臂（はちめんろっぴ）の多彩さが売りのテッド・クルーズ議員（テキサス／共）に引きずられたのだろう。クルーズは、ルビオと同じキューバ系だが、今回の法案が「はなから不法移民の恩赦が前提なのは、移民政策上、健全とは言えない」と反対に転じた。クルーズは、ルビオ以上に複雑な「政治的ダンス」を展開する。つまり、「おとなしく法を守って市民権獲得を辛抱強く待ってきたラティーノ移民をすっぽかして、不法移民に先に市民権を賦与するのは筋が通らない」と言えば、納得がいくラティーノは多い。「不法移民は最後尾に回れ」と言えば、「非ラティーノ」、特にクルーズを推した茶会派リバタリアンは「その通りだ！」とますますクルーズを支援する。コーニンも、自身ラティーノであるクルーズの入れ智慧に助けられて、今回、移民法改革案にノーで報いたのだ。

　しかし、クルーズらが言うように、（1）不法移民に対して国境を完全に「封鎖」してしまえるまでは、すでにアメリカで暮らしている不法移民の市民権賦与の道を閉ざす。または、（2）今回のように、国境警備と市民権賦与の道筋を抱き合わすべきではない。なぜなら、国境で予知できない公安上の事件が発生した場合、何百万人もの移民の市民権問題が宙に浮いてしまう恐れがある。以上の設問で行われた世論調査では、（1）と（2）で真っ二つに割れた。双方、45％、残りは「分からない」と出たのである。（1）と（2）は結局「抱き合わせ」の可否だから、白人は抱き合わせ寄り、マイノリティは抱き合わせ否定寄り、しかし数値は誤差の範囲だった。「抱き合わせ否定」とは、不法移民1100万人受入れを国境警備強化と切り離すことだから、リベラル派の論点であり、白人の多くは違和感を持つ。従って、共和党員だと、抱き合わせ寄りが52％、反対が39％、民主党員だと抱き合わせ寄りが41％、反対が49％、無党派層が抱き合わせ寄り45％、反対が48％だった。

「最後のライオン」、再び徒党を組む

さて、今回の移民法改正が揉めた原因は茶会派なので、彼らの最大の標的であるオバマ大統領はなるべく移民法改正にタッチしない方針を民主党側はとらざるをえなかった。だからオバマは、上院での法案成立の山場の期間を、海外歴訪に当てたのである。つまり、政権3年目、レイムダック時期に入った大統領が外交課題に取り組む慣例を、前倒しにするはめになったわけだ。

移民法改正案にオバマが正面からタッチすれば逆効果という状況もまた、彼が開いた「パンドラの箱」だったのである。ただ、この背景は、オバマの賢明なプラグマティズムの典型でもあった。以下に経緯を略述する。

移民法改正でイニシアティヴをとったのは、民主党議員ではなく、前述の共和党上院議員、リンジー・グレアムだった。ただ大元は、ジョン・マケイン（共）とテッド・ケネディ（民）が策定して下院を通過させなが

ら上院で潰れた、2007年の移民改正法案だったのだ。マケインとケネディの友情は、今日の刺々しい共和党・民主党関係から見ればほとんど「おとぎ話」に見えてくる。マケインは、「今日の上院にケネディのような議員はいるか?」と聞かれて、「思い浮かばない」と答え、「彼はプレイボーイから成長した――何に? 私はいつも言ってるんだが、彼は『最後のライオン』になりおおせたんだ」。

人は、最も厚い友情を抱く相手に究極の自分自身を投影する。だとすれば、マケインこそ、「最後のライオン」、その荒々しいスコッチ=アイリッシュの魂に満身創痍の老いたる獅子としてのわが身を思い描いているのだろう。

スコッチ=アイリッシュは、今日の北アイルランドで暮らしてきたスコットランド系で、昔からプロテスタントである。イギリスからアメリカへの移住の最後の波で、いい土地はすでに先行移民にとられていたので、「高地南部」の荒蕪地に入植を余儀なくされ、激しい気性が特徴。マケインは、その今日的典型である。

2009年3月、瀕死の病をどうにか潜り抜けたケネディは、ある重要法案に投票すべく上院に最後の姿を見せた。投票を終えて、側近数名に支えられて車に乗り込む前にマケインの姿を認めた彼は、「おお、ジョーン! おお、ジョーン!」と呼びかけた。「ジョン」と引き締めて発音できないほど、「最後のライオン」は体力が落ちていた。マケインは言う。「私が駆け寄ると、彼はハッグしてくれた。あれが最後だ。忘れられない」。

マケインこそ2008年の大統領選では衝動的にセアラ・ペイリンを副大統領候補に選んで、今日の反オバマの狂犬集団、茶会派登場のきっかけをつけた当人である。ところが、その茶会派には、マケインは天敵なのだ。この矛盾こそマケインの「幅」であり、「最後のライオン」にふさわしい。そして、オバマが掲げた国民健保、温暖化対策など、いずれも自身や共和党がかつて唱えていた政策を、今度はオバマが出してくると、マケインは頑強に異を唱えた。そのくせ、ブッシュ政権がテロ容疑者を合衆国の裁判抜きで拘束する、キューバのグアンタナモの軍事刑務所の閉鎖では、オバマと歩調を合わせてきた。２０１３年に入っての彼は、茶会派を公然と批判、オバマの政策の一部に賛同し始めていたのである。

こういう変幻自在な人間を、日本では「はぐれ鳥」と呼ぶが、アメリカでは「焼き印のない牛（マヴェリック）」と呼ぶ。元は自分の牛に焼き印を押さなかったテキサスの牧場主、Ｓ・Ａ・マヴェリックの姓に由来する。

オバマ第1期政権は、移民法改革を第2期に先送りせざるをえなかったが、それでも第1期の２００９年6月、この法案の第1期での上程の可否をホワイトハウスで検討した。それに呼ばれたマケインは滔々（とうとう）と政権批判を展開、以後はオバマ政権からお座敷がかからなくなった。マケインは、オバマケアにも真っ向から反対した。

ところが、上院での特権、「議事妨害（フィリバスター）」の廃止や60票の「絶対多数決」でなく51票の「単純多数決」への変更へと、多数派の民主党執行部が動いたのに逆らって、マケインは密かに徒党を組み始めていた。実は、この徒党こそ「8人衆（ギャング・オヴ・エイト）」と呼ばれるに至る、今回の上院移民法改正の推進役となるのである。民主党側の中核はチャールズ・シューマー（ニューヨーク基盤）、ユダヤ系でも名うての凄腕（すごうで）、「ブルックリン・ジュー」の彼は、２００６年、自党に6議席、２００８年さらに8議席を獲得、民主党に上院を奪い返した人物だった。シューマーとマケインは仲が悪く、これを巧みに結びつけたのが前述のグレアムである。

なお、上院民主党は、ついに２０１３年11月21日、伝家の宝刀を抜き放った。つまり、「議事妨害」を60票ではなく51票で潰せるようにしたのである。

グレアムこそ、最も保守的な南部州、サウス・キャロライナにありながら、党内での「マヴェリック」、マケインを手本として、常に自党周辺部を綱渡りしてきた人物だった。保守派しか集まらない議会の「信仰クラブ」に、民主党議員ではただ1人現れたヒラリー・クリントンとたちまち意気投合した人物でもあった（前掲拙著『誰がオバマを大統領に選んだのか』NTT出版／後述）。上院が「熱いコーヒーを冷やすソーサー」であり続けるには不可欠な「境界議員」、つまり「超党派議員」、「中道派議員」である（第7章）。ところが、彼もまた一筋縄ではいかないマヴェリックなのだ。すなわち、「共和党」とか「民主党」とかの「焼き印」のない牛なのである。

２０１２年の大統領選から数週間後、グレアムは、シューマーには「チャック、御大はあんたのガッツが大嫌いなんだ。しかし、彼を外すわけにはいかない」と告げた（「御大」はマケイン、チャックはシューマーの呼び名）。その後でグレアムは、マケインには「チャックに当たってみてよ。間違ってたら、あんたに飯を奢る」と勧めた。以後、マケインとシューマーは、毎朝８時から相談、議事妨害や絶対多数決のルール改変を阻止した。「これらのルールは下院にはない。これらを捨て去れば、上院は下院に転落だ」という、いかにも上院を愛するマケインらしい言い分を、シューマーは受け入れたのである。事が成就すると、マケインはシューマーに、「あんたは思ってたのとはずいぶんと違う人間なんだね」と告げた。そして、マケインは、別の人物にこう告げたのだ。「テッド・ケネディとの仕事が愉快だったのは、彼がいつも約束を守ったからだ。チャックもそうだった」と。

「事が成就」は、後述のように、上院で移民改正法案が可決された6月27日から19日後、２０１３年7月16日、以下の経緯でなされた。これまで共和党が承認を拒否して店晒しにしてきたオバマ任命の高官のうち7名を承認するのと引き換えに、議事妨害と絶対多数の慣行廃止から上院の民主党議員執行部は手を引く（おかげで、温暖化防止面ではオバマの右腕、ジーナ・マカーシーの環境保護庁長官昇格が承認された／後述）。この痛み分けで、依然として共和党側はオバマ人事を承認せず任命された高官らの店晒しを続行、対する民主党議員執行部は「伝家の宝刀」、つまり議事妨害と絶対多数慣行の廃止、を抜き放つ睨み合いは続行される。

しかし、マケインはシューマーについて、記者たちにこう言い放ったのだ。「やっこさんとの談合はヘドが出たね。やっこさんには私はがまんならんことはきみらも承知だろ？　そこでヘドを出すまいと、こっちがしゃべり詰めだった。ほんとにあいつは頭に来る」。ほぼ確かなのは、これこそ「最後のライオン」らしい反語的婉曲語法だということだ。つまり、マケインはシューマーを認めたのである。

こういう「キャラが立った」政治家には、海千山千の政治記者らにもファンが多く、マケインが彼らにとり囲まれている光景は議会会館ではよく見かける。そういう場でも、マケインは、女性記者に対しても平然と「ジャーク（青二才、間抜け）」呼ばわりする。彼女は黙っていてはいけない。「『オールド・ブル（老いぼれ牛）』って言ったら怒る？」と切り返さないといけないのだ。マケインの顔がパッと輝き、高らかに笑い声が飛び出す。彼女が「最後のライオン」の呼称を提示していたら、「そいつはおれがテッドにつけたあだ名だ」と機嫌を損ねてみせ、実は嬉しがっている——そういう人物なのである。

同時に、マケインが2008年、オバマに敗退した理由も分かる。セアラ・ペイリンがマケイン選対の指示に背いて別の演説会場へ向かったとき、選対トップ、ジョン・ウィーヴァは「あのあまのタイヤを撃ち抜け！」と怒鳴った。彼は、マケインの気風を受け継いでいたのだ。筆者が最も愛するマケインとアリゾナの荒々しい気風では、アメリカ大統領選には勝てないし、いわんや、政権維持の綱渡りは不可能である。マケインは、前述の反語的ほめ言葉でシューマーの心を掴んだと思い込んでいるが、シューマーもこの屈折を受入れてみせないと、「小物（こもの）」と見られる。マケインが女性記者とやり合っている脇を通り抜けながら、シューマーは「あれはマケイン議員？　ウーウー」と大げさに小声で怖がってみせながら通りすぎる。

さて、時間を戻して、2012年12月、グレアム、マケイン、シューマーの3人は、いよいよ両党合意の移民法改革案を練るべく、徐々に残り5名の同志を集めていく。

グレアムは2014年の中間選挙で再選がかかっているので、彼が移民法改革に乗り出すのは、超保守のサウス・キャロライナ州では自殺行為だった。マケインは相手の身を心から心配した（こういうときのマケインは気遣いが行き届く）。グレアムは、すかさず言い返した。「今よりいいタイミングあったら言ってみてよ」。2012年の大統領選でロムニーがラティーノ票を疎外して、彼らの票をとり込んだオバマが再選されたことを指している。共和党予備選での党員票の5分の1は、不法移民への市民権賦与に反対だ。「こっちは曲がってこない連中は、それまでさ」。大胆さでは、グレアムは師匠を凌ぐことがある。

グレアムは、移民法改革推進で落ちた人気の穴埋めにオバマの悪口ばかりまくし立てて、蒙昧な選挙民を取り込んで再選される気でいる。グレアムは、こう言ったのである。「オバマは2007年の移民法改革案に反対票を投じた。あの根性なしめ。しかし2013年はこちらの顔を立てておとなしくしていた。上出来じゃないか。あれこそほんとのリーダーシップってもんだ」。

この戦術に、マケインはまたケネディを引き合いに出し、「テッドは議場ではくそみそにこき下ろした議員に、クローク・ルームで歩み寄ると、『あれはあんたのこと言ったんじゃないよ』と納得させたそうだ。リンジーが2014年に使う気でいる手はまさにそれだな」。

同志の中でも、2004年のシカゴ党大会でオバマを紹介したディック・ダービン上院議員（民／イリノイ州基盤／第6章）は、シューマーの親友にしてライヴァルだった（次期の民主党上院党首の座をめぐる競争相手）。シューマーは、キューバ系のボブ・メネンデス（ニュージャージー州基盤）を誘った。メネンデスは民主党では唯一のラティーノ連邦上院議員である。ダービンは、メネンデスとは以下の経緯で盟友だった。すなわち、（1）民主党は元来は「ラティーノ移民は仕事を奪う」と移民に批判的な労組を票田とする。（2）にもかかわらず、ダービンとメネンデスは、親に連れられて不法入国した者に兵役や高等教育を条件に市民権を認める「ドリーム法」をともに立案した間柄だった（市民権を戦場で血を流して贖うことは、南北戦争におけるアイルランド系が先鞭をつけていた）。また、政治家が幅を広げるには、ダービンのように労組票とラティーノ票という利害相反する票田にまたがれる綱渡りが大前提となる。

さらに、シューマーは、急速にラティーノが増えつつあるコロラド州を基盤とするマイクル・ベネットを選んだ。これで民主党4名。残るは共和党2名である。

さて、ヒラリー・クリントンが議会の信仰クラブでグレアムとの友情を入手したように、超党派的な出会いの場は両院のジムがある。これらは、幾多の超党派的な同盟が成立してきた場所でもあった。政治は特にネットワーキングだから、こういう超党派の出会いの場は政治活動の裏舞台として特別な興味をそそる。シューマーとダービンは、ともに下院から上院へ上がってきたので、下院ジムは同窓会の場であり、2人はそこに通い詰めて、リバタリアン議員のジェフ・フレイク（共／アリゾナ州基盤）を見つけた。一方、早朝の上院ジムで、ダービンはキューバ系のマーコ・ルビオに話を持ちかけ、何度も早朝ジム討議をシューマーやマケインに持ち帰って検討、その結果をルビオに取り次ぎ、12月後半、双方のすり合わせが終わった。茶会派のスター（ルビオ）を取り込んだ以上、共和党右派に移民法改革を売り込める手筈がついて、シューマーは「ビッグ・ディールだ！」と快哉（かいさい）を叫んだ。

自党メンバー集めでは、マケインとグレアムは動いていないのが特徴だ。それどころか、マケインはまたもや「焼き印のない牛（マヴェリック）」の真骨頂を発揮、同じアリゾナ出のフレイクを加えるのをしぶり、不法移民への市民権賦与を国境警備強化と強硬に抱き合わせようとするルビオにも強い拒絶反応を示した。

とはいえ、マケインは、ただのつむじ曲がりではない。最初は共和党上院党首、ミッチ・マコネル（「オバマを『1期大統領』で終わらせる」）に相談、移民法改革に懐疑的な2名を同志として推薦され、党首の意思が自分らの妨害にあると見て、以後、人選から手を引いていたのである。マコネルは、マケインとは対照的な性格で、裏技で上院共和党を纏めてきたから、移民法改革その他で、マケインが超党派で徒党を組んで、自分のリーダーシップに挑戦することに箍（たが）をはめようとしたのだ。マケインやグレアムの動きは、明らかに「茶会派動脈硬化症」に陥った共和党に見切りをつけた分派行動だった。

怒るオバマと「8人衆」からの慰撫

さて、オバマ側はこの事態に「100%蚊帳の外」で、2013年1月25日、ホワイトハウスに招いたボブ・メネンデスから「今ホワイトハウス主導で移民法改革案を出せば、共和党は窮鼠（きゅうそ）猫を噛むで、逆効果だ。控えてほしい」と切り出されて愕然となる。「分派行動」は、民主党政権側をも脅かしたのだ。オバマはメネンデスにこう言った。「あんたらは、この4年間、移民法改正をやれ、やれとひっきりなしにこちらをつついては、やれ指導力欠如だと文句を言い続けてきたじゃないか。そのくせ、やっとこちらが動くとなると、今度は控えろと言うのかね?」。メネンデスは、シューマーらにオバマ側の反応を伝え、「8人衆」の総意を持ってホワイトハウスに引き返した。「驚かれるのはごもっとも。しかし、ここ数週間、『8人衆』は法案の骨子をまとめ上げ、1月末日、公表する。共和党がなおも全国区を相手にする政党であり続けるには、われわれの案を基に交渉に応じざるをえない」と告げた。オバマは機嫌を損ね、メネンデスに了解の返事を与えなかった。

実は来る1月29日にオバマはラティーノ人口急増のラスヴェガスで、ホワイトハウス側が立案した移民改革法案を公表すると発表、「8人衆」をうろたえさせていたのである。オバマは2009年、国民健保草案（オバマケア）作成を議会に任せ、数カ月の遅滞に業を煮やした経験から、移民法案は詳細な自前案を用意させており、それを大々的に29日、公表する予定だった。

これには「8人衆」が愕然となり、特に共和党メンバーが怯えた。民主党メンバーは、「オバマ案と『8人衆』案を一蓮托生と見られることを恐れた共和党メンバーが、自党と選挙区への言い訳に、『8人衆』案を右傾化させるのでは？」と危惧した。そこで、自前の案の公表を、オバマのラスヴェガス演説前に繰り上げることに決め、政権側に念を入れるべく、シューマーとダービンがオバマと電話会談でだめ押しを図った。ダービンはラスヴェガス演説の中止を懇請、さらに「『8人衆』案が結局は『オバマ移民法改正』原案となる。ここで双方から原案が出れば、バッティングは必至。そうなれば致命的で、どうか今回は大統領原案はソッとしておいてほしい」と懇願した。

オバマは確答を与えず、それでも29日の演説では移民法改正の基本原則だけに止め、「8人衆」は1月30日に記者会見で自前案を公表したのである。ところが、2月、ホワイトハウス原案が『USAトゥデイ』にリークされ、いちばん危ない橋を渡ってきたルビオはこれを「死産」と一蹴、リバタリアンながら温厚なフレイクも、「車の箍（たが）が外れた」と匙を投げた。シューマーら民主党メンバー4人は、ホワイトハウスに押しかけ、「大統領から『8人衆』の共和党メンバー4名に説明をしてくれ」と要請した。

前述のように、2009年にオバマケア案を議会に任せて、あまりの遅滞ぶりにあわや「死産」に終わりかけた。メネンデスによれば、オバマは4人に向かって、このことを引き合いに出し、「いくら何だって、こちらの懐も際限もなく深いわけじゃない。要は健保案の二の舞は御免だってことだ」とダメ押し通告を繰り返した。

「８人衆」は、ホワイトハウス以外に、重要な利害関係者である労組と企業代表との折衝でも手こずるのだが、割愛する。労組は、移民の低賃金が労組員の収入を激減させるので被害をこうむるのに対して、企業は逆に低賃金の移民で潤う。利害相反する両者の妥協こそ「８人衆」の綱渡りだった。

ちなみに、グレアムが言ったように、オバマが２００７年の移民法改正案に反対票を投じた理由こそ、民主党の大票田、労組を守るためだったのである。

「この国境は嘲笑われている」

ともかく、「８人衆」が引き起こした潮目の変化は、２０１３年5月13日、「連邦上院法務委員会」で露呈した。ジェフ・セションズ議員（共／アトランタ基盤）が出した法案（先の10年間の受入れ移民数を約２３００万人に限定、不法移民はこれに含まない）が、鎧袖一触で葬り去られた。1年間で２３０万人の移民受入れは、日本人には「超リベラル」としか見えないが、これで右派なのである。つまり、不法移民を排除したセションズ（白人）は右派、排除しない民主党委員の多くが左派。ただし、セションズは茶会派からは「左派」として嫌われている。

他方、ラティーノ側は、「不法移民のほうが常態」と見切っている。この点、筆者がアメリカ国籍なら本筋で言えば「右派」たらざるをえない。まことにメキシコ国境に立つ度に、「この国境は嘲笑われている」との思いに駆られずにはいないのだ。１９８９年、エルパソからシウダド・フアレスへ渡る橋のたもとで見た光景が、今も目に焼きついている。国境監視官がものものしく双眼鏡でリオ・グランデの対岸を監視する、まさにその横に、不法移民が所在なげに座っていたのである。なぜ不法移民と分かるかと言えば、身の回り品を入れたビニール袋を脇に置いているからだ——ビニール袋は、リオ・グランデを「コヨーテ」と呼ばれる渡し守にゴム・ボートで運んでもらうときに水に濡れないためである。長らく国境を職場としてきた監視官には自分の脇に座っているのが不法移民だと分からぬはずがない——その意味でも、監視官ですら自国の国境を嘲笑っていたことになるではないか。

もっとも、筆者が見た光景は1989年、監視に気合が入ってきた昨今ではたぶんありえない光景だろう。とはいえ、アメリカの産業や家庭が、それだけ不法移民に依存しているのだ。

仰天するのは、筋金入りの茶会派議員4名がセションズ案に反対票を投じたことだった。4名の中に前述のテッド・クルーズ（共／テキサス基盤）がいたことは、さらなる驚きだった。クルーズは、今回の移民法改正に最も尽力したマーコ・ルビオ（共／フロリダ）とともに、終章で扱いたい。キューバ難民の息子である2人は、いずれも2010年の中間選挙で茶会派の熱気に乗って上院議員となったが、比較的上流&中流の上出の多いキューバ難民は他のラティーノと違って共和党支持が多い。従って、アメリカン・ラティーノの96%を占める「非キューバ系」が民主党支持が多いのと比べて異色であり、共和党も今後の活力をキューバ系に頼らなければならない。

さて、法案は各自の帰属委員会で揉むのだが、「揉み」の重要項目が本案（「8人衆」案）への「修正案」の提示である。セションズ案も300以上も出された修正案の1つだった。いや、彼は1人で17もの修正案を出してきたのだ。彼の票田は、「米墨国境警備員労組」である。

ともかく、この結果は、2006年当時、移民法改革を唱えた共和党議員は圧力団体に対立候補を立てられ、落選させられてきたことと天地の違いだった。それが法務委員会では、セションズ議員が発言を求める度に、パトリック・レイヒー委員長（民／ヴァーモント州基盤）がマイクを震わせるほどのため息を漏らすまでに、セションズ議員は共和党でも「時代遅れ」の存在に成り下がっていたのだ！

共和党の移民対策は、主にメキシコ国境に集約され、元はメキシコと長大な国境を接するテキサス州の知事だったブッシュ大統領が２００６年、７００マイル（１１２６キロ）にわたって、高さ21フィート（６・４メートル）、地下６フィート（１・８メートル）のフェンス構築案、すなわち「保安フェンス法（ＳＦＡ）」に署名した。そのフェンス鋼板フェンスが高低の激しい国境に延々と延びる光景は、地上をのたくる巨大な蛇を思わせる。その道路沿いの米側道路はおおむね無舗装、車両はもうもうたる砂埃を上げて走りすぎる。その道路を隔てて、フェンスの倍以上の高さの金属柱が林立、てっぺんに投光機、その下にカメラが、一斉にフェンスを見下ろしている（ただし、サンディエゴ＝ユマ間が完成したところで政権交代、オバマがこれを停止、国境警備テクノロジーの向上に切り換えた）。

海に囲まれた日本人は、元来、国境感覚が極めて乏しい。尖閣と竹島が日本人の国境感覚を鍛え始めた。その対比で、メキシコ国境を見てほしい。世界史でも、国境の帰属をめぐる戦いは「百年戦争」をはるかに凌ぐ長期にわたってきた。覚悟は据えなければならない。しかも、メキシコは南西部を合衆国に奪われ続けてきた。ラティーノ北上の火の手のすごさは、その歴史の落とし前を迫るものでもある（前掲拙著『カリフォルニアからアメリカを知るための54章』明石書店）。

ちなみに、米墨国境は全長１９５１マイル（３１４１キロ）だが、ＳＦＡ以前に建てられた従来のフェンスは飛び飛びに建設され、総計５８０マイル（１９３０キロ）しかない（２００９年1月現在）。

上院で検討中の移民法改革案では、ある修正案を受け入れて、２０１３年６月20日、以下の５点が決まった。（１）国境監視官を２万人増員（予算３００億ドル）、総計４万１０００人とする。（２）前述のＳＦＡで決定していた７００マイル・フェンス案を復活、建設を続行。（３）「Ｅヴェリファイ計画」（後述）の実践。（４）全空港での出国ヴィザ・システムの新設。（5）ヴェイダー・レイダー搭載の無人偵察機ドローンを少なくとも18機、国境に配備。この5点は、移民法に消極的な共和党議員の戦列を分断、少なくとも16名を新移民法案賛成に回らせるために、共和党穏健派議員と民主党議員らが案出したギリギリの妥協策である。以上は、6月24日、上院で67対27で可決（つまり、共和党議員15名が賛成票を投じた）。

とはいえ、これで米墨国境は「軍事化」される。（1）が実現すれば、国境監視機構はＦＢＩ（3万6100人）を凌ぐアメリカ最大の警察機構に肥大する。年間120万人が逮捕された2005年以降、今年までに監視官は倍増した。それが今回の妥協策で、監視機構は一挙に再び倍増する。4万1000人の監視官が100フィート間隔で国境に並べば、カリフォルニア州のサンディエゴからテキサス州のブラウンズヴィルまで、1951マイルの国境全体に「人間フェンス」が屹立するのだ。これで越境者の90%は停止できると言われる（現実には不可能で、あくまで希望的観測）。

マケイン議員に言わせれば、こうなる。「世間の噂だと、米墨国境にベルリンの壁を築いて、50ヤード置きに機関銃を据えても、国境は安全とはいかない」。「あのあまのタイヤを撃ち抜け！」を連想させる台詞で、これが「大西部の語法」なのだ。国境警備の強化にも、大西部の荒々しさが横溢（おういつ）している。

不法移民の逮捕率は、ピーク時の2005年の年間120万人から2012年は36万人に激減、他方、送還数は2002年の18万8467人からじりじりと増加、2012年は40万9849人、アメリカに入り込んだ不法移民は2002年の940万人から2007年の1200万人をピークに今日の1100万人に至るという経過を経ている。

茶会派にせっつかれて予算削減に狂奔する共和党議員らも、以上の5点に要する膨大な費用が、新移民の払う税金や彼らから徴収する手数料で賄えると知ってぐらついてきた。金持ちへの増税には反対だが、ラティーノ移民負担ならOKなのである。

「われわれ共和党は死に向かって急降下中」

このような、「米墨国境警備増強か？　包括的移民法改革か？」という二者択一は、2007年、上院で移民法案が頓挫して以来、中心主題であり続けてきた。「包括的移民法改革」の目玉は、1100万人の不法移民に13年で市民権を賦与する条項である。2005年、包括的改革を目指すジョン・マケイン（共／アリゾナ）とエドワード・ケネディ（民／マサチューセッツ／故人）が共同提案した法案は、いきなり下院にかけられ、怒り狂った共和党主導の連邦下院で葬り去られた。議会は国境警備強化の道を選び、例の700マイル・フェンス案、「保安フェンス法（SFA）」をごり押し、ブッシュはこれに署名、フェンス建設が強行された。

目下審議中の包括案は、マケイン＝ケネディ案を骨子としているが、前回いきなり下院に出して膨大な「修正案攻撃」で潰されたのに懲りて、今回はまずは「8人衆」が共和党がどうにか乗ってこれる原案を詰め、上院法務委員会で超党派路線を定めたのがよかった。委員会でも「8人衆」は委員会前に必ず会合、8名の足並みを揃えてから委員会に臨んだことが奏功した。

グレアム議員は、2012年大統領選前にTV番組で堂々とこう発言している。「われわれ共和党は、デス・スパイラルの渦中にある」と。これはペア・スケイティングの用語だが、議員は「共和党は死に向かって急降下中」と言ったのである。「私見では、わが党がラティーノ票を勝ち取る唯一の道は、包括的移民法を通すしかない」。この発言後の大統領選では、ラティーノ票ではオバマが71％、ロムニーが27％。2008年、オバマが得票したラティーノ票は67％だったのだ。

共和党の「死への急降下」は、茶会派リバタリアンという「尻尾」に「犬」（共和党）が振り回されているせいだが、もっと不気味かつ現実的なインパクトも関係している。カトリック・ラティーノの多くが、プロテスタントの「福音派（イヴァンジェリカルズ）=根本主義派（ファンダメンタリスツ）」に宗旨変えをし始め、彼らの多くが不法移民であることだ。「福音派=根本主義派」は、別名、「キリスト教右派（クリスチャン・ライト）」と呼ばれ、レーガン政権からブッシュ政権にかけては共和党の中核票田だった。今日でも、全米総人口の25%というから、7000万人という信じがたい数になる。つまり、今日の茶会派に相当する極右で、とうてい、この大集団がカトリックばかりのラティーノに同情するなど考えられなかった。

ところが、すでに若い信徒を中心に執行部への造反は始まっており、2008年、オバマの大躍進を契機に明確に保革に割れたが、その最大の原因は右記のラティーノのカトリックからプロテスタントへの宗旨変えだったのである（前掲拙著『誰がオバマを大統領に選んだのか』NTT出版）。

特に福音派は昔から保革に分かれ、カーターやクリントン大統領は革新側の著名信徒である。リベラル派の福音派を代表する「ウィロウ・クリーク・コミュニティ教会（WCCC）」（信徒数1万2000人／本拠はオバマ邸に近いシカゴ南郊）では、ラティーノ信徒の10人に9人が不法移民と分かった。WCCCは2003年、あまりのラティーノ信徒急増に慌ててスペイン語礼拝に切り替え、それがきっかけで不法移民の数が判明したのである。

オバマのホワイトハウスは、移民法改革に際して、WCCCの主宰牧師ビル・ハイベルズに援助を請うた。ハイベルズは、2010年7月1日、首都のアメリカン大学で講演するオバマの露払い役を引き受けた。出合い頭、2人は相手に、「本気なんでしょうね？」と聞き、笑い合うと、まずハイベルズが「この件については本気（デッド・シアリアス）も本気ですよ」と答え、オバマは「よかった――ぼくも同じです」と応じた。

2005年ころは、まだ移民政策に関与するのは福音派ラティーノだけだったのが、08年には白人の福音派信徒にも拡大してきたから、共和党の票田に起きた地殻変動は急速だった。なにしろ、同じ教会に「移民問題の生身のお手本」（不法移民）がひしめいているのだ。この問題は空理空論ではなく、いわんや、政争の道具でもなく、直ちに倫理上の対処を教会側に迫る緊急事だった。彼らは、究極の行動規範である聖書に「われらが門内の異邦人」に助けを差し伸べる典拠を求め、旧約には「ゲール（移住）」が92回出てくること、イエスが「これらの異邦人にほとんど救いの手を差し伸べなければ、すなわち、諸君はこの私を蔑ろにしたことになるのだ」（マタイ第25章）などを発掘した。そして左派も右派も、移民法改革に手をつけ始めたのである。穏健派の団体、「全国福音派協会（NAE）」は、2009年、包括的移民改革を支持する政策を公表した。

オバマ政権側も、後述のセシリア・ムーニョスを陣頭に福音派指導部との詰めを行い、前記のアメリカン大学でのハイベルズとオバマのデュエットに至った。これには、「福音派＝根本主義派」の右派まで喝采を送ったのだ。プロテスタント最大宗派、「サザン・バプティスト教会連合（SBC）」は、2011年、不法移民に市民権への道を開く動議を通過させた。

SBCは、つい最近まで右派に執行部を乗っ取られており、幾多のリベラル牧師らを追放し続けていた（クリントンやゴアは、SBCのリベラル派）。筆者は、1990年代半ばのフロリダで、SBC教団傘下の大学の教授職を追放された牧師が、病院のヴォランティアたちを纏める仕事についているのに遭遇した。それから10年後起きた、地殻変動の急速さには隔世の感がある。

2008年の大統領選では、まだ右派で悪あがきを続けていた「家族への焦点（FoF）」が、最近、「福音派移民テーブル（EIT）」への加盟を求めた。

EITは、2013年7月24日、共和党下院に上院を通過した包括的移民法への協力を呼びかける福音派リベラルの集合体である。ＥＩＴの指導者は、こう言い切る。「下院の票決は、福音派抜きには起こらない」。例のリンジー・グレアム上院議員もこう述懐する。「感情丸出しの移民問題で、私のような立場の政治家が生き残れたのは、福音派の支援抜きにはありえない」と。

この激変を見れば、さしもの「再魔術化」集団も、いつかは「脱魔術化」に転じる希望が出てくるではないか！　ならば、目下、「再魔術化」の熱病にのぼせ上がっている茶会派も、数年後は自己消耗の果てに「180度の回れ右（ヴァルト＝ファース）」を遂げているかもしれない。悪い「お熱」が引けば、普通の智慧は戻ってくる。

実は、キリスト教右派の「ヴァルト＝ファース」は、温暖化対策でも起きているのだ（本章後述）。共和党は茶会派との大心中、「死へ向かっての急降下」を回避できるか？　試練は２０１４年の中間選挙である。

共和党の大覚醒は民主党にとって不利の皮肉

移民改革法案の主な内容は、「改変労働ヴィザ」による不法移民と麻薬搬入者双方の減少確保、同時に国境通過の法的措置を犯罪者以外の者に対して簡素化することで、不法移民を密かに安い労賃で雇用する米側の「搾取工場」への査察強化を狙う。

最後のものには、前述の「Ｅヴェリファイ」というエレクトロニクスの査察装置が使われる可能性がある。これは、「国境警備増強か包括的改革か?」という二元論を超越できる新兵器になる可能性が高い。極論すれば、国境をがら空きにしておいても、米本土に散った不法移民や彼らを安い賃金で雇う工場をＥヴェリファイで探知できるのだから。現在、43万社がこの装置を取り入れる予定だが、これは全米３０００万社の３％以下にすぎない。これらの43万社は、知らないで不法移民を雇ってしまい処罰されることを、この装置で回避しようとしているのである。

合衆国の総人口は、今世紀半ばまでに4億に達するという統計データが出ていて、白人は２０４１〜４３年、マイノリティに転じる。２０１２年時点、総人口の17％であるラティーノは、２０６０年にはざっと30％になる。65歳以上のアメリカの高齢者は２０１２年で総人口の13・7％だが、２０６０年までには20％に達する。２０３８〜５６年、アメリカの高齢者は18歳以下の人口を追い越す。しかし、先述のように、新生児が激減、代わって移民が人口増加の動因となれば、移民法改革によって少なくとも２０６０年までは若者が高齢者を上回るのだ。

これだけの巨大な背景を持つ移民改革法が、もし上下両院を通過、ホワイトハウスまで回され、オバマ大統領が署名できれば、過去25年間に可決された中でもインパクトの強さでは5本の指に入る法律となる。

第2の潮目の変化は、再び上院の法務委員会で起きた。同委員会で審議していた移民改正法案が、5月21日、13対5で通過したのである（民主党議員10名、共和党議員8名の委員会では、後者から3名が法案賛成に動いた）。１１００万にのぼる不法移民への市民権賦与の道筋が中心だが、法務委員会通過を受けて、6月10日から上院審議が始まった。

委員会案が上院で可決されれば、30年ぶりの移民法の大改正となる。右記の不法移民１１００万人の大前提は、１９８６年、レーガン政権時代に不法移民３００万人に恩赦を認めて以後、合衆国政府はウエイター、屋根職人、子守などがやれる移民の受入れを停止、爾来（じらい）、彼らに対する米側の需要は募る一方で、彼らは不法移民として入国、不法に雇用されるしかなかった。その結果、不法移民数が27年間に１１００万人に膨れ上がってしまったのである。この１１００万人が、今回の移民法改正の主役だ。レーガン政権と違って、今回の法案には不法移民根絶の手だてとして、以後の需要に際して労働ヴィザ発行の条項が付帯されている。

セションズ議員が出して否決されたような修正案は、民主党議員らから出された修正案にも見られた。ゲイ・カップルの移住案、先行移民の兄弟姉妹や既婚の息子・娘に優先的にグリンカードを発行する案などの修正案が、共和党側の反対で潰（つい）えた。民主党側は、包括的改革法案の通過をめざして妥協点を見いだすのに躍起だった。だから、これらの修正案は民主党側がしぶしぶ引っ込め、折れてみせたのである。

という次第で、オバマは移民法改正では第2期の公約実現を果たせる可能性がある。もっとも、共和党が移民法改正によって必死にラティーノ票の取り込みを図るので、2014年の中間選挙では民主党は、オバマが2012年に獲得した71％のラティーノ票獲得は困難となるかと言われている。2016年の大統領選にヒラリー・クリントンが打って出ても、共和党にかなり奪われる可能性が高い。

逆に、移民法改正が通過しなければ、共和党よりも民主党の痛手が大きくなる。ある意味で、民主党には「前門の虎、後門の狼」となる。

移民法案へのオバマの関与の仕方

先にも振れたように、移民法案に関するかぎり、オバマは後述する温暖化対策ほどの果断な関与は避けてきた。しかし、以下のような関与は推進してきた。

上院法務委員会が開かれる議会会館「ダークセン上院オフィス・ビル」は、連邦議事堂に向かって左奥にある。オバマ政権側は、そこの201号室に密かに「作戦室（ウォー・ルーム）」を用意した。大小2室あるここは、元来、副大統領が使う部屋だが、「ホワイトハウス国内政策審議会（WHDPC）」のトップ、前述のセシリア・ムーニョスを指揮官に、共和党議員らが撃ち出してくる膨大な修正案の吟味がメインの仕事だ。

ムーニョスは、「8人衆」の法案と並行して作成されたホワイトハウス側の法案の責任者だった。議員らもアマチュアなので、「ダークセン201」でムーニョス麾下の専門家らに細部を詰めてもらわないと修正案を上程できないのである。むろん、ここでは自党・民主党議員からの修正案も吟味する。しかし、共和党議員らは、人に見られたくない姿ながら、こうやってオバマ政権スタッフから薫陶を受けた後、それはひた隠しにして勇躍、政権と与党の攻撃の晴れ舞台に出撃していく。

それが悔しいのか、共和党では希少価値がある包括的移民法案の支持者、マーコ・ルビオ議員のスポークスマンはこうやせ我慢を張る。「オバマ大統領は、法案に関与するのは議会に来て演説するときだけ。誰もそんなの聞いちゃいない。法案を通過させる作業をソーセジ造りに譬えるなら、ホワイトハウスの連中は菜食主義者さ」。つまり、「抽象的なきれい事しか言わない」というのだ。

茶会派に比肩する強靱な兵力を持たない民主党議員らは、ブッシュ前大統領には御し易かった。だから、ブッシュ政権は、2007年、前述の移民法（マケインとケネディが上程）のときは大っぴらに閣僚らを議会に派遣、民主党議員の誰彼を捕まえては「廊下トンビ」（ロビー活動）をやらせた。しかし、「パンドラの箱」を開いて、茶会派が吐き出す「瘴気」を呼び出してしまったオバマには、それができない。なぜか？ 共和党議員らは、オバマの閣僚と立ち話する場面を「ユー・テューブ」に流されでもしようものなら、2014年の中間選挙では地元の茶会派によって極右候補を立てられ、落選させられてしまう！ そこで、オバマは、結果的には、敏腕のチャールズ・シューマー議員ら自党の上院議員らとマケインら共和党の議員らからなる「8人衆」の手腕に任せるしか手がないのだ。

とはいえ、ヨーロッパに向かうエアフォース・ワンからの電話で、オバマは共和党議員が出してきた国境警備強化案に強く反対、シューマーらは前記の「国境軍事化」案で手を打った。オバマが異議を唱えた共和党議員の修正案では、国境警備員を6万人に増員、不法移民の逮捕率を90％以上に上げよという、荒唐無稽な条件が核になっていたのだ。

支出削減がお題目の共和党に対して、膨大な予算を費消する「国境軍事化」案を代替案に立てたのはオバマ流「諸刃の剣」だった。共和党から押しつけられた「国境軍事化」をトーンダウンして受け入れてみせれば、有権者らに共和党の支離滅裂さを際立たせる上に、共和党に対するラティーノの反発は決定的になる。オバマのタフニスは、ハスル型ではなく、ナッジ型でじわりと発揮されるのだ。

しかし、08年大統領選直前、オバマはこう、ハスル型の檄を飛ばしていたのである。「アメリカ合衆国を根本的に造り変える挙に出られるまで後5日、（中略）ともにこの国を造り変えましょう（チェインジ）」。移民法改正は、彼の「チェインジ」の中枢項目だったのだ。

また、「ダークセン201」には、6月10日以降、議会ロビイスト群、司法省、国務省、国家安全保障省その他、関連省庁の政策専門家群が集合、彼らはラップトップを前に一斉に膨大な修正案、それも大半が敵側の修正案の、法的吟味を手がけた。むろん、党利党略に対抗して、修正案潰しの法的弱点を探るのが、彼らの本来の仕事である。だから、共和党議員側も、腕っこきのスタッフを送り込んで、言いなりにはならない。ロビイストや政策専門家らは、法案を出してきた議員らの背景、選挙区事情にも精通している。

ムーニョスを筆頭に、「作戦室」の大半がラティーノだ。この実務班を纏めるラティーノ（男性）は、今回の案件の責任者である上院法務委員長の前首席補佐官だった。移民法案の成立は、ラティーノの必修命題であることが、この顔ぶれでも分かる。

ムーニョスは、ラティーノ最大の草の根組織、「ラ・ラサ全国審議会（NCLR）」の最高幹部の1人である。「ラサ」は、英語の「レイス（人種／血統）」。筆者は20世紀末、シアトルで「ラサ」支部長に会ったが、彼は公民権運動時代、インディアン・黒人・アジア系の草の根組織と連携、この都市でマイノリティを大きな政治勢力に編み上げていた。ラティーノの組織力が抜群なのは、今日のロサンジェルス市長、アントニオ・ヴィヤライゴーサ（民）が全てのマイノリティ民族集団の草の根組織の支援を繋ぎ合わせてのし上がってきたことからも窺える（前掲拙著『カリフォルニアからアメリカを知るための54章』明石書店）。

「ダークセン２０１」に詰める、幸運なラティーノ高官らは、アメリカ中央政治の頂点で仕事をしていても、親類には不法移民がいる者が多い。２０１１年の調査だと、この範疇（はんちゅう）、つまり「縁者に不法移民がいるが自分はアメリカで成功した範疇」に入るラティーノは53％にも達した。不法移民に13年かけて市民権をとらせる今回の移民法改正は、全てのラティーノにとって「運命共同体」に等しいのである。彼らは、「ウイアリン・ジス・シング・トゥギャザー（一蓮托生）」と言い切る。

しかし、「作戦室」をめぐる以上の事柄を報じた『ニューヨーク・タイムズ』記事（6月20日／マイクル・D・シア）が出ると、右派側は一斉に「オバマ、移民法案を裏面操作」とがなり立てた。

やはり２０１４年の中間選挙の勝利次第か？

６月27日、包括的移民法案総体が、ついに68対32で上院を通過した。法務委員会審議に半年、上院総体での審議にほぼ1カ月。１１００万人の不法移民は、13年で市民権を獲得できるが、その前に罰金と未払い税金を納めないといけない（数千ドルかかる）。しかも、全ては連邦下院を通過しての話である。

それでも、歴史的瞬間を見届けようと、議員側近と傍聴者らが押しかけ、下院議場より小振りな上院議場は大入り満員だった。民主党のカラー、ブルーの地に「１１００万の夢」と白抜きしたTシャツのラティーノ青年たちが目立った。

上院の民主党党首、ハリー・リード議員の異例の提案で、議員らは自席に着き、氏名を呼ばれると立って投票に向かった。リードは、反対議員の容姿をラティーノおよび全米の目にさらそうと考えたのである。最後の議員の投票が終わると、満員の議場は静まり返った。沈黙は長く続いた。しかし、議長を務めるバイデン副大統領が最終票数を読み上げると、傍聴席から拍手が起こり、すぐ制止された。しかし、ブルーのTシャツの群れは、「イエス、ウィ・キャン！」を連呼、卒業式のガウンを着た男性が、「サンキュー！」と賛成票を投じた議員らに向かって叫んだ。アフリカへの旅路にあるオバマは、「本日、上院はその仕事を終えた」と上院側の連日の営為をねぎらい、返す言葉で「後は下院が同じ仕事をやる番だ」と圧力をかけた。

しかし、共和党多数の下院は、上院が決めた法律をずたずたにする気でいる。いや、それすらも手をつけていない（2013年12月現在）。

以上の背景から、以下の事実が明瞭になってきた。すなわち、共和党議員らには、（1）2016年の大統領選に勝つためには民主党に奪われてきたラティーノ票の掘り起こしが大前提とは百も承知。とはいえ、むしろ2014年の中間選挙で議員ら自身が再選を勝ち取ることが先決で、（2）そのためには自分の当落を左右する地元票の確保こそ最優先され、その「地元票」の中核がラティーノよりも、茶会派（白人）である州が多いのだ。そして、（3）2014年、上院の改選議員は一部だが、下院は全員が改選となるため、共和党下院議員らは茶会派の意向に汲々（きゅうきゅう）とならざるをえず、移民法案の下院での審議はデッドロックに陥った。

（2）の内訳では、下院の場合、232名の共和党議員のうち、選挙区のラティーノ人口が20％を超える者はわずか40名にすぎない。選挙区のラティーノ人口が少なくとも3分の1の議員たるや、たったの16名。すなわち、232名の共和党議員の84％が、それぞれの選挙区に20％かそれ以下のラティーノ人口しかいない。つまり、この84%の議員らの死命を制するのはラティーノではなく、茶会派白人なのだ。彼らには、移民改革法などまるで票に繋がらない。

とはいえ、茶会派白人頼みは、後数回の選挙までで、それから先はマイノリティが議会選挙区単位で多数派（マジョリティ）に転じる。しかしそのときになって、手のひら返してマイノリティに擦り寄っても後の祭りなのだ。しかも、共和党は議席は守れたとしても、全国規模の本選挙で決まるホワイトハウスは、２０１６年も射程距離に入ってこず、下手をするとオバマ政権から数えて12年、共和党は政権から遠ざかるしかない。

で、その茶会派こそ、「米墨国境警備強化推進、白人ブルーカラーの仕事を横取りするラティーノ忌避、ましてや不法移民に市民権を認めるなどもっての外」などの主張に凝り固まり、「移民法案に賛同などしようものなら中間選挙では落選させるぞ」と息巻いているのだ。従って、オバマを「1期大統領で終わらせる」と大見得を切った例のミッチ・マコネル（共和党上院院党首）は、２０１４年改選なので、6月24日の移民改革法案票決では「27名」の先陣を切った。彼は、自分の選挙区の茶会派の逆鱗（げきりん）に触れれば、２０１４年の中間選挙で極右候補を押し立てられ（すでに茶会派資金組織の1つは対立候補を擁立）、あえなく予備選で落選の憂き目を見る上に、議席を民主党候補に奪われる。上院党首ですらこの始末だから、陣笠議員らは茶会派の言いなりだ。まさに共和党は、「死に向かって急降下中（デス・スパイラル）」（リンジー・グレアム上院議員／共）だと言える。

その証拠に、6月5日、上院での「8人衆」案の進展に怯えた、例の茶会派議員集団ＲＳＣ（共和党研究委員会）が、たった1カ月で不動の「反上院移民改革法案同盟」をまとめあげたのである。

なぜ、共和党議員らが茶会派をこれほど恐れるかと言えば、10年ごとの選挙区の線引き修正毎に自分に都合のいい選挙民が住む地域ばかり漁って新選挙区を創出してきた結果、茶会派白人有権者群の言うがまま右往左往するはめになり果てた結果だ。ということは、ラティーノを始めとするマイノリティ有権者、これからのアメリカの多数派民族集団を線引きで選挙区外へ遠ざけてしまった。自業自得なのである（この選挙区の線引きの変更は、オバマもシカゴで経験したから、民主党もやってきた／第6章）。いずれにせよ、下院の議会選挙区で「五分五分」なのは、全米でたったの9議席しかない。多民族社会の民主主義の運動律を、共和党議員らは自ら破壊してしまった。この政党が墓穴を掘り続けてきた最大の背景である。

6月下旬の「ユナイテッド・テクノロジー／ナショナル・ジャーナル議会関連世論調査」で浮かび上がる茶会派白人の中核は、以下の（1）と（2）である。「移民法案に賛成票を投じた議員に対しては中間選挙で投票しない場合がある」が、（1）「非学卒白人」のうち45％、（2）「農村部」のうち45％。

「学卒白人」だと「投票せず」は33％に低下、逆に「移民法案賛同議員には中間選挙で率先投票する」が30％、「移民法案と中間選挙での投票は無関係」が30％。「郊外居住者」には学卒が多いのだが、黒人流入を避けて郊外へ「逃亡」した者とその子供世代が多いだけに、「投票せず」は36％に増えても、「農村部」の45％より穏やか。他方、郊外居住者の「無関係」は37％で、学卒全体より高い。

調査対象の「全成人」だと、「率先投票」は21％なので、それが30％の「学卒白人」のリベラル度の高さが際立つ。「全成人」は、「移民法案に投票した議員には中間選挙で投票しない場合がある」が33％なのに比べて、「議員が移民法案に賛同したことは中間選挙での投票とは無関係」が42％、「移民法案に投票した議員には中間選挙で率先投票する」が前述の21％。

党派別だと、共和党支持層は49％（中間選挙で投票せず）、15％（投票）、30％（無関係）、民主党支持層は20％（投票せず）、29％（投票）、49％（無関係）、無党派層は35％（投票せず）、19％（投票）、44％（無関係）。なお、「無関係」の者が候補者に投票するかしないかは、調査には出てこない。

7月18日の「ワシントン・ポスト／ABCニュース世論調査」では、上院案での不法移民1100万人への市民権賦与賛同は55%と出た（国境監視官を2万人増員、700マイルのフェンス建設への賛同も加えると、実に64%）。ただし、増員&建設に460億ドルと聞くと、一挙に11%減って53%。党派別では、不法移民への市民権賦与反対が共和党員58%、無党派層の55%、他方、民主党員の69%が賦与に賛成と出た。

以上のように、茶会派は「非学卒白人」、「農村部」、「郊外居住者」、「共和党」、「無党派層」という範疇の間に分散していて、しかも圧倒的多数ではない。しかし、猛烈に活性化しているのが強みなのだ。議会が夏休みで議員らが5週間は地元に戻る8月と9月前半を狙って、茶会派は議員らにタウン・ミーティングで吊るし上げに近い圧力をかけた。むろん、ヘリティジ財団（前述のように、保守派シンクタンクで唯一、反移民法）も、茶会派動員に動く。

4年前、オバマケア潰しにもこの手（タウン・ミーティングでの吊るし上げ）が使われたが、当時はまだ民主党が上下両院を押さえていたので、潰せなかった。与党多数を強みとして、当時のオバマ大統領は与党議員らに相当な圧力をかけた。

新移民法の中核、1100万人の不法移民に13年で市民権を賦与する道筋は、共和党議員ら、いや彼らの選挙区民の猛烈な反対があるのに、民主党議員票に加えて、共和党議員票だけで最低120票を確保しないと、下院は通過しない。となると、この法案は審議過程でボッグド・ダウン、2014年の中間選挙でラティーノ票の強い支援によって、民主党が上下両院を押さえた時点で、化粧直しをして再び上程し直すしかなくなる。

なにしろ、ベイナー議長麾下の共和党多数の下院は「麻痺状態がますます居心地よくなってきた」（エズラ・クライン）。「第112議会」（2011年1月〜2013年1月）は、可決法案220、史上最低を記録したのだ。

ブッシュが環境を悪化させてもオバマが炭酸ガス放出量を下げた謎

オバマ政権第2期の2つ目の課題に移ろう。

第8章で少し触れたように、共和党は「キャップ&トレイド（C&T）」を早くから唱えていた。これは、放出炭酸ガスに上限（キャップ）を設け、同時に放出度の低い地域が自らの低い放出度を高い放出度の地域に売る（トレイド）、一石二鳥の方法である。つまり、放出度の高い地域は、低い地域から買った放出度で自分の高い放出度をさっ引けるのだ。

それよりはるか前、ニクスン大統領は「環境保護庁（EPA）」を設立、1970年12月31日には「清浄空気法（CAA）」に署名した（下院は374名、上院は73名が、この法案に賛成）。「悪の権化」とされるニクスンが、今日の頑迷な共和党に比べると聖人に見えてくる。今日、民主党でも、CAAにはおいそれと乗って来ないだろう。

当時、まだ「地球温暖化」という概念は存在しなかった。つまり、当時の科学者らは、炭酸ガスが温暖化を引き起こすとは唱えていなかった。むしろ、炭酸ガスや石油化学製品の人体に及ぼす悪影響への恐怖が、CAAを成立させた。そしてマサチューセッツ、ニューヨーク、カリフォルニアなど12の州、ニューヨーク市、首都などの諸都市、シエラ・クラブ、グリンピースその他の環境保護団体が、EPAを訴え、他の有毒ガス同様、炭酸ガスの放出制限を、2007年、連邦最高裁に認めさせ、EPAはCAAの趣旨に則って規制に乗り出さざるをえなくなった。ニクスンのCAA（1970）は、環境保護の「錦の御旗」となったのである。

EPAは、その最高裁の裁定措置をホワイトハウスにeメイルで伝達した。ところが、時のブッシュ政権はeメイルを開くことを拒否したのである。なにしろ、この政権は、ニクスンとは大違い、EPA自体の破壊に専念してきたのだ。

07年の裁定では、連邦最高裁のジョン・ロバーツ長官自身は環境保護側の訴えの科学的根拠が類推に基づきすぎるとして退けていたのである。オバマ上院議員がロバーツの長官就任にノーだったのに、長官は2012年の大統領選中の1年前にはオバマケアにはイエスを与え、彼に再選の機会を提供した（第8章）。だが、オバマが反温暖化に関わる2年前には、ロバーツはこの問題にはノーだったのだ。両者のふしぎな因縁だと言える。

いや、2013年6月25日、長官は「投票権法（1965）は、40年前の統計事実に依拠しているから、今日の人種状況に照らして議会が調整せよ」という裁定（5対4）を下した。今度は、公民権運動家らはもとより、多くの白人政治家らがこの裁定に「保守反動だ！」と怒り、むろんオバマはこの裁定を痛烈に批判した。長官はすでに4年前、「投票権法」関連では予告的警告を発していたので、唐突な裁定とは言えなかったのだが、裁定に反対した4名の最高裁判事らも裁定に対する異例の反対意見を公表した。

ロバーツとオバマの因縁は矢継ぎ早で、さらに6月26日、ゲイの同性婚を禁じた、ブッシュ政権の「結婚防衛法（DOMA）」（1996）とカリフォルニア州の同趣旨の「住民投票8」を「違憲」とした点にも露呈した。ただし、ロバーツ長官自身は前者裁定はノー、後者イエスで均衡をとる形になった。オバマは当然、同性婚支持だから、アフリカ訪問中の彼は連日、最高裁非難と称賛を慌ただしく繰り返した。そして、「投票権法」への注文が出される1日前、2013年6月24日、環境保護関連でも最高裁はオバマ政権を驚かせた。それは以下のような経緯である。

まず、オバマEPAは、2011年末、「州横断空気汚染規定（CSAPR）」を発動した。「東部28州と首都の火力発電所の排気ガスが中西部諸州を汚染する」として、規制をかけたのである。この規制も、ニクスンのCAAにある「よき隣人条項」を楯にとった。共和党はこれを議会に引きずり出し、阻止の動議を出してきたが、民主党優位の上院は57対41で葬り去った。しかし、電力会社は首都の連邦控訴院にEPAを訴え、ブッシュが任命した連邦判事2名、クリントン任命の判事1名からなる3名が担当した。前者2名はCSAPRを法令違反、後者1名はOKと、2対1に割れ、2011年8月下旬、EPA側は敗れた。

これに政権とともに異議を申し立てた「アメリカ肺臓協会（ALA）」の幹部は、「下級裁判所が、ブッシュ政権が05年に発動した『清浄空気州間規定（CAIR）』を不十分としながら、オバマ政権のCSAPRは厳しすぎるとしたのは、控えめに言っても混乱を招く」と発言した。そして2013年6月24日、上院が移民法案審議で揉めている最中、最高裁はCSAPR判決の見直しに同意したのである。そして、この10月から始まる9カ月の審議期間内で前記の控訴院判決を撤回すると見られるが、その間、ブッシュ政権のCAIRで代用を命じた。見直しだから、どの最高裁判事が賛成か反対かは不明ながら、少なくともロバーツ長官も見直しには同意したはずだ。

「同性婚」と「クリーン・エネルギー」反対が重なる「再魔術化」…………

さて、政権第1期、オバマが真っ正面から議会に向けて放った鏑矢（かぶらや）、「アメリカ・クリーン・エネルギー保全法（ACESA）」は、2010年7月22日、上院で潰えた。まだ民主党主導だった当時の下院では219対212の僅差で通過していたのだが（09年6月26日。上院で潰えたのは、実に13カ月後、いかに膠着状態が長かったかが分かる）。なにしろ、アメリカはまだ「08年危機」の痛手に呻いていたので、「クリーン・エネルギー」どころではなかったのだ。オバマは口をすっぱくして、代替エネルギーの産業的可能性を強調したのだが、アメリカの大部分は目先の恐怖に舞い上がっていたのである。

すでにして、ここにも、新たな脱出口を求めるオバマの「脱魔術化」路線と、この期に及んでも旧来の方法にしがみついてはさらに墓穴を広げる蒙昧な「再魔術化」勢力の揉み合いが見られる。この揉み合いこそが、あまりに激しいピッチでフロンティアへと突き進んできたアメリカの歴史に内蔵された運動律だったのである。つまり、「猛烈なアクセルには猛烈なブレイキ」という運動律だった。われわれは茶会派を、その歴史的展望において見切らなければ、今後、この「再魔術化」勢力の「治療」はおぼつかない。

オバマは、08年危機は十二分に理解していたので、ACESAを始め、自身の環境政策には代替エネルギー開発を成長産業に結びつける精密な配慮を裏打ちさせていた。「諸君のお仲間である国民に、こう問うてはならない——すなわち、われわれの子供たちの健康か、わが国の経済か、どちらを選ぶのか？と、二者択一を迫ってはならない。古いルールでは、環境保護と経済成長は両立しないと言われてきた。しかし、アメリカは常に新たなテクノロジーを開発してきたではないか。そして、科学、研究、開発の総力をあげて古いルールを時代後れにしてきたではないか。低炭素、クリーン・エネルギーに基づく経済は、来るべき経済成長のエンジンとなる。アメリカよ、そのエンジンを建設し、その未来を建設せよ」。

08年危機に加えて、茶会派と彼らにおもねる共和党右派は、「時代後れのルール」、つまり、「再魔術化」に固執するゾンビ集団である。「クリーン・エネルギー」開発の新テクノロジーこそ、近代化、つまり「脱魔術化」の最先端であり、このゾンビ集団が最も恐れる対象だった。彼らのねじくれた脳味噌の中では、「同性婚」と「クリーン・エネルギー」は「脱魔術化」という点では全く同列の最大のタブーなのである。

しかし、ACESAが上院で葬り去られた結果、アメリカは、EUなみの「キャップ&トレイド」法を実現させ損ねた。ニクスン時代とは様変わりした共和党議員らばかりか、石炭州の民主党議員らも、反対に回った結果だった。逆に民主党リベラル議員らは、法案が物足りないと反対や棄権で応じた。上院案を作成した責任者は、オバマとは2004年の大統領選以来、因縁浅からぬジョン・ケリー議員だった（第6章／現・国務長官）。時あたかも、メキシコ湾岸の海底で掘削中の「ブリティッシュ・ペトローリアム（BP）」が、掘削機具の故障で原油が湾内に漏れ出て、大汚染を引き起こしていた時期だった。にもかかわらず、議員らはACESAを葬り去ったのである。

これから5カ月弱後の11月、茶会派新人議員らの大量当選で下院では民主党は少数党派に転落した。目先が真っ暗になったアメリカで、またしても国民は「再魔術化」勢力を議会に送り込んだのである。

以後、オバマは議会をバイパス、ニクスンの遺産、CAAやEPAの規制機能をじかに駆使して、車、燃料、諸々の装置、将来の発電所などに対して新たな規制を打ち出し始めたのだ。例えば、2012年夏、「燃料効率を1ガロンにつき29・7マイルから54・5マイルに上げる」措置をとった。これは何ら評判にもならず、報道は1日で消えた。つまり、「政治的舞台」から温暖化問題を外してみせたのである。しかも、この公表を共和党大会中に行ったため、議会で狂ったように何でも「反オバマ」で噛みついてくる共和党の狂犬群は気づいていなかった。2013年春には、オバマ政権はガソリンを一層クリーンにする措置をとった。

もっと皮肉なのは、以下の点だ。オバマ政権の初年度、彼は「炭酸ガス放出量を2005年と比較して2020年までに17%低下させる」と公約した。2015年の「国際気象サミット（ICS）」までに実績を上げる気でいたのだ（ちなみに、このサミットこそ、世界中が温暖化対処で合意にこぎつける最後のチャンスと見られている）。

ところが、オバマの「C&T」法案（ACESA）は、前述のように共和党と石油州基盤の民主党議員、そして過剰な環境保護を唱える理想主義的な友党議員ら、「保革の過激派」によって潰された。さらにところが、である。合衆国の炭酸ガス放出量は早くも2008年から低下を始めていたのだ！　2012年末には、05年レベルより13・1％低下した。公約の17％のうち13・1％が、オバマの「C&T」が潰されても低下した以上、2020年までの目標数値達成は極めて容易である。予定期間の3分の1で、目標数値の3分の2をクリアしたのだから。

もっとも、全米に1142ある、汚染度が高い石炭を燃やす発電所の多くが汚染度が低い天然ガスによる発電に切り換えた結果、天然ガスが高騰、またぞろ石炭に戻った結果、2013年の第1四半期には炭酸ガス放出度が3％跳ね上がったのだが。

既存法の斬新な解釈で議会バイパスの環境行政

むろん、この「放出量の低下」は全てオバマの手柄ではない。低下の半分は、「08年危機」による不況で、支出削減、運転や冷暖房の手控えによると見られている。しかし、「08年危機」からのアメリカ産業界救出を策して彼が署名した「アメリカ復興再投資法（ARRA）」（第7章）は、その主要な部分が環境改善に向けられたのである。つまり、900億ドル余がクリーン・エネルギー開発に投入されたのだ。風力発電は倍増、太陽光発電は6倍に増え、従来、原子力エネルギーの監視任務に終わっていた「エネルギー省（DoE）」がEPAを助ける官庁に変貌を遂げた。

環境テクノロジーの発達も与って力があった。つまり、「クリーン・エネルギーが経済開発のエンジン」（前記のオバマ演説）になる動きが出てきたのだ。例えば、シリコン・ヴァリーの「エンヴィア・システム」社は、電気自動車のバッテリーでは従来の3倍の効率を持つものを開発、「2015年に市場に登場してくる電気自動車の価格を5000ドル引き下げる」と言われている。

問題は「将来の発電所」ではなく、「稼働中の発電所」だ。石炭か天然ガスを使う全米の発電所は、前者が1142、後者が3967、合計で68％近い。原子力発電所は19％、水力発電所は6・7％。従って、合衆国全体が出す炭酸ガスの40％を、石炭か天然ガス発電所が放出している。オバマのEPAは、民主党が敗退した中間選挙から1年強後の2011年12月、石炭&石油使用の発電所に水銀その他の有毒ガス排出を禁じる命令を出した。これは20年来EPAが、発電所の40％を占める石炭・石油発電所にはめる箍を練ってきたものを、アメリカ史上初めて発令したのだ。

ついには、2013年6月下旬、オバマがジョージタウン大学で行った温暖化政策の講演を、共和党側は「石炭との戦争」だと噛みついた。共和党側に言わせると、こうなるのだ。「オバマはまずは石炭、お次は石油に的を絞り込んだ。彼はEPAの権限を拡大、EPAに今よりも攻勢に打って出ようとさせる。石炭産業に対して規制の縛りを強化、産業を潰し、仕事を奪う。これがオバマの『石炭との戦争』だ。EPAはわれわれから仕事ばかりか、電気を奪う。だから、これは『石炭との戦争』、『石油との戦争』以上に、オバマがしかける『近代生活への戦争』なのだ」。

最後の文言は、共和党の歪曲論理の典型である。すなわち、（1）オバマは、「電気」の従来の生産手段（石炭）が環境と「近代生活」を悪化させたので、新たな電気生産手段（環境にやさしい代替エネルギー）に変えて環境と「近代生活」を守ろうとする。（2）ところが、共和党側はオバマの道筋を歪曲、悪化させた生産手段（石炭）に固執することで「電気＝近代生活」が維持できるというのである。これは小学生にも自家撞着だと分かるお粗末な屁理屈だ。共和党の支持基盤、茶会派がこの程度の知能だと、共和党自体が認めている以外の何物でもない。

つまり、オバマによる新生産手段への脱皮が「脱魔術化」、共和党による石炭・石油への固執が「再魔術化」（蒙昧化）と重なる。

とはいえ、オバマが、他の温暖化反対論者らと同様、天然ガスすら、最終的には「必要悪」と見て、ジョージタウン大での例の演説ではこう言っているのだ。「私たちは、世界一の天然ガス生産国としての立場を強化しますが、それはせめてより有効な代替エネルギーが安価に生産できるまでのことです。当座、天然ガスは、石炭よりは安全で安価な電力を提供してくれるばかりか、炭酸ガスの発生量を減らす手助けとなります」と。

さて、オバマ再選後、「天然資源防衛審議会（ＮＲＤＥＣ）」がＥＰＡに「州別で炭酸ガス放出制限」を設ける提案をした。これによって、石炭依存を25％減らし、放出量を10％削減できる。これはＮＲＤＥＣとＥＰＡの独走だったが、潰されたオバマの「Ｃ＆Ｔ」法案を復活させるまでの繋ぎとして、ＮＲＤＥＣ＝ＥＰＡ案は現実性がある。オバマ自身は、２０１３年の一般教書演説で、「Ｃ＆Ｔ」復活を当然として、「議会がすぐにも未来世代を保護する行動に移らないのなら、私が手をつける」と大見得を切った。

これこそ、オバマが大統領としての自分自身を歴史軸に据えて、「未来世代」の歴史学者らが自分をどう記述するかを現在の自分の政策遂行の大きな目安にし続けてきた真骨頂が現れた発言である。現在の政策を常に歴史軸に合わせ続けた大統領は、リンカーンだった。とはいえ、環境保護こそ、奴隷解放よりはるかに巨大かつ膨大な難事である。

しかし、これは以下のシナリオを背景に切られた極めて具体的な「大見得」だったのである。結論を先に言えば、2015年末の「国際気象サミット（ICS）」までに政権はEPAを駆使して新規制基準を詰める気でいる。

EPAは、前述のように、ニクスンのCAAを武器に使って規制を強行してきた。このように、あらゆる既存法をほじくり出してきては、目的を遂げてきた。下院が共和党に乗っ取られている以上、オバマ政権自体による立法化の道を阻まれているからだ。アラスカのブリストル湾付近の金鉱開発に対しては、「清浄水法（CWA）」を引っ張りだして、湾内の鮭を保護できないと立ちふさがる。

オバマがEPAのこの既存法再活用戦術および07年の最高裁裁定に信頼を置いている傍証は、「拒否権」とともに議会に対抗する切り札、「大統領令」を温暖化面では1度しか発令していないことでも分かる。これは連邦政府職員に対して、日限を切って「日常業務で温暖化対策の実を挙げて、アメリカ国民への模範を示せ」と命じた穏やかなもので、発令日は自身の「C&T」（ACESA）が下院を通過して3カ月強の09年10月5日だった（まだ、上院通過に望みを託していた時期かと思われる）。

新EPA長官が上院で店晒しにされた背景

EPAが積み重ねてきた実績は、前代未聞で拠るべき実績がない「オバマケア」に比べて、共和党との白兵戦でものを言うと見られている。オバマが新首席補佐官に任命したデニス・マクドナーは気象問題に詳しいし、EPA長官（アドミニストレイター）に任命したジーナ・マカーシーは政権第1期にEPA規制の書き直しを担当した女性である（つまり、右記のさまざまな条例による改革の指揮官）。ただし、2013年6月下旬時点、彼女のEPA長官（アドミニストレイター）就任人事は上院で共和党議員らの抵抗で承認されていなかった――彼女は共和党員なのだが（つまり、茶会派を唾棄するまっとうな共和党員）。前述のように、オバマ任命の連邦判事らも邪魔が入って任官を拒否され続けているのと、同じ手口である。それでも、大気担当部門のトップという従来の地位にいても、マカーシーはオバマの命令を執行できる。

しかし、前述の「議事妨害」と「絶対多数決」の上院慣行を残すこととのバーター取引で、マカーシーは共和党側の議事妨害に対する「討論終結（クローチャー）」を69対31の大差で勝ち取り、その後の票決で59票を得て晴れてEPA長官として承認された（第12章）。議事妨害は、クローチャー票決によって停止される。

晴れて長官就任後の断固たる決意表明として、ハーヴァード・ロウ・スクールで行った講演で、4カ月余店晒しにされた屈辱を、マカーシーは「生涯の名誉」と笑ってみせた。白髪を短く刈り上げた精悍な女性新長官は、「生涯を2回かけても承認されずにおくものかと心に誓っていた」と言い切ったのである。

1年以上、店晒しにされる者もいる。

共和党議会勢力が上院任命遅延を明確に民主党政権いびりに利用し始めのは、クリントン政権以来だ。カーター民主党政権までは、任命候補者らが財務状況の公開を迫られたのはわずか14件にすぎなかった。クリントン政権以後、それならというので、民主党議会勢力も巻き返した。2013年の財務長官人事ではジェイコブ・ルーに444の質問が集中した（民主党議員からは49、共和党議員からは395。ルー長官は前述の「ヴォルカー・ルール」始動の原動力となる）。これも「議事妨害」の変種だ。しかし、ジーナ・マカーシーには、何と史上最多の1120の質問が襲いかかった！（1079が共和党議員から）。前述の上院特権、「議事妨害と絶対多数決」の組み合わせこそ、この店晒しを可能にしているのである。

マカーシーが店晒しから解放される手順、「討論終結（クローチャー）」も上院での「絶対多数」60名の賛同で可能になる。「討論終結」は、それが開始された1949年から2008年まで、わずか20回しか行われなかった。ところが、オバマ政権の4年と半年間で実に16回に及んだ。むろん、共和党議員によるオバマいびりの典型である。アイゼンハワーからフォード大統領に至るまで、大統領が任命した高官で「討論終結」にかけられた者は0だった。ブッシュ父大統領の場合も0。いかに民主党議員らが理性的だったかが分かる。ただブッシュ息子政権下で7回起きたから、さすがの民主党議員らもがまんし切れなくなってきたことになる。

２０１３年7月14日時点で、オバマ任命の高官１９２名が店晒しの憂き目を見ていた。従って、政権下の省庁の高い地位は「〜〜代理」だらけ、オバマのアフリカ歴訪でも、国務省のアフリカ担当が「代理」だった。

駐日大使の下馬評高かったキャロライン・ケネディが、ニュースになってから半年近くたってやっと本決まりになったのも、以下の非能率なプロセスのためだった。政権側は、候補者が決まると、上院で突っ込まれずにすむかどうかを精査する。上院に回すと、今度は上院側が被任命者の精査を始める。後者の精査は、物理的に前者の精査より非能率で、おまけに議員側に政権の邪魔をする意図が加わる。キャロラインは２０１３年10月半ば、珍しく満場一致で承認された。ケネディ家の遺児は、オバマ政権を襲う大嵐の中でも別格扱い（拙著『ケネディ家の呪い』イースト・プレス新書）。

２０１２年、少しでも能率化を図ろうと、承認リストから１６３のポストを外したが、元々１２００〜１４００ものポストなので焼け石に水。そこで、ついに民主党は２０１３年11月21日、「議事妨害」封じの手を打った。「絶対多数」（60名）ではなく、「単純多数」で承認できる方式に変えたのである（52対48で決定を強行）。

「国際気象サミット」をめざして

とはいえ、民主党の上院勢力も、今度は共和党主導の下院が挙ってＥＰＡに箍（たが）をはめにかかるのを阻止する構えだ。気象変化問題にはうんざりしているアメリカ国民も、連邦政府が温暖化規制を行うことは多数が支持している（2012年夏の「ワシントン・ポスト＝カイザー財団世論調査」では、2009年以降支持が上昇、65％以上。2013年6月24日のピュー調査センター調査でも、温暖化への厳しい対処を求める者62％と出た。もっとも、同調査では、「気象変化を主な脅威」と見るアメリカ人は40％、世界で最低。ところがその1年前、2012年夏の「ワシントン・ポスト調査」では、「発電所、車、工場が出す温室ガスを政府が規制すべきだ」は実に74％の高率だった。大統領選で国民の意識が高揚していたのが、今日低下したのか？）。問題は、いかにして国民の温暖化規制支持を2014年の中間選挙結果に反映させるか、オバマ陣営が見せてきた選挙戦ノウハウをいかにして個々の選挙区で茶会派相手に大苦戦を強いられている友党議員のために活用できるかにかかっている。

ただ、石炭生産州の議員らは、民主党候補でも、オバマ政権の「石炭との戦争」（オバマの発言ではなく、共和党側の罵言）に反対の意思表明をしないと当選できない。典型は、石炭州ウエスト・ヴァージニアのジョー・マンチン上院議員で、2010年の選挙では、オバマの「キャップ＆トレイド」法案を猟銃で狙撃する自分の画像を広告で見せて当選を果たした。

とはいえ、オバマは再選を賭けた2012年、石炭生産州、ヴァージニア、コロラド、ペンシルヴェニア、オハイオで悠々と勝利を収めた。石炭産業は、共和党への寄付金を4倍に増やしてこの結果だった。1つには、石炭産業の雇用人口が84000人で、票田としては少ないことが理由だった。言うまでもなく、オバマ側は石炭産業の労働者を見捨てる気はなく、彼らへの新技術への再教育プログラムは提示している。

政権側の目論見では、法案作成は2013年末、国民の意見を反映しての修正に約1年、2014年末、中間選挙の直後、規制案が固まり、さらにその1年後、実施の目処（めど）が立って、前記の「国際気象サミット（ICS）」に臨む。

共和党は、議会抜きのＥＰＡの規制という奇手で攻めるオバマ政権を、この問題を下院に引きずり込むことで阻止しようとしている。元来、温暖化問題はメディアが食いつかないため、政権側の議会バイパス作戦が作動してきたので、共和党はこれを議会に引きずり込むことでメディアと国民の目にさらし、「争点」化を図る。オバマの反温暖化政策を、ベイナー下院議長は「まったくもって狂気の沙汰」とけなした（議長の発言自体が彼自身や温暖化否定派の茶会派に跳ね返ること自体がご愛嬌）。

ヒラリー・クリントンとは姻戚関係にある上院議員、バーバラ・ボクサー（民／カリフォルニア州基盤）がメディアに向けた発言は、その間の機微をよく伝えている。「あなたらはいつもこう詰め寄る。『気象変化の法案は影も形も見えない。法案はどこだ？』ってね。別に法案でなくたって大丈夫なのよ」。その法案は、40年前にニクスンが署名していたのだから。

「『地球は平ら協会』におつきあいしている時間はない」

だが、2013年6月25日、オバマはジョージタウン大学で行った前述の温暖化阻止の演説で、久しぶりに、自己の第2期での実績完遂（かんすい）の決意表明を行った。「この惑星を汚染から守れなかった責任を諸君の世代や未来の世代に押しつけることを、私は拒否する。『地球は平ら協会（ＦＥＳ）』の会合をのんびり待っている時間はない」と。

ＦＥＳは、かつて「地球は平らだ」と信じた輩の呼称を揶揄的に、温暖化などの科学的知見に異議を唱える連中に当てはめたものである。「地球は平らだ」に固執することは、「再魔術化」指向という点では、進化論否定の「キリスト教右派」、温暖化否定の茶会派と重なる。

オバマのこの決意表明は、温暖化問題の争点化を辞さない行動であり、かりに共和党がCAAを駆使するオバマEPAの条例を下院で覆しても、上院でそれを無効化させる、「表の戦場」に温暖化問題を引き出す決意表明だったのである。つまり、包括的移民改革法案同様、反温暖化も決戦場に持ち出したのだ。

「のんびり待っている時間はない」のは事実で、政権第2期にかなり食い込んでしまった。だが、かりに2014年の中間選挙で共和党に上院を奪還されると、どうなるか？　茶会派共和党の議員団は、規制法で環境保全を図ってきたオバマ政権のお株を奪って「議会見直し法（CRA）」という規制法を駆使できる。つまり、共和党右派議員団は、自党の上院党首を脅し上げて、オバマ政権が撃ちだす規制を、成立60日以内ならばわずか51票（単純多数）で無効化する動議を議決できるのだ。

共和党議員団は、すでにブッシュ政権時代、EPAが出した「反火力発電所（石炭と石油使用）」のルールを、このCRA（議会見直し法）で葬り去っている（2005年9月13日）。自党のブッシュ政権のEPAすらこの始末だから、敵党派政権のEPA相手なら何の遠慮が要ろうか。オバマはこの事態を恐れ、2014年、せめて上院での優位を維持することが一層、大前提になる。

ところが、かりに民主党が上院を共和党に奪取されても、オバマには最後の切り札が残されている。オバマは拒否権を発動して、共和党動議を上院へ投げ返せばすむのである。なぜか？　大統領の拒否権を無効化するには、共和党側は上院の3分の2の票が大前提となり、それはまず不可能だからである。

ただ、オバマのEPAが、石炭・石油発電所に対して炭酸ガス放出削減の日限を切っておらず、削減基準を完成させるのに2年、各州に基準達成案を出させるのに数カ月、しかも「赤い州」は提出拒否の挙に出てくると、EPAが介入、訴訟に発展する——という具合で、やはり「のんびり待っている時間はない」ことになるのだ。

とはいえ、かりに2017年、共和党がホワイトハウスを奪還しても、オバマ規制をほごにするのは容易ではない。「青い州」や環境保護論者らの抵抗はもとよりだが、前出の「天然資源防衛審議会（NRDC）」の理由づけは納得がいく。「発電所はすでにオバマEPAの規制に準じて設備投資を終えているので、共和党が出してくる新基準へと右へ倣うには、政府側の助成が大前提となる。これはオバマケアも同じで、すでに膨大な投資がなされたものをおいそれとは撤回させられない」。NRDCは、「州別炭酸ガス放出制限」を唱えた、あの団体である。

それだけに、オバマは「おいそれと撤回させられない」段階まで、環境関連基準を第2期政権中に打ち固めて、自分がホワイトハウスを去った後も存続できるだけの礎石固めをしておかないといけない。それは、2015年の「国際気象学会」までの環境基準設定以上に焦眉の急なのである。

「キリスト教右派」がついに温暖化の脅威にめざめた！

温暖化問題がオバマ有利との極めつけは、以下の構造に起因している。（1）共和党がラティーノ票がこれ以上自党離れを続けることに危機感を持つ点では、ほぼ一致団結しそうな情勢である。ただし、個々の議員らの当選が大前提の2014年中間選挙は、茶会派怖しでラティーノ票どころではないが、2016年の大統領選では一転、共和党は必死でラティーノに擦り寄るだろう。（2）ところが、温暖化問題では、共和党内の良識派が党内の無知蒙昧派（ないしは無知蒙昧な有権者層におもねるデマゴーグ）と袂を分かって党を割りかねない雲行きなのだ。

（2）の共和党良識派が、「アメリカ・キリスト教徒連合（CCA）」という、チャールストン基盤の超保守というのも驚きである。このサウス・キャロライナ州都は、南北戦争の火蓋を切った、超過激右派の土地として悪名高い。ＣＣＡは、２０１２年１月、この州での予備選前、代表を派遣、共和党の大統領候補らに面会させた。本書で何度も触れたニュート・ギングリッチやミット・ロムニーは、温暖化の危機を理解していた。何度も言うが、彼らは人並み外れた頭脳を持ちながら、茶会派リバタリアンを恐れて同調してきた。ところが、ＣＣＡ代表によれば、こうだったのである。「ギングリッチやロムニーらは党内の過激派を死ぬほど恐れていて、『予備選では温暖化を否定せざるをえない』と答えた。これは優れたリーダーシップとか高潔さと言えず、私は彼らをリーダーとは見なせない」。つまり、２人は有権者の無知につけこむデマゴーグだというのである。

共和党議員が強いられる綱渡りは、同じサウス・キャロライナ州を基盤とする連邦上院議員、リンジー・グレアム（共）の政治的軌跡に象徴される。彼は、前述のように、自党に異論が多い包括的移民法案の推進者である。グレアム議員は、09年12月、キリスト教右派の活動家の要請を受けて、上院での気象変化関連法案にスポンサーとして署名しかけて断念、代わりに温暖化の実在を公言した。ただし、「温暖化は科学的に誇張が多い」と言い訳した。この議員が、共和党の硬直を打破すべく、踊って見せてきた辛いダンスの典型である。

政治状況が移民法改正に有利となり、グレアムはいったん温暖化を捨てて、マケイン議員と「８人衆」を編成した。移民法改正でも、彼はメキシコその他から「出稼ぎ外国人労働者（ゲストワーカー）」を呼び込む修正案を出したのだが、労組の反発を恐れる民主党側の意向を入れて、引っ込めている。ギングリッチよりははるかに良質かつ柔軟な共和党政治家である。彼に温暖化対処で圧力を加え続けてきたキリスト教右派の団体は、やはりこのＣＣＡで、この組織はグレアムの柔軟性を当てにしている。

前述のように、ヒラリー・クリントンが上院議員時代、議員らの私的な信仰クラブに民主党議員として初めて顔を出した。むろん、ここに根を張るキリスト教右派議員らに食い込もうとしたのだ（彼女は上院議員として、両党にまたがれる「幅」をつけようとしていた）。当時のグレアム議員は、彼女の放胆さに感銘を受け、以後、両者は親しくなった。彼が彼女の柔軟さから受けた驚きは、以後、彼の政治姿勢を大きく中間派へと揉みほぐしてきたのである。

共和党には「大学共和党全国委員会（CRNC）」（終章）という組織もあり、ブッシュ政権の智慧袋、カール・ローヴはここの出世頭だが、CRNCも温暖化への危惧を強めてきた（ローヴは移民問題も推進派）。

それにしても、突如、温暖化への危惧を表明し始めた「キリスト教右派」は、元々、「温暖化否定派」だった。彼らは進化論も否定することは知られている（「神の似姿」として造られた人間が、猿から進化したことを冒涜として否定）。「茶会派」が今日の共和党を振り回す無知蒙昧派となる以前、キリスト教右派は「クリスチャン・ライト（CR）」と呼ばれ、肩で風切る無知蒙昧派の主役だった。

ただ、CRは、ハルマゲドンなどの「終末」を経て成立する「千年期」の開始前にキリスト再臨があるとする一派、「千年期前再臨派（プリミレニアリスツ）」と、「終末」と「千年期」の後に再臨があるとする「千年期後再臨派（ポストミレニアリスツ）」に分かれる。前者だと、一切が「再臨のキリスト」任せなので、彼がハルマゲドンで自然も破壊し尽くすため、勢い環境保護などどうでもよくなる。後者は、人間の努力の積み重ねを愛（め）でてキリストが再臨するので、環境も大事にする。最近キリスト教右派から出てきた温暖化に備える勢力は、「千年期後再臨派」の系譜に属すると思われる（詳細は『新宗教時代5』大蔵出版掲載の拙稿「カルトと終末思想」参照）。

「再魔術化」の蒙昧さを利用したエクソン・モービル

この「千年期前再臨派」や「茶会派」など、この手の無知蒙昧派の登場は、背景が多岐にわたるのだが、あえてひとまとめにすれば、アメリカに根強い「反知性主義」に淵源する。そして、反知性主義の大元は、以下の背景に起因する。すなわち、ワシントンやジェファスンが政治は民主共和制で一元化、他方、宗教は「信教の自由」で多元化、政治を優位に置いたことへの激しい反発に由来するのだ。つまり、キリスト教は他の宗教と同列に相対化されてしまったわけで、これに憤懣やるかたない者たちが、「アメリカは神の国だ」と吠え立てた。彼らは、知性の産物であるテクノロジーがアメリカを支配するのに脅え、自分らがアメリカから疎外されたと強く感じて、宗教を反知性主義の武器に作り変えた（宗教は、元来、より無垢な精神には深遠な知性を涵養してくれるものだが）。

「再魔術化」vs「脱魔術化」の対決が、明確に後者の勝利に終わったのが、有名な「モンキー裁判」（正式呼称は「スコウプス裁判」１９２５）だった。詳細はジョン・ロウパー著『アメリカ大統領の歴史大百科』（東洋書林・拙訳）に委ねるが、「脱魔術化」を代表した百戦錬磨の労働運動弁護士、クラレンス・ダロウは、「再魔術化」の旗手、ウィルスン政権の国務長官を務め、自らも数回、大統領選に立ったウィリアム・ジェニングズ・ブライアンを以下のように「撃破」してみせた。ダロウ「ブライアンさん、あなたは世界は６０００年前に創られたとおっしゃるんですな?」。ブライアン「聖書にはそう書かれております」。ダロウ「おかしいですな。中国文明は７０００年前には存在していたんですよ」。ブライアン絶句。ダロウ「ブライアンさん、神は６日で世界を創られ、７日目に休んだそうですな?」。ブライアン「聖書にはそう書かれております」。ダロウ「神は４日目に太陽を創ったとありますな?」。ブライアン「聖書にはそう書かれております」。ダロウ「おかしいですな。では太陽ができるまでは、何を基準に１日を決めていたのでしょうかな?」。ブライアン絶句。65歳のブライアンは、この屈辱後まもなく死亡。

「聖書無謬説」敗退の決定的瞬間だったが、この説はブライアンよりはるかに長く生き延び、それを奉じる

「キリスト教右派」は1980年代猛烈な復活を遂げ、今日に至っている。そのキリスト教右派に、移民改革法や温暖化対処に切り替える新たな動きがついに現れたことは、深い感慨を覚えずにはいない。

繰り返すが、このような、自分を無知蒙昧化させて外部の激しい競争から落ちこぼれた自らを守る防衛心理の過程は、序章で触れたように、「再魔術化（リエンチャーントマント）」と呼ばれる。近代化が盛んだった時期、中世以来の神学的呪縛から離脱することを「脱魔術化」（マックス・ヴェーバー）と呼んだが、今日、科学の猛烈な発達についていけない者たちが神学的呪縛に戻って、科学への優位を回復できたと妄想することを「再魔術化」という。

温暖化の否定が「再魔術化」とどう繋がるか。1つだけ確かなのは、エクソン・モービルなどの石油会社が茶会派やキリスト教右派に軍資金を流し込んで、温暖化反対をけしかけ、茶会派らのリーダーは金目当てで、本当に何も分からない手合いを「再魔術化」で兵隊に作り変えたことだ。エクソンだけでも、1998〜2006年、「ハートランド研究所（HI）」という「温暖化否定学」を打ち出すエセ科学機関に60万ドル投下してきた。そのくせ、「キャップ&トレイド（C&T）」がビジネスになると見るや、エクソンはHIを見捨て、石油で出た炭酸ガスの多寡（たか）に応じての排出権の売買へと商売替えした。また、天然ガスのガス発生率が低いと見るや、そちらの買収に専念したのである。そしてこう言いだした。「気象変化の危機は実在する」と（笑）。

これまた、キリスト教右派の豹変を上回る驚きだ。だが、エクソンはオバマの「C&T」は支持せず、もろに炭酸ガス放出に懲罰的課税を主張した（これは、後述のイングリス議員やラファと共通なので、共和党側の姿勢。この主張は実現せず）。2012年の大統領選では、エクソンの献金額は270万ドル、その80%が共和党へ注ぎ込まれた。

さて、温暖化をめぐる共和党の分裂が表面化したのは、2013年3月の「保守派政治行動会議（CPAC）」だった。温暖化否定派は、ラティーノの保守化の権化、前述のマーコ・ルビオ上院議員（共／フロリダ）に基調演説を任せ、喝采を送った。他方、前記のジェブ・ブッシュ元フロリダ州知事は、CPACで自党の頑迷な右派路線を攻撃したが、温暖化の脅威への言及を伏せたにもかかわらず、彼の攻撃の裏にその脅威を否定し続ける自党の頑迷さへの怒りをにじませた。ルビオと違って、少数の聴衆が相手だった。さらに、温暖化への脅威を解く共和党有数の論客、ニュージャージー州知事クリス・クリスティは、CPACに招かれなかった。

「レーガノミクス」の軍師が温暖化の脅威に覚醒

共和党に温暖化の有無をめぐって亀裂が走ったことは、反温暖化のブッシュ政権で環境問題を担当した人物すら認めている（ちなみに、ブッシュ政権の環境行政の重要な一環は、ＥＰＡ潰しだった。また、この前大統領は公然たるキリスト教右派でもある）。

共和党側で温暖化危機に目覚めた者たちには、「反温暖化や反移民法改正ではかりに予備選で勝てても、本選挙で勝てないから」という現実的な視点はある。つまり、無知蒙昧な有権者が多い共和党の予備選では勝てても、良識層が多い本選挙では負けるわけだ。

茶会派の全てが無知蒙昧ではなく、人並み以上の頭脳はあるが、指導者らは金目当てが多く、それをギングリッチのように利害得失にしか使えない。つまり、本選挙で共和党候補が掴まなければならないのは、温暖化を危惧する多数の有権者で、民主党にも共和党にも属さない無党派層と若者たちなのだ。

ところが、共和党にも温暖化反対の有権者がじりじりと増えてきたのである。２０１３年４月のギャラップ調査では、温暖化を危惧する民主党員75％、共和党員40％（２０１０年は32％）、無党派層59％（２０１０年は51％）だから、共和党員と無党派層の温暖化危惧者の増加は印象的だ。同じ調査では、アメリカ総体では58％が温暖化を危惧、「温暖化の原因は人為的」が57％だった。ジョージ・メイスン大の「気象変化伝達センター（ＣＣＣ）」が共和党員に対して13年1月に行った調査では、「温暖化は現実」が52％、「放出炭酸ガスへの課税など、気象変化との戦いを開始すべきだ」が62％、「今日の共和党の気象変化に対する遅れた立場を認める」者35％と出た。ところが、２０１２年の共和党自体は、「放出温室ガスへのいかなる限界設定にも反対」と主張する始末で、右記の調査結果にまるで無知だった（つまり、支持層に起きた地滑りにも、共和党は知らぬ存ぜぬだったわけだ）。

当然ながら、先がない老人は無責任で、50歳以上で温暖化を認める者わずか28％、他方、50歳以下は50％に迫る（２０１3年3月、ピュー・リサーチ・センター）。この典型図は、以下の例だろう。サウス・キャロライナ州基盤の連邦下院議員ボブ・イングリス（共）が、息子から「お父さん、あなたに投票はするけど条件がある。まず環境問題での姿勢を整えることだよ」とクギを刺された。イングリス議員は、「アル・ゴアが気象変化、気象変化と騒ぐのなら、こっちはその反対だ」という、極めてお粗末な姿勢だったのだ。そこでオーストラリアのグレイト・バリア・リーフ調査団に加わって初めて温暖化の実態に目覚めた（世界最大の珊瑚礁の破壊は周知の事例）。そしてイングリス議員は、自前の法案を出し、オバマの「Ｃ＆Ｔ」を支持して、予備選で自党の茶会派候補に敗退した。

温暖化に対する息子の敏感さが父親を動かしたことは、父親の予備選での落選を尊いものにしている。共和党の再生の希望が、この父子にほの見えているのではないか。

「キリスト教右派に温暖化阻止派登場」というニュース以上に驚くのが、「レーガノミクス」という怪しい「お呪い（ヴードゥー）経済学」を唱えたアート・ラファが温暖化阻止派に変貌したことだった。なにしろ、減税で経済が活性化、やがては国庫も潤うという、ハラヒレホーな「レーガノミクス」自体、「経済の再魔術化」だ。だからこそ、レーガンから副大統領に囲い込まれてしまう前のジョージ・Ｈ・Ｗ・ブッシュが、経済人としての常識から「レーガノミクス」を「お呪い経済学」と揶揄したのである。

ブッシュ政権の経済顧問としてレーガノミクスを唱えながらそれを嘲笑った複雑な経済学者、グレゴリー・マンキューも温暖化阻止派というのは分かる気がするのだが（前掲拙著『大統領選からアメリカを知るための57章』明石書店）。レーガンの国務長官ながら、共和党では良識派だったジョージ・シュルツが温暖化阻止派なのも分かる。

テネシー住まいのラファは、アル・ゴアの隣人で、「おたがい意見が違うことに同意する」仲だが、「炭酸ガス排出権売買」だけは「意見が同じ」だという。「炭酸ガスを増やすより減らすほうがリスクが少ない」というすごい「意見」なのだが。「私の政策は常に『導きの星』だった。2016年、共和党がホワイトハウスに入れれば、『炭酸ガス排出権売買』は国民的吸引力を持つ」と言い切る。「『レーガノミクス』のお次は『炭酸ガス排出権売買』だ」という鼻息である。

シュルツは、13年3月、議事堂をとり巻く幾つかの連邦議員会館の1つ、レイバン・ハウスで共和党議員らに講演、全員起立で歓迎され、立見席以外満員の盛況だった。彼は「環境問題は共和党の遺伝子だ」とニクソン以来の伝統を強調したが、聴講者に右派議員や彼らの参謀の姿が多いのが特徴だった。

以上の次第で、オバマは移民法と違って、議会およびメディアという「政治舞台」から巧みに離れた戦術で、2つ目の公約を実現しつつある。とはいえ、2015年の「国際気象気象サミット（ICS）」前には議会も黙ってはいないので、2014年の中間選挙で上下両院を自党が抑えてくれることが大前提となる。さて、それはどうだろうか？

終章　モーセとしてのオバマ

ホワイトハウスの幽霊

本書の最後に入る前に、少し息抜きを。

ミシェル・オバマが、ホワイトハウスを訪れた子供たちに、２００９年４月語ったところでは、「10日ほど前、廊下でバタンというふしぎな物音が聞こえて夫ともども目をさました。つい前の晩もそうだった。そこで２人して調べに行ったが、何もいなかった。また、別な折り、自分が足元から何かに食われていく異様な感覚を味わったので、毛布をめくってみたが、何もいなかった」。

この記事は、『ロサンジェルス・タイムズ』２００９年４月23日付に出ているのだが、肝心な詳細へのリンクは開けない。おそらく、大統領広報部門の要請で開けなくしたらしい（ｕｒｌは残されているのだが）。

オバマ政権の場合、「幽霊」も「悪魔」も、共和党極右のＲＳＣが突きつけてくる悪意が具現化されたものだ。それを「ホワイトハウスの幽霊」にかこつけて笑いで反撃したのである。ＲＳＣも茶会派も笑うしかない手合いだが、「数は力」であり、この手合いからすれば「力は正義」なのだ。世界最大の権力が集中し、同時にその権力を突き崩そうと躍起になるＲＳＣ（国内）と海外テロ勢力の憎悪と、内外両極からの怨嗟が集中するホワイトハウスは、魑魅魍魎（ちみもうりょう）が蠢（うごめ）く伏魔殿と見られ易い。オバマが右腕と頼む上級顧問、ヴァレリー・

ジャレット（第9章）はこう言う。「ホワイトハウスの部屋の幾つかに1人で入るときは死ぬほど怖いわ」と。ヒラリー・クリントンが国務長官時代漏らした話では、「ほんとにゾッとする話よ。頭おかしいと思われるかもしれないけど、ホワイトハウスにいたころ、何度かニクスンの幽霊を見たのよ。彼はこの私に狙いをつけてたの」。

ファーストレディ時代、夫が弾劾を受ける前、ヒラリーは夫ともどもニクスンをホワイトハウスに招いた。それは超党派外交の一環としてである。ニクスンは、下院での弾劾直前に辞任以後、世間から見捨てられていた。そのニクスンを、かつて自身の瓦解の原因を作ったホワイトハウスへ、夫妻が招いたのだ。ところが、招待に応じたニクスンは、なぜかヒラリーを心底から憎んだ。そうさせる何かが彼女にあったとすれば、それは何だったのか？　いずれにしても、ニクスンの無念がホワイトハウスに「残留」を続け、それが彼女には「幽霊」に見えたのだ。

ただ、ヒラリーは1995年、ホワイトハウスで「降霊会」を開き、トランス状態に陥った彼女に、エレナー・ローズヴェルトとガンディの霊が降霊した（ボブ・ウッドワド『ザ・チョイス』）。エレナー夫人は、公事に関与した最初のファーストレディで、国民皆保険法案に関与した最初のファーストレディ、ヒラリーが模範としていた存在だった。他方、公事には関与しなかったナンシー・レーガンが、占星師、ジョウン・クイグリーを雇っていたことは有名だ。また、リンカーン夫人のメアリーは大統領夫人の中では屈指の「悪妻」だったが、精神に異常を来していた点では同情の余地があった。ホワイトハウスで失ったわが子の霊を呼び寄せるべく、彼女はホワイトハウス最初の降霊会を開いたのである。

さて最も多くが目撃した大統領の幽霊は、これぞ余人にあらずして、まさにそのリンカーンだった。著名な目撃者では、セオドア・ローズヴェルト、チャーチル、トルーマンがいた。「リンカーン・ベッドルーム」をあてがわれたチャーチルは、風呂から出て、素裸で葉巻をすいつけると、リンカーンが暖炉脇に座っていた。トルーマンも、リンカーン・ベッドルームで寝ていて、ノックを聞いて開けると、廊下にリンカーンが立っていた。

現職大統領オバマも、特別な難局に際しては、リンカーン・ベッドルームを使う。前述のように、ここはリンカーンの私的書斎で、後世、寝室に模様替えされた。

オランダ女王ヴィルヘルミナも、ノックに応えて開けると、フロック・コートに山高帽のリンカーンが突っ立っていて、女王陛下は失神遊ばされた。フランクリン・ローズヴェルト自身は目撃しなかったが、彼の幕僚や職員数名が目撃した。エレナー夫人は見てはいないが、「リンカーンが今もホワイトハウスにいる」という強い意識を抱いていた。リンドン・ジョンスン大統領夫人も、TVを見ていて、リンカーンの存在感を強く感じた。リンカーンはもはや、ホワイトハウスの「地霊（ジーニアス・ローサイ）」と化しているのだ。

ブッシュ父の場合は幽霊を見たわけではないが、「湾岸戦争」の開戦の決断が下せず、英首相サッチャーから「今はぐらついてる時じゃないわよ、ジョージ！」と発破をかけられていた（前掲拙著『ブッシュ家とケネディ家』朝日選書）。なにしろ、サッチャーは10年も前にフォークランド侵攻を断行していたのだ（サッチャーについては、拙著『大英帝国の異端児たち』日経プレミアシリーズ参照）。ついにブッシュ大統領は、〈リンカーンが置かれていた窮地に比べれば、今の自分の窮地など知れたものだ〉と思うと、急に気が楽になったという。

序章で触れたように、日々の窮地に立つ度に、オバマはリンカーン・ベッドルームを訪れて、ゲティスバーグ演説の草稿を読む。

事、リンカーンの幽霊に関するかぎり、「リンカーンに暗殺への無念があるというより、われわれのほうが彼を必要としているのだ」（ジェフ・ベレインジャー）。

リンカーン以後の大統領がリンカーンを必要とする事情を裏側から保証する挿話は、以下の周知のものだろう。リンカーンはかねがね夢に非常な興味を抱いていたが、暗殺される3日前、友人のウォード・ヒル・ラモンに以下の夢を語った。「10日ほど前、夢で、むせび泣く声を聞いて、階下へ降りていった。部屋から部屋へ見て回ったが、泣き声だけで人けはない。イースト・ルームまで来ると、屍衣に包まれた遺体が棺車に載せられていた。護衛兵の1人に『ホワイトハウスで誰が亡くなったのか?』と聞くと、相手は『大統領です』と答えた。そして『暗殺です』と言い足した。会衆の泣き声が一斉に高まり、夢からさめた。以後は眠れなかった」と。彼が寝ていたのは大統領一家の居住区フロアで、遺体が安置されていたのはその1階下、公式行事用のステイト・フロアにあるイースト・ルームである。

一時はメシアにも擬せられた大統領の急激な老化

クリントンもブッシュも8年間の在任中に、急速に白髪が増えて老け込んだのは記憶に新しい。そしてオバマは、最初の4年間で、白髪はまずは側頭部、次いで頭頂部全体に広がり、頬に斑点がドッと出てきて、目の下には「カラスの足(クロウズ・フィート)」が刻まれ、目が輝きを失ってきた。前述の底知れぬ忍耐が、老化を促進しているのは間違いあるまい。

「第1期を終えたばかりで、大統領たちは、まるでタイムマシーンで第2期の4年間をすっ飛ばしてしまったみたいに老け込む」(1992〜2001年、ホワイトハウス詰めの内科医だったコニー・マリアーノ)。

おそらく、彼らにとっての8年間は、一般人にとっての20年、30年に匹敵するのかもしれない。これに対抗するには、激しい運動以外にない。クリントンもブッシュ父子もジョギングその他で肉体と頭脳の劣化を凌いだが、オバマは序章で触れたように、セミプロのバスケット選手相手に劣化を防いできた。

むろん、その「タイムマシーン」は、ホワイトハウス自体である。そこで夜中に聞こえる奇怪な物音や暗闇に漂う妖気がついには歴代大統領の幽霊となって顕在化するのは、普通よりはるかに速い速度で過ぎ去る時間の裂け目に噴き出してくる何かなのだ。

それにしても、リンカーンを「最も必要としている」はずのオバマは、どうしてリンカーンの幽霊を見ていないのか？　少なくとも、彼は見たと発言はしていないし、それどころか、ホワイトハウスでの怪しいもの音や脚を齧り上げてくる怪異にも触れていない。オバマこそホワイトハウスというタイムマシーンが送り込んだ「リンカーンの再来」だからか？　それともオバマこそ過去から今日に転送されてきたリンカーンにとっての「実存」だからか？

しかし、夫人が所用でホワイトハウスを留守にするときは、オバマはリンカーンが実際に寝ていた部屋（2階の南西コーナー。「リンカーン・ベッドルーム」ではない）で眠る。その眠りの中に、本書で触れた彼の少年時代、青年時代は夢の断片として何の脈絡もなく蘇るにすぎないだろう（いや夢には思いもかけない脈絡があるものだが）。しかし、過去の自分と今の自分とがフルサークルを描いて繋がり合うと意識する余裕は目下のオバマにはない。それは来るべき回顧録においてなされるしかない。

オバマの現在が、過去とフルサークルを描く余裕がない理由は、大統領に注ぎ込まれる膨大な予算が邪魔をしている面もある。共和党による予算削減強要ゆえに、オバマはホワイトハウス・ツアーまで廃止した（7名のツアー・ガイドに払う週1万8000ドルまで節約）。

削減できないものでは、ホワイトハウスの年間維持費14億ドル、大統領一家の休暇年間予算2000万ドル（休暇中も警護費用がかかる）、大統領一家の健保費用年間700万ドル、ホワイトハウス庭園手入れ600万ドル、大統領移動費用年間3億4600万ドル（2012年度）、例えばエアフォース・ワンの費用は、1時間18万1757ドル。来賓歓待に不可欠なシェフの給与、年間10万ドル。

2013年6月から7月のアフリカ行きだと、6000万〜1億ドルかかる。警護は現地警察&軍隊ではなく、全部持ち込みなので、最も費用がかかる（リムジン14台、トラック3台を含めて56台。トラックには防弾ガラス、これは行く先々のホテルの窓にとりつける。完全装備の救急車両1台、レントゲン車両1台、大統領車列周辺の無線傍受妨害装置搭載トラック1台）。エアフォース・ワン空域護衛には、ジェット戦闘機数機が絡む。海軍は、大統領の訪問国海域に空母1隻、水陸両用艦艇に完全装備の医療班を載せている。

現地の警察や軍の顔は立てるが、一切は米側が切り回す。

保安関係の公費はホワイトハウスではなく、シークレット・サービス（SS）予算。SSは、共和党固執の予算削減で8400万ドルの予算減、前記のホワイトハウス・ツアー廃止も実はSS事情。アフリカ行きでの先乗りSSは数百名で、大統領一行のコースの安全確認と確保。

アフリカ行きでは80〜100名のSS要員が交代制で関与する。彼らは、チェックポイントに先行配置される者を含む。

これだけの費用をわが身ゆえに費消されれば、筆者なら最初は虚栄心をかきたてられても、やがては申し訳なさに途中で大統領職を遠慮することだろう。これまた白髪を増やす大きな原因になる。筆者よりはるかに良質な心根の持ち主であるオバマが、国家がこれだけの巨大予算を自分のために費消してくれることに虚栄心を満足させられるはずがない。

それでも、2008年の劇的な当選時点、アメリカがオバマをどう見ていたかは、以下のジョークに窺える。

オバマがホワイトハウス入りして連邦上院を去ると、議席が空く。イリノイ州知事が議席を売ろうとして現実に起きた騒ぎで、ジョーク番組のホストはこう言った。「驚いた。オバマに議席が要るなんて。彼は空中浮揚したばっかしと思ってた」（スティーヴン・コルバート）。こういうのもある。「サウディアラビア訪問後、オバマはイスラエルに飛び、エルサレムで自分が生まれた飼い葉桶を眺めた」（「コメディ・セントラル」ホスト、ジョン・ステュワート）。ついにオバマは、メシアに擬されたのである。極めつけは以下のジョークだろう。08年、オバマとデッドヒートを演じたヒラリー・クリントン、本選挙でオバマに敗れたマケイン、そしてオバマ自身が、死んで天国に来た。先の2名は、それぞれ神の御前（みまえ）で天国に来れるだけの自らの実績を必死で申し立て、無事、神の左右にそれぞれ席を占めた。神がやおらオバマに「天国へ来られる実績はあるか？」と聞くと、オバマは悠然と答えた。「どうやらあなたは私の席をとっておられるようですな」。

共和党の難題――「リベラルにならないで受容性を高めるには？」

終章なので、本書ではあまり触れずにきた共和党の今後に言及しておく。

共和党は今日、最大の分岐点にさしかかっている。縷々（るる）触れてきた経緯でも、そのことはお察しがついていることと思う。保守と革新は、常に保守と革新で固定して対立し続けるわけにはいかない。保守と革新自体が概念として揺れ動き、政党自体を変質させてきた。例えば、歴史的には、反奴隷制の共和党が革新で、奴隷制固執の民主党が保守だった（リンカーンの共和党を思え）。ニクスンの「南部戦略」、レーガンの「南部民主党員（ディクシークラッツ）」らの共和党への回収以降、共和党は保守となり、他方、民主党はウドロウ・ウィルスンからフランクリン・ローズヴェルト（FDR）にかけて革新へと入れ代わった（前掲拙著『大統領選からアメリカを知るための57章』明石書店）。

その民主党も、１９６０年代、「新左翼(ニューレフト)」によって極左から存在論的基盤を浸食され、１９７０年代と80年代、ニクソンとレーガンによって共和党右派からさらに足元を抉(えぐ)られた。いずれの場合も、民主党を不動の革新政党に仕立て上げた、ＦＤＲの「ニューディール(新規巻き直し)」への極左と共和党右派双方からの挑戦が関係していた。大恐慌克服の非常手段として始まったニューディールは、社会体制内に固定されるうちに、１９５０年代ころから肥大成長による動脈硬化を起こしていたのだ。しかし、ケネディ暗殺後、政権を握ったジョンソンはなおも「ジョンソン版ニューディール」に固執した。遅まきながら１９９０年代になってやっと、民主党内で動脈硬化にどうにか対応できたのが、ビル・クリントンが率いた「ニュー・デモクラッツ」で、やはり動脈硬化を起こしていた福祉制度や労組組織をスリム化する「第三の道」を選んで、回復を策した。

イギリスだと、革新政党・労働党を率いたトニー・ブレアが同じ道を歩んだ。彼にとっては「保守党」党首のサッチャーが事実上の師匠だったように、クリントンにとっては共和党のレーガンが事実上の師匠だった。

オバマが固執して止まない「超党派主義」は、なにがしかは保革双方にまたがる「第三の道」の変形手法だと言える。しかも、「2分の1混血児大統領」の場合は、混血ゆえに黒人と白人にまたがる「越境性」が彼が固執する超党派主義に呼応する。この点では、オバマのほうがクリントンより重層的だ。

しかし、「第三の道」は、米の民主党や英の労働党が米の共和党や英の「保守党」のお株を奪う戦略でもある。そのために、今度は共和党や「保守党」両党が存在論的基盤を浸食された。両党はこれに無意識に対抗した。その過程で、共和党穏健保守派の衰退と、理非曲直が見えないことを強さと勘違いし、１９８０年代からブッシュ政権まで猛威を振るったキリスト教右派、今日では茶会派の跳梁跋扈(ちょうりょうばっこ)を招いたのである。

ギングリッチがあれほどクリントンをいたぶったのも、マコネルやベイナーがオバマをあれほど目の敵にするのも、一応は共和党の「頭脳」である彼らだけに、クリントンやオバマに自党の存在論的基盤をいかに浸食されたかが分かればこそだと言える。そして、「2分の1混血児大統領」が浸食した度合いは、クリントンより重層的だった。つまり、クリントンは、オバマのように、「パンドラの箱」（第9章）を開くことはなかったのである。「瘴気（しょうき）」はオバマばかりではなく、共和党自体をも浸食したと言える。

キリスト教右派も茶会派も、共和党にとっては過激派である。保守の共和党の支持層の過激化こそ、ここ30数年間のアメリカ政治の特徴だ。最初は「新左翼」に反発して1970年代に登場した「新右翼」、それの尖鋭化でありながら元はトロツキストだった「ネオコン」こそ、共和党側の「頭脳」だった。他方、キリスト教右派や茶会派は彼らの「手足」だったのだ。ネオコンは、ブッシュ政権とともに「玉砕」した。茶会派が異例なのは、「手足」から「頭脳」に取って代わる勢いを見せている点だ。「頭脳」がぶっ壊れた以上、「手足」がそれにとって代わるしかないのである。しかし、「手足」は所詮「手足」なのだ。今日の共和党は、手足が頭脳を振り回す事態へと追い詰められた――世に言う「尻尾が犬を振り回す」事態で、これは末期的症状だと言える。

共和党の良識層では、「この党が復活を遂げるには、『底入れ（ボトム・アウト）』以外にない」という言葉がささやかれ始めた。つまり、「いったん潰れて起死回生を図るしかない」というのである。映画『バットマン・ビギンズ』では、ニューヨーク破壊に狂奔する秘密結社の頭目、ラズアル・グルが「腐り果てたゴッサムは破壊して再生させるしかない」と主張する。「ゴッサム」はニューヨークの別名なので、グルの主張は「ゴッサム理論」と呼ばれる。「底入れ」論は、「今日の共和党には、『ゴッサム理論』を適用するしかない」ということになる。その「適用」はいつか？　2016年大統領選での惨敗である。

その意味で、2016年にヒラリー・クリントンが「アメリカ史上初の女性大統領」になりおおせれば、どうなるか？　2008年の民主党予備選での彼女とオバマの死闘はあれでけりがついたのではなく、

2016年、彼女が悪しき共和党に引導を渡す恐るべき序曲だったことになるだろう。
茶会派は圧倒的に白人だ。2012年、ロムニーは60%近い白人票を得ながらオバマの再選を阻めなかった。ブッシュ政権の軍師だったカール・ローヴによれば、ロムニーがオバマに勝つには、白人票62・54%をもぎとるしかない。この数値は1984年、レーガンが49州を奪う地滑り的大勝利で再選されたときのものである。しかも、2016年にはこれ以上の白人票をものにできないと、共和党のホワイトハウス奪還は実現できない。ところが、若い白人層は、人種的多様性に慣れた者が多く、ラティーノを初めマイノリティが忌避する共和党には背を向ける。

そこで、共和党が「底入れ」を回避して再生を遂げるには、「社会的にリベラルにならないで社会的により受容性のある政党になる」（マイクル・ガースン／第9章）という難題である。その方向への第1歩こそ、有効な移民法案や温暖化対策をオバマ政権とすり合わせることなのだが、その足取りがいかにおぼつかないかを2人の人物を通して一瞥しておきたい。

共和党を引き裂くディレンマ

まず、足取りのおぼつかなさは、移民政策でも共和党は以下の2つのディレンマの間で引き裂かれていることに起因する。すなわち、（1）「共和党がオバマ再選を阻めなかったのは、2004年はブッシュが40%獲得したラティーノ票を、ロムニーは27%しかとれず、71%もオバマに奪われたからだ。従って今後アメリカがラティーノの天下となりゆく以上、ラティーノ票の開拓が大前提で、1100万人の不法移民に市民権賦与の糸口をつけることが中心となる今回の移民改正法こそその布石となる」。（2）「いや違う。1100万人は『民主党予備軍』、つまり、彼らこそ不法移民であるよりも、『1100万の不法民主党員』なんだ。その証拠に、1986年、レーガン政権が不法移民に恩赦を認めた後、1988年の選挙では共和党が勝ち取れたラティーノ票は30％だった。恩赦前の1980年の選挙では35％、1984年には37％あったのに。移民法改正はラティーノを共和党に呼び込めず、民主党を利するだけだ」。

（1）を代表する共和党の政治家は、テキサスに根を下ろして、国境を越えて「北進」してくるラティーノの迫力に身近に接してきたブッシュ一族、特に大統領の実弟ジェブ・ブッシュ（元フロリダ州知事。夫人はメキシコ系で、混血の息子がブッシュ一族の政治的後継者）、ブッシュ政権の頭脳だったネオコン、カール・ローヴやネオコン評論家ロバート・ケイガン、そしてオバマに敗れたジョン・マケイン上院議員、マーコ・ルビオ上院議員（1971年生まれの42歳。フロリダ基盤、キューバ系／第10・12章）。ジェブ・ブッシュとルビオが、2016年の大統領選で共和党予備選に出てくる可能性がある。

（2）は、スティーヴ・キング下院議員（アイオワ基盤）その他。キングは、7月23日、以下の暴言を右派ウェッブサイトに流した事実を左派ブログに暴かれた。「優等生不法移民1名につき体重130ポンドでふくら脛が大型マスクメロン並のごつい不法移民100名が各自70ポンドのマリワナを背負って砂漠を横断してくる」。つまり、「麻薬運びの人間騾馬」の存在を言い立てたのだ。さすがに不法移民への市民権賦与に反対の共和党議員らも、一斉にキングを非難した。ここにも、共和党議員らが、茶会派を恐れなければ、ラティーノ票を喉から手が出るほどほしがっている事実が透けてみえてくる。キング発言は、親についてアメリカへ不法入国後、高校を出た若者は不法移民でないと認める共和党版の「ドリーム法」への攻撃としてなされた（民主党主導の「ドリーム法」は、6月、下院で通過。共和党議員で賛同者は6名だった）。

不法移民の子供が、アメリカの公立校に行けること自体、日本では首を傾げる事実である。アメリカでは、

「学校区（スクール・ディストリクト）」は一種の治外法権になっていて、学校の新設には「学校債」の発行権限を自治体が認められている。従って、不法移民の子供と判明しても、「移民関税施行局（ＩＣＥ）」への報告義務がない。さすが移民の国ではないか。

いずれにしても、キングは共和党が「受容性」を高められない腫瘍的存在である。とはいえ、メキシコ国境が麻薬搬入ルートであることも紛れもない事実で、キングは誇張はしても真っ赤な嘘をついているのではない。共和党議員らも、茶会派さえいなければ、ラティーノ票獲得の手を打ちたい。キングはこの流れを食い止められないが、共和党が正面切ってラティーノ票獲得に動き、名実共に「リベラルにはならないで受容性のある政党」へと脱皮する動きを、キングは苦痛に満ちたものに変えることはできるのである。

ここでは、この分裂し切った共和党内をいかに泳ぎきり、いかにして「リベラルにならないで受容性を打ち出せる」全国区的政治家になれるか、その可能性をルビオを通して眺め、それを同時に共和党再生の道筋として形象化してみる努力をしておきたい。同時に、ルビオと同じキューバ系ながら、不法移民１１００万人に市民権獲得の道筋を示した今回の上院移民法案に反対したテッド・クルーズ上院議員（１９７０年生まれの42歳。テキサス基盤）を対比させたい。将来のアメリカで最も多数派となるラティーノから、民主党ではなく共和党の「再生」もしくは「破壊」に関わりそうな人物が躍り出てきたのである。これこそが、歴史の意外性だと言える。

極右から躍り出たラティーノ最初の政治的スーパースターたち

共和党が「リベラルではないが受容性のある政党」になれる試金石は、それとは正反対の志向を持つ茶会派が産みだした逆説にこそ見いだされる。

さて、ラティーノは未だに鮮烈な政治的スーパースターを産みだしていない。右の逆説こそ、ラティーノ最初の政治的スーパースターの登場を加速した。二進も三進も行かない糞詰まり状況こそ、ヒーローを生み出すのだ。その絶妙の実例は、アメリカ史上最初にして唯一のアイルランド系カトリック大統領の登場の直前に、ジョーゼフ・マッカーシー上院議員による赤狩り旋風が起きたことだった。上院議員もアイルランド系カトリックだった。つまり、この被差別民族集団は、中絶御法度のカトリックゆえに、膨大な人口増を遂げ、それゆえに悪玉（マッカーシー）、善玉（ケネディ）を相前後してアメリカの檜舞台に登場させたのである。マッカーシーが創り出した「糞詰まり状況」から即、打開策（ケネディ政権）が躍り出てきたのだ。

ケネディの当選がアイルランド系の人口増を背景にしていた以上、米史上最初のラティーノ大統領の登場は同胞人口の急増を背景に実現の可能性が出てくる。また、悪玉と善玉の絶妙の組み合わせという前提では、クルーズがマッカーシー、ルビオがケネディの役所と重なる。共和党が「リベラルではないが受容性のある政党」に変容する起爆剤になるためには、こういう常識を破る演出が不可欠となる。ルビオとクルーズは、圧倒的に民主党基盤の多いラティーノ政治家の中で、ともに共和党を基盤とした意外性では、最初の常識を破った。しかも、共和党でも反ラティーノの共和党極右過激派集団、茶会派の神輿に担がれる意外性が、2つ目の常識破りだった。

お次は、3つ目の常識破り――すなわち、その茶会派を激怒させても、移民法改正案を推進した点では、ルビオがその試練に耐え抜き、クルーズは脱落した（とはいえ、前章で触れたようにクルーズは首の皮1枚で、母体民族集団ラティーノの支持をつなぎ止める手は打った。つまり、「法を守って市民権獲得を待つラティーノ移民を差し置いて、不法移民に先に市民権を賦与するとは何事か?!」と、ラティーノ合法移民らの不満をくすぐる手を使ったのである。改正移民法では、不法移民１１００万人は13年かけないと市民権は取得できないので、その間に先行移民らがお先に市民権を獲得していくのだから、クルーズのは言葉の綾(あや)にすぎないのだが）。

とはいえ、上院の自党議員を自分も含めて14名、法案賛成に回らせれば、ルビオは勝利の美酒を飲めるわけだから、彼には容易な戦いだったと言える（自党から6、7名でも上出来と言われていたから、14名は面目を施す人数）。茶会派への言い訳は、国境警備の強化主張でなんとかかわす。

しかしながら、ルビオは何カ月も、茶会派票田の慰撫、ラッシュ・リンボウなど極右パーソナリティの説得にかまけて過ごした。２０１６年の大統領選で共和党の予備選を勝ち抜くには、これらの票田は候補者らの急所を押さえている勢力である。しかし、ヒラリー・クリントンを含めた民主党候補と争う本選挙では、上院での移民法可決はラティーノ票ばかりか、ルビオが三重の常識破りを敢行した結果獲得した「幅」ゆえに無党派層をも魅きつける可能性がある。特に茶会派という過激派が膨らませた政治的上昇気流に乗りながら、その茶会派を裏切って自らも所属するラティーノの利益を図った離れ業は、ルビオの端倪(たんげい)すべからざる政治的経綸(けいりん)の才を見せつけた。

今日めでたく成立した上院の移民改正法は、２０１３年12月時点、下院に止められたままで、オバマが待ち受けるホワイトハウスに回されていない。しかし、ラティーノ票田には、ルビオの獅子奮迅の努力は十二分に伝わった。さらには、安価な労働力としての１１００万人の不法移民の合法移民化は、共和党の金庫である企業が大歓迎なのだ。

「ラティーノ保守的原理支援組織（ＬＰＣＰ）」の専務理事すら、ルビオの奮闘を支持、「来るべき２０１６年の大統領選では、ルビオは共和党の予備選では苦戦しても、本選挙では２０１２年の再現はありえない」と言い切る。つまり、「ヒラリー・クリントンは、オバマのように、ラティーノ票71%はとれない」と言うのである。黒人票とアジア系の票も減るから、彼女は白人票、女性票頼みとなる。ＬＰＣＰの専務理事はさらにこうも言う。「２０１２年の大統領選が画期的だったのは、史上初めて『ラティーノの支持がなければ大統領になれないことを、他ならぬラティーノ自身が示した』点だ。ルビオはそれが分かっているが、クルーズには分かっていない」と。クルーズは、自分が委員の１人を務めた上院法務委員会に撃ち込まれた３００を超える修正案のうち、自身の修正案が１つも採用されなかった唯一の委員だった。なにしろ、彼の修正案は「国境監視官の数を現状の２万人からいきなり６万人に増やせ」という代物だったのである（決定した人数は2万人増員／第12章）。

ルビオがオバマケアその他には真っ向から反対していることは、ラティーノには不評だろうが、自分を上院へ送り込んでくれた茶会派への「恩義」としては譲れない一点である。なにしろ、移民法関連の努力で、ルビオの支持率は11ポイントも下落した。また、２０１６年の大統領選では、緒戦のアイオワ州やサウス・キャロライナ州では、これらの州の保守性ゆえにルビオは苦戦を強いられる。

低下したルビオの支持率「11％」は、茶会派の比率を浮かび上がらせる。けっして多くはないのだ。とはいえ、ナチス党員は終始５％程度だった。ヒトラーの覇権は、付和雷同層が以下のように変容した結果、棚ぼた式にもたらされた。つまり、60％を超える有権者が「あそこまでユダヤ系をいびらなくても」という姿勢から、数年のうちに、「ユダヤ系殲滅もやむをえない」という大瓦解を起こした結果だったのだ。むろん、失業者６００万人、ネクタイ１本買うのに鞄一杯の紙幣が要る超インフレが絶対的な背景だった。「08年危機」と茶会派伸長の因果関係は明白である。「11％」は、付和雷同層を動かすには十二分な比率だと思われる。

きらびやかなテッド・クルーズの限界

一般論では、「赤い州」の議員は、移民法に反対してラティーノ票を逃がしても、茶会派とその付和雷同層が当選させてくれる。ただし、「青い州」が選挙区だと、ラティーノ票の喪失は致命傷となる。だから、2012年、ロムニーとコンビを組んだポール・ライアン議員は、ラティーノが多いウイスコンシン州が地盤なので、長らく移民法改正に賛成してきた。その意味では、ルビオのフロリダ、クルーズのテキサスは、いずれもラティーノ集中地区だから移民法改正に熱心でもOKのはずだが、何度も言うように、2人は自州の茶会派に担がれているのだ。そして、ラティーノが多い分だけ、テキサスの白人は危機感を募らせ、茶会派が過激化する。

ルビオの「イカルス的飛翔」は、以下の形でなされた。2009年の連邦上院選の予備選時点で、ルビオは共和党現職フロリダ州知事（上院への鞍替え狙い）に2桁ポイントの差をつけられていた。そこで彼は、茶会派綱領を掲げることで一挙に逆転、共和党の指名を勝ち取った。そして、ルビオは、本選挙では民主党候補に19ポイントの大差で勝った。

クルーズの場合も同じで、2012年の連邦上院選で州知事（共）が推す候補に10ポイント差つけられていた。ところが、セアラ・ペイリンやランド・ポールら茶会派リバタリアンの大スターの大挙来援で逆転、相手に14ポイント差で快勝、党指名を奪取した。本選挙では、民主党候補を15・4ポイントの大差で粉砕した。それでも、クルーズが獲得したラティーノ票は35％だった。

性格・経歴両面で、クルーズのほうがきらびやかだが不安定で、ルビオは右記のような離れ業がやれる割には実直な印象で安定感がある。

クルーズの父親は、最初はキューバでバティスタ政権に拷問を受け、カストロの側で戦っていたが、後にカストロが共産主義者と知って、1957年、肌着に100ドル札を縫い込んでアメリカへ脱出した。この父親は、後にカトリックを棄てて、サザン・バプティスト牧師になる。

前述のように、この宗派は今世紀初めまで執行部を右派が独占、革新派の追放を続けていた（つまり、「キリスト教右派」の中核）。息子テッドもカトリックでなく、サザン・バプティスト。母国と同時に伝統的なカトリック信仰まで捨てたこの父親は、あらゆる点で背水の陣を敷いたことになる。彼は子供らにこう聞いた。「われわれがこの国で自由を失えば、後はどこへ行けばいいのか？」。1度はカストロに仕え、その彼も独裁者と知ってアメリカへ逃れてきた父親のこの台詞は、クルーズの脳裏に食い込んだ。

この父親は、激しくリバタリアンの方向へ人生の振り子を振って、13歳のテッドをリバタリアンの児童学習組織に入れた。少年は、「政府がきみらに下しおくものは、これ全て最初はきみらから取り上げたものだ」という言葉が気に入った（言うまでもなく、政府が国民から取り立てた税金を恩きせがましく回して寄越すという意味）。リバタリアンの憲法的要石は、修正条項第10条で、これは連邦政府の州への浸食を禁じる条項である。これを拡大解釈すれば、例えば国立公園は「州の土地を国有地として囲い込むから、違憲」となる。これを「第10条運動」という。テッド少年は、児童学習組織の雄弁術のスターとなった。クルーズが、スタンドプレイだらけの人間になる下地がこれだったのである。

スタンドプレイは常に真偽不明の刺激的な話題を打ち出す形でなされる。曰く、「私の在学当時、ハーヴァード・ロウ・スクール（HLS）には共産主義者の教授が12名いて、合衆国政府の転覆を確信していた」（彼はオバマの母校、HLSを出た。先輩オバマを「過激派」と罵るクルスにしてみれば、オバマの師匠は12名の1人だったことになる?:）。曰く、「オバマ政権のチャック・ヘイグル国防長官は北朝鮮から賄賂を受け取っていた」。すでにクルーズを

「ワコウ・バード（いかれぽんち）」呼ばわりしていた共和党上院議員の大先輩、ジョン・マケインは、「不敬にして、長官の人格を誹謗するものだ」と本気で怒った。

クルーズの虚言癖は、無知蒙昧な茶会派には大受けする。いわば、「赤狩り」の「非米活動委員会（HUAC）」やジョーゼフ・マッカーシー、ひいてはヒトラーの手口と重なるデマゴーグの論法である（ケネディの直前に稀代のデマゴーグ、マッカーシーが登場した因縁が、ルビオとクルーズで繰り返されるか？）。クルーズのこの癖は自制が効かず、移民法改正時点でも、「私は2012年の上院選では、ラティーノ票は40％とった」とやって、『ワシントン・ポスト』の執拗な調査で虚言と判明した（実は前述のように35％ということになっており、四捨五入で5％鯖を読んだ）。クルーズはすでに大手メディアから虚言癖を槍玉に挙げられ続けており、以後、このボディ・ブロウはますます、ルビオとの競合でクルーズの不利に働く恐れが濃厚である。ルビオこそ、大胆不敵な離れ業をこなしながら、篤実な印象を失わずにいられる着実さが取り柄なのだ。

ルビオ、政治的大飛翔への助走

ルビオの両親は、カストロ革命前の1956年に来米、1975年に市民権を獲得したので、「難民」ではない。ただ、母方の祖父は、1956年、合法的に来米、1959年、革命後のキューバに戻り、仕事を探したが見つからず、1962年、アメリカにヴィザなしで舞い戻り、合衆国がキューバと断交したことによって強制送還されるところを、移民当局の裁量でヴィザなしでの残留を認められた。市民権が賦与される1966年まで、この母方の祖父は「不法移民」だったことになる。今回の移民法改正に、孫が打ち込めるに足る一族の背景だった。

なお、ルビオ一家の試行錯誤ぶりを窺わせるのは、元来のカトリック信仰以外に、彼が8歳から11歳まで、家族がラスヴェガス在住中、家族全員でモルモン教徒になった時期があることである。従って、マーコがカトリックの洗礼を受けたのは13歳だった（カトリックは元来、生まれ落ちてすぐ洗礼を受ける）。ルビオは、30代後半から、サザン・バプティスト（プロテスタント）の福音派メガチャーチ、「クライスト・フェロウシップ（CF）」に、家族ともども姿を見せ始め、カトリック信徒から批判を浴びた。2005年～08年で、CFに5万ドルを寄付している。

この経緯は、近年、カトリック信仰から福音派に移行するラティーノ総体の傾向と重なっている。むしろ、カトリック側がサザン・バプティスト（クルーズの宗派）に手を差し伸べているのだ。従って、ルビオは悠然としている。2008年の調査では、1990年以降、自身をカトリックと認めるラティーノは、66％から60％に減った。在米年数が多いラティーノほど、プロテスタント化が増える。クルーズの父親などは、サザン・バプティストの牧師にまでなった。

テッド・クルーズ自身はプリンストン大（優等／第3位）、ハーヴァード・ロウ・スクール（優等／第2位）、連邦最高裁長官つきロウ・クラーク（この地位はラティーノでは最初）。本書では、第8章で触れたジョン・ロバーツと同じく、仕（つか）えた長官はウィリアム・レーンクィスト。レーンクィストこそ、2000年の大統領選でのフロリダの票数え直しを停止、ブッシュ息子に勝利をもたらした、党派性丸出しの長官だった。この2000年大統領選のフロリダ騒ぎに際してクルーズは、一介のロウ・クラークながらレーンクィスト長官にロバーツを推薦、票数え直し裁定に引っ張りだし、ロバーツに将来の長官職への機会を開きもした。クルーズがテキサス州の法務次官として、連邦最高裁で以下の赫々（かっかく）たる勝利を収めたのは、ラティーノ同胞に対するクルーズの複雑な態度の表れだろう。すなわちクルーズは、ハーグの国際法廷とブッシュ政権による、不法移民への死刑判決見直し要請を蹴って、テキサス州法を貫徹、不法移民である同胞ラティーノの、州法による死刑を合法化したのである。

以上から窺えるのは、クルーズが類まれな頭脳を効果的に撓める場を持たなかったことである。従って、目先の利益に追われての虚言癖が思わず出てしまう。優秀なるがゆえの民衆蔑視から彼らを虚言で操ろうとする。（ヒトラーの大衆蔑視は、『我が闘争』において徹底的に開陳されている）。

他方、ルビオは、マイアミ大学ロウ・スクールで法曹資格を取得（優等／第3位）、28歳で州下院に当選と、政治歴は極めて早い。政治的力量の証明は、相反する利害を持つ支持基盤の間の綱渡りである。

ルビオがカトリックの枠をはみ出す信仰生活をしていることもまた綱渡りで、結果的にそれで支持票を増やせるか否かが、器量の分かれ目になる。ラティーノ総体でプロテスタント化が進行している現状は、「ラティーノ側からのアメリカ化」として目が離せない現象だ。

「ルビオの移民法ダンス」と目を見晴らせた今回の綱渡りこそ、オバマが2008年の予備選で白人支持票と黒人同胞の間で踊った際どいダンスを小型化したものだった。政治家は2つの敵対する支持層の内陣に入り込んで、「究極のインサイド・ゲイム」をこなさないと飛躍できない。これこそが前述の「二河白道」である。上院民主党党首ハリー・リードの元側近によれば、こうなる。「ルビオが自分のやっていることが分かっていることを願う。途方もない危ない橋を渡ってるってことがね。移民法改正にとっても、2016年の彼のチャンスにとっても、極めて危ない橋だ」。

ルビオのダンスの極北は、以下の例である。右派のトークショー番組で、「上院移民法改正案で国境警備強化の修正案が採用されない場合は？」と迫られて、ルビオが「そのときは審議中の法案が法律になることはない。つまり、時間の無駄をやっていることになる」と言い切ったのだ。彼は、「8人衆」と呼ばれた法案審議の舵取り役の1人である。そういう役どころにはとうてい似合わない、無責任なぶれを平然と露呈してみせたのだ。さらには、「通過に必要な60票は集まらない」とも発言した。

かと思うと彼は、正反対の側面を見せた。つまり、「不法移民への市民権賦与の第一歩、グリンカード賦与のプロセス開始の前に国境警備確定の票決を」と迫る自党保守派に、強くは味方しなかったのだ。共和党は、前述のように、自党の会議が支離滅裂になるので、メディアを排除、会場を閉鎖して党員集会を開く。そういう会議の1つで、自党の保守派白人議員が、「不法移民は『潜在的な民主党員』だ。つまり、『1100万の不法民主党員』だ」と言って笑いをとった。このときルビオが相手をキッと睨みつける光景を、何人もの出席議員らが目撃した。

ルビオがみせたこれらのぶれは、自分が民主党側の急所を押さえていることへの確信が裏付けになっていることを窺わせた。彼は記者団にも公然と「私が『8人衆』に入れられた理由は、共和党議員の駆り集めだ」と断定している。その彼が民主党側幹部に絶対の信頼を得ていたことは、「60票は集まらない」発言の後でも民主党側の総指揮官、チャールズ・シューマー上院議員（ニューヨーク基盤）は記者たちに上機嫌で「マーコ・ルビオはわれわれの中核原則を心得ている」と太鼓判を押してみせたことからも分かる。民主党側も、「ルビオにとっては、上院での法案可決の挫折は致命傷になるから、法案内容を民主党が受け入れられない次元まで保守化させられるはずがない」と見切っていた。

こういう絶体絶命の状況に自分と民主党を追い詰め、これを切り抜けてみせることこそ、ルビオの政治的評価を高める。オバマが猛烈な大飛翔を遂げた大統領選から政権第1期までは、まさにこうだった。アーチの上層部に負荷をかければかけるほど、アーチはビッシリと強固に締まるのだ。「8人衆」を共和党側から率いた、政治的には超ヴェテランのジョン・マケイン上院議員は、ついに通過させた後でも平気でこれを批判するルビオに対して、「彼は保守派のメディアや保守勢力に法案を売りつける上で大きな仕事をした」と褒めた。クルーズを「いかれぽんち（ワコウ・バード）」呼ばわりした、あのマケインも、ルビオの「ぶれ」を右顧左眄（うこさべん）とは見ていない。つまり、若くして正しい綱渡りがやれる政治家として合格点を出したことになる。

ルビオとクルーズの2016年の展望は、2014年の中間選挙で主に田舎の選挙区に集中する茶会派有権者層がどれだけ「RSC議員」を議会に送り込めるかにかかっている。かりに茶会派が失速した場合、2人がどれくらい迅速に茶会派依存から脱却、出身母体のラティーノに加えて、ラティーノ以外の新たな支持層を獲得できるか？　変わり身の速さではクルーズに軍配が上がりそうだが、13歳からリバタリアンへの道を突っ走ってきた運動律はにわかに変えられないだろう。

ともかく、「リベラルでない形で受容性を高められる新生共和党」の誕生は、ラティーノに対する受容性の強化にかかっている。この日々増えていく希有な大票田（ラティーノ）を民主党から可能なかぎり奪取できる候補者や指導者の登場こそ、新生共和党創出の大前提なのだ。

テッド・クルーズ、またもやドン・キホーテに

上院での包括的移民法改革騒ぎ以降、回されてきた上院可決案をベイナー下院議長が無視、店晒しにした。政権vs共和党下院の戦いは、夏の休会以降、（1）共和党による政府予算案の店晒しによる政府機能のシャットダウン、（2）国家債務上限引上げ拒否によるアメリカ政府の債務不履行への追い込みという、共和党の常套手段を軸に展開された。これ自体は国論を分裂させる大事件だったが、本書では触れない。ただし、（1）（2）で政権側に譲歩した共和党議員は、下院で87名、上院で27名だったから、茶会派のごり押しに危機感を

募らせた共和党議員らが実質的には少数だったことが分かる。少なくとも、敢然と茶会派に立ち向かえるだけの共和党議員は、この程度なのだ。

（1）は、10月1日から16日まで16日続き、政府役人80万人が出勤しなかった。ギングリッチが主導したクリントン政権へのシャットダウンは１９９５～９６年にかけて21日続いた。10月17日の解除で、２０１４年１月15日までの予算案だけ通過した（むろん、共和党側はまたぞろシャットダウンを繰り返す気でいたのだ）。

（2）も、同日、回避された（ただし、２０１４年2月7日まで。これまた、共和党側はぶり返す気でいる）。上院で81対18、それを受けた下院で２８５対１４４だから、下院の回避反対はＲＳＣ系議員以外に相当な数の共和党議員が加わったことを示している。

（2）で恐ろしいのは、以下の事情である。すなわち、国家債務上限引上げ拒否論は、南北戦争後に南部の債務がチャラにされ、連邦政府（北部）の債務しか支払われなかったことへの南部側の報復に淵源していることで、南部側の子孫が中軸をなす茶会派は、引上げ拒否が合衆国はもとより、世界市場を大混乱に陥れることを認識していない。それどころか、ノーベル賞受賞の経済学者、ジェイムズ・ビュキャナン（故人）、筆者も啓発されてきたナイアル・ファーガスン（英国生まれのハーヴァード教授）らまで、引上げ拒否論なのである。ドナルド・トランプは、「共和党は引上げ拒否の責任を問われることはない。誰もがオバマのせいにするから、拒否は断行すべきだ」と放言した。

さて、テッド・クルーズは、（1）を自分の土俵に引きずり込み、シャットダウン回避の条件にオバマケアの停止をぶちあげた。むろん、オバマはびくともせず、大統領の鉄壁の前にクルーズは茶会派と一蓮托生で敗退した。

下院共和党は、39回、上院共和党は28回、合計67回、オバマケア撤回案を出してきた。クルーズはその陣頭指揮をとってきたから、予算案承認の交換条件にまたぞろオバマケア撤回という、アメリカの政治制度無視の幼稚な手を打とうとした。彼に浮揚力を与えてくれる茶会派が幼稚だから打った演技で、彼自身が幼稚なわけではない。「リベラルにならないで受容性を高める」という、共和党再生の中核主題を打ち出した同党の主軸評論家、マイクル・ガースンはこう書いた。「以下は鉄則だ。民主党大統領、民主党下院、民主党上院が定め、連邦最高裁が合憲としたオバマケアを撤回できるのは、ホワイトハウスと上下両院を押さえないかぎり、ありえない」と。オバマ当選時点、彼を招いた右派評論家の1人、チャールズ・クラウトハマーは、クルーズと茶会派が共和党主流を突き動かしたシャットダウンを、「これは愚挙だ。オバマは負けるはずがないから、やってみるがいい！　と開き直っている」と書き、「いくらオバマ政権を崖っぷちに追い詰めても」、崖から先に落ちるのは共和党だと言わんばかりだった。

結果は2人の言う通りになった。しかし、クルーズは百も承知だったのだ。彼の才走った頭は、茶会派が2014年の中間選挙を生き延び、自分に2016年の共和党予備選まで浮揚力を与えてくれ、党大会の指名獲得とともに、一転、本選挙での新たな支持層の開拓に転じるという、目まぐるしい展開を思い描いていた。新たな支持層の中核はむろん、同胞ラティーノである。

他方、クルーズ同様、茶会派と同胞ラティーノと、正反対の支持層の間の綱渡りによってラティーノ政治家最初のスーパースターとなったルビオは、移民法改正の粉骨砕身以後、肝心のラティーノ支持者が心配するほど、メディアから遠ざかって過ごした。むろん、オバマケア反対など、クルーズが脚光を浴びる場には同席したが、発言は控えた。

さて、シャットダウン騒ぎと上限引上げ拒否による共和党の惨害を、世論調査で瞥見しておこう。10月13日の「ワシントン・ポスト／ABCニュース世論調査」では、アメリカ人総体だと、政府予算案を人質にした共和党議員らの手口不支持は74％に達した。シャットダウン開始当時（9月25〜29日）の不支持63％から11ポイント増加である。共和党員に絞った調査では、支持49％、不支持47％。民主党もたつきの責任をひっかぶらされ、アメリカ人総体だと、開始期の不支持56％が61％と、5ポイント増えた。民主党員の場合、友党議員の支持率は60％。

オバマは？　アメリカ人総体では、開始時期の不支持50％が53％、3ポイント増加。民主党員に絞ると、支持率は何と70％！　無党派層に絞った結果では、オバマ不支持が58％、民主党不支持が68％と、この階層の右傾化が鮮明になりはしたものの、共和党不支持が76％と、アメリカ総体の不支持率74％を上回った。

同時期の「ＮＢＣ／ウォールストリート・ジャーナル（ＷＳＪ）調査」では、共和党支持は24％、茶会派支持は21％と、最低記録を更新した。この「24％」は、保守的なＷＳＪ紙の数値だけに驚愕を与え、数多くの記事に躍った。シャットダウンに絞ると、アメリカ総体では、共和党の責任とした者53％、オバマの責任とした者31％。共和党は国家の利害より自党の利害を優先したとする者は66％に達した。同じ趣旨でオバマへの非難は51％。アメリカが軌道を踏み外していると回答した者は、80％に達した。

同時期のギャラップ調査では、右の数値は88％に達した（1カ月で14ポイント増加）。これは、２０１１年の国家債務上限引上げ拒否時点より1ポイント増えた。ギャラップだと、アメリカ総体の共和党支持は28％（1カ月で10ポイント低下。長いギャラップ調査では最低値）、民主党支持は43％（1カ月で4ポイント低下）。興味深いのは、ギャラップは、自党不支持の党員は、民主党員より共和党員が上回ったと記録していることだろう。

以上から、気の早い向きは「第三政党」の登場を云々する者が出たが、筆者は共和党に「ゴッサム理論」が当てはまる、つまり解党の危機は２０１６年の大統領選での惨敗の時点だとしか思えない。その時点で、12年間の民主党政権が決定、新大統領が再選されれば、共和党は16年間も政権から遠ざかる。今日の最低の共和党の陣容では、とうてい戦えないからだ。「もはやリベラルにならないで受容性を高める」道は閉ざされるからである。なにしろ、「ワシントン・ポスト／ABC世論調査」（2013年4月11〜14日）時点ですら、「共和党はアメリカ国民の懸案事項を把握しているか？」という質問に対して、肯定23％、否定70％と出た（7カ月後の、前述のNBC／WSJ調査での共和党肯定比率「24％」より「23％」は1ポイント低い）。無党派層も同比率、穏健派だと20％vs75％と出ていた。

4月時点のオバマは？　肯定51％vs否定46％だった。共和党の肯定23％vs否定70％とは大きな違いだ。当時のオバマの場合、穏健派層では肯定56％vs否定42％とさらに高く、無党派層では肯定44％vs否定53％と逆転した（無党派層の総体が右傾化していることが窺える）。

2013年11月初旬時点での大きな枠組みでは、オバマ政権の成果が2014年の中間選挙では、民主党の議員候補らに有利となるはずだ。就業率は急増し、消費者の自信はこの6年で最高に達した。オバマケアのせいで健保費用が下がり、懸念されてきたメディケアの展望も改善されてきた（第8章）。ガソリン価格も下がった。国家債務も減少、国家債務上限引上げを人質にした共和党得意の無頼戦術も、政権と民主党議員らの奮闘で2014年2月初旬まで延期された。

2014年の中間選挙、共和党必敗の諸条件

ところがどっこい、そうは行かないのだ。なぜなら、下院共和党議員らの実に5分の4が、全国平均より多い白人票田を抱えているからである（そうなるように、自分に有利そうな有権者がいる選挙区をゲリマンダーしてきたのだ）。この票田の全てが茶会派ではないが、結束した茶会派の煽動に不安を強める付和雷同型の有権者層が多

いのは確かである。

ともかく、茶会派議員らの大暴れでベイナー下院議長ら共和党執行部の面子丸潰れがあまりに無様なので、共和党議員集会は連邦議事堂の地下会議室を閉め切って、プレスを締め出し開かれるのが定例となった。ベイナーは、２０１３年正月、危うく、例の党内派閥「共和党研究委員会（ＲＳＣ）」、つまり茶会派の党内クーデターで議長職を追われるところだった。同党では１世紀ぶりの再投票で、彼は辛うじて現職を維持できたのである。共和党は、下克上の政党に劣化した。彼は、「議長職の第３会期を阻もうとする党内クーデターを生き延びられないのでは？」と危ぶまれている。

とはいえ、ベイナーも海千山千の政治家、この窮地をどうしのいでいるのか？　ＲＳＣの猛者どもに「ジョンには逆らい放しで気の毒だ」と思わせる手を使うのだ。例えば、造反したＲＳＣの１人は、通りすがりにベイナーから頭のてっぺんを軽くポカリと叩かれた。呆気にとられて、そのまま去っていく議長を目で追っていると、ややあって振り向いたベイナーは、その議員に向かってニヤリと笑ってみせたのである。

これは「青二才」議員らの扱い方としては堂に入っている。とはいえ、共和党は、これら青二才議員らの造反に手を焼き、白人票依存からラティーノ票開拓へとすんなり移行できずにいるのだ。さらには２０１３年５月下旬、国家の予算案を人質にとってそれを認めない共和党執行部の作戦に業を煮やした同党古参の良識派が、公然と執行部や茶会派議員らを、例の地下会議室での会合で批判した（上院では、オバマに08年の大統領選で敗れたジョン・マケイン（アリゾナ基盤）、スーザン・コリンズ（メイン基盤）ら）。

党内四分五裂（しぶんごれつ）の共和党は、法案を上程するには党内分裂を裂けられないので、前述のＩＲＳその他の４つの怪しげなネタ（第10章）をオバマ政権のスキャンダルに仕立て上げ、調査要求でお茶を濁すありさま。従って、第１１３回議会は、この半年と４日（２０１３年６月７日時点）まで、13の法案を通したが、国民の就業機会を増やせるものは1つもない体たらく。こうして「共和党は国民の懸案事項を把握していない」確証を露呈した。

さらには、第8章で触れたように、オバマケア関連では最も重要な、既設の「メディケイド（低所得層健保）の拡大」に乗ろうとする共和党の州知事と、共和党支配の州議会が対立する分裂も、地方レベルでの頭痛の種だ。特に、オバマの移民法案に噛みついて人気を博したアリゾナの女性知事ジャン・ブルーワは、同州に飛来したオバマに空港で指を突きつけて非難、喝采を浴びた見せ場ゆえに、今回は「裏切り者！」と攻撃されている。

いや、ブルーワは、オバマケアにも反対した。ところが彼女は、オバマケア実施の要（かなめ）である「メディケイドの拡大」は受入れる。この矛盾を、彼女はどう解決してのけたか？「私のメディケイド拡大提案はオバマの提案とは別だ」！ちなみに、アリゾナはジョンスン政権の大実績、メディケイドそのものへの加盟はこれが施行されてから17年を経た1982年と、最も遅かった（第8章）。おかげで州民は今日、年収1万1490ドル以下ならメディケイドに加盟できる。後述のように「メディケイドの拡大」の最低額は1万5856ドルだから、4366ドルは国家予算がプラスされて賄われ、州経済は潤うのだ。それがブルーワの「裏切り」の、ご都合主義だらけの理由にすぎない。共和党に「理念」などかけらもない証拠である。結局、アリゾナは、メディケイドは拡大、オバマケアは拒否という珍妙な形に。

茶会派の思想的精髄は絶対的個人主義のリバタリアンだが、彼らは「健保が自分らの『自由』と『独立』を奪う」と言い張るのだから、まあ狂っているとしか言いようがない。狂っているのは、ミシシッピ州知事も反オバマケアのくせして、連邦政府予算目当てに「メディケイドの拡大」だけは受け入れようとして、州議会の上下両院を支配する友党の共和党議員らと対立を続けていることだ。最高裁長官ロバーツは、折角の英断でオバマケアを合憲としながら、「メディケイドの拡大」を州に認めるよけいなサービスをしたばかりに、茶会派リバタリアンどもがピラニアのようにこの「サービス」に食らいつき、往生際の悪さを自分らのど根性と勘違い、オバマ大統領の白髪を増やすと同時に、自分らの州の無力なメディケイド加盟者を死ぬほど怯えさせている（この70万、そして「拡大」で新規加盟ができるはずの30万人は、ミシシッピでメディケイド拡大が阻止されている以上、他州へ逃げ出すしかない）。この州はオバマケアも受け入れなかった。

ミシシッピの場合、事情は込み入っていて、共和党州議員らは、従来の、拡大されないメディケイドは維持しようとしているのに、民主党州議員らが敵党派（共和党）の知事と組んで「拡大」を要求してきた。しかし共和党州議員らは多勢で、追い詰められた知事は譲歩、従来のメディケイドの再認可を友党議員らと推進しようとすると、今度は民主党州議員らが噛みつくという混沌ぶりである。

メディケイドは、州毎に資格基準が違っていた。オバマケアは、貧困線の138％の年収（2013年時点で1万5856ドル）までの者に資格を統一するとした（これがメディケイド拡大の核心）。ところが、2012年6月の最高裁裁定では、この条項だけ、州側に拒否権を認めたのである（第8章）。2013年12月初旬時点、26州が「メディケイド拡大」に同意、21州が拒否、4州が議論中。茶会派最後の意気地の見せ所というわけである。7月1日時点で、同意州30、拒否州15、未定州6だったから、混乱のほどが窺える。

次の意見は、オバマ大統領をめぐるトラブルの象徴かもしれない。「われわれの見るところ、『オバマケア』という呼称が論議をかまびすしくさせている。呼称を変えていれば、この健保はもっとすんなり受入れられていただろうに」。この発言者は、前記のブルーワ知事のスポークスマンであることは象徴的だろう。「2分の1混血児大統領」の名が冠せられているというだけで、国民健保の保証を棒に振ろうというのだ――この手合いは！　しかも、前述のようにオバマケアは「通称」にすぎないのである！

それでも共和党有利の2014年、なぜか?

しかし、前記の「ワシントン・ポスト/ABC世論調査」では、国民の多くはこういう「愚者たちの船」(共和党丸)への同乗を拒否している。共和党が「勝利」と見なした「シークエスター削減」は否定が57%、肯定35%、「不法移民の合法化手順」否定が32%、肯定が64%。同時期のCNN調査だと、「不法移民が仕事を持ち、納税するかぎり、市民権付与への道筋を認める」が、84%に達した。不法移民の大半はラティーノだから、彼らがアメリカにとっていかに不可欠な存在であるかを窺わせる。

さすがに共和党の首脳は、2013年も押し詰まった12月12日、「愚者たちの船」と化した自党の建て直しを図った。連邦下院で2014年1月15日分までしか認めていなかった予算案の延長を認めたのである! 2011年以来続けてきた「予算案人質作戦」でオバマ政権を締め上げる陋劣な打ち手を、ついに放棄したのだ。むろん、再度の政府シャットダウンが自党の不利に働くと見たのである。票決332対94のうち、共和党議員の場合、169対62だった。62名とは、党内造反分子の「共和党研究委員会(RSC)」系議員、つまり茶会派系すらずいぶんと縮小したことになる。上院では、下院議決案は、12月18日、67対33の大差で通過。

共和党を貫いて走ったこの大激震は、票決前日、あの隠忍自重の権化、ベイナー議長が仲間うちとはいえ、口を極めて茶会派とRSCを罵倒した光景に露呈していた。同党の上院当首で「オバマを1期大統領で終わらせる」発言のマコネルまで、RSC批判に転じた。この急変は2人の忍耐が限界に達した印象が強い。つまり、「2014年の中間選挙をRSC&茶会派抜きで勝ち取れる」との成算が立ったせいではないように思われる。むろん、あの手この手、オバマいびりの横紙破りに固執してきた自党に対して幾多の世論調査が厳しい結果を突きつけたことが、2人および共和党本流にRSCと茶会派を見限らせたのではあるが。

ところが、以上の極めて末期的な状況にもかかわらず、共和党は「中間選挙には必ず勝てる」と確信しているのである。理由は多々あるが、大きいのは以下のものだ。すなわち、「民主党支持層の若者（30歳以下）とマイノリティが大統領選では一斉に投票したのに、中間選挙では投票数が激減するため」である。以前はそうではなかった。１９８４〜２００８年までの７つの大統領選では、30歳以下の若い有権者は投票総数の19％を占めていた。ところが、２０１０年の中間選挙では、この年齢層が13％に激減した。また、１９８２〜９２年、民主党議員候補らは、この時期の大統領選の自党候補より白人票で８％多く、高齢者票でも６％多かった。

ところが、２００４〜０８年、民主党の議員候補らは、白人票と高齢者票では、この間に行われた大統領選の自党候補と差がなくなってきたのである。２００４年の大統領選候補は白人のジョン・ケリー（現・国務長官）だから、「2分の1混血児」のオバマのせいではなく、白人票と高齢者票は、ケリーの場合も減ったばかりか、議会選挙の民主党候補にまで減少が及んだのだ。

他方、マイノリティの票数は、１９９０年代、大統領選と中間選挙の双方で大差はなかったのだが、２００２年の中間選挙以来、ギャップが出て、以後それが開くばかり。２０１０年の中間選挙で民主党が敗れたのは、08年の大統領選で獲得できたマイノリティ票26％が23％に落ちたせいだった（大統領選と違って中間選挙では、州の個々の選挙区が議員の当落を決めるため、マイノリティ票３％減は影響甚大）。皮肉なことに、人口が増え続けてきたこれら両集団（マイノリティと30歳以下）は、２０１４年の中間選挙でも投票せず、共和党に名をなさしめることになると見られている。

他方、暇が多いので中間選挙でも必ず投票する白人高齢者層は、共和党の大票田なのだ。彼らの多くが、リバタリアンの元ベビー・ブーマーの茶会派であることは、第7章で触れた。２０１２年の大統領選で、オバマはマイノリティ票の5分の4、30歳以下の5分の3を獲得したのに対して、ロムニーは45歳以上の白人票の5分の3を得た。

不可思議なのは、共和党は挙って社会保障の民営化を唱え、オバマケアに反対しているのに、社会保障や健保への依存度が高いこれらの白人高齢者の多くが、共和党に投票することだ。これもまた、茶会派の無知蒙昧といい勝負なのである（第8章の「自助老人」の例参照）。

この図式だと、30歳以下とマイノリティがどっと投票する2016年の大統領選は、一転、民主党候補有利となるはずだ。そこで共和党特有の若手党員組織「大学共和党全国委員会（CRNC）」は、若いアメリカ人の間での共和党のイメージが「凶暴、偏狭、人種差別、硬直、旧弊」で固定していると警告した。共和党側にも、分かっている者はいるわけだ。しかし、「凶暴、偏狭、人種差別、硬直、旧弊」は、茶会派に乗っ取られ、彼らにおもねるしか手がない共和党指導層には、「分かっちゃいるけど止められない」のである。とはいえ、2013年12月12日、同党首脳と同党本流は、ついに癇癪を起こして、「凶暴、偏狭、人種差別、硬直、旧弊」の元凶、RSCと茶会派と手切れになった。RSCと茶会派が共和党を飛び出して「第3党」を結成すれば、2014年の中間選挙は大波瀾、オバマと民主党有利に運ぶ見込みが出てきた。

それはともかく、「凶暴、偏狭、人種差別、硬直、旧弊」のイメージ通り、共和党支持層は田舎に多く、民主党支持層は都市に多い。そして、2012年、オバマにラティーノ票を奪われて負けた反省から、2014年には共和党はラティーノ票の奪取に動くと決意表明した。事実、一部の共和党議員らはある程度は、新移民法改正に協力。ところが、以下の事態が判明しつつある。すなわち、大半の共和党議員らはそれとは裏腹に、各自の選挙区では「凶暴、偏狭、人種差別、硬直、旧弊」以外に変わりようがない、田舎州の白人ブルーカラー層や白人高齢者層（茶会派および彼らの煽動に付和雷同する層）を、相も変わらず当てにせざるをえないのだ。

それらの白人が、ラティーノを白目で見ていることも、共和党のラティーノ票発掘の努力を邪魔している。この事態は早くも、中間選挙の1年前からから判明しつつあるのである。

オバマの後継大統領は?

この事態は、2014年の中間選挙で共和党を利するかもしれない。しかし、必ずや2016年の大統領選では共和党を窮地に追い込む。「凶暴、偏狭、人種差別、硬直、旧弊」一点張りでは、州内の議会選挙区だけで勝てばOKの議会選挙ならいざ知らず、全国の多様な有権者を相手とする大統領選には絶対に勝てない。何といっても、世界に冠たるアメリカの屋台骨を支えてきた有能で開明的な有権者が相手なのだ。優秀なロムニー候補が、優秀な有権者をそっちのけにして、「凶暴、偏狭、人種差別、硬直、旧弊」な有権者のご機嫌をとり結ぶために強いられた、苦痛に満ちた踊りを想起されたい。

第一、中間選挙で投票率が落ちるマイノリティと30歳以下が、大統領選では大挙、投票する。そして、旧泰然たる共和党からは、30歳以下ばかりか、より開明的な白人ホワイトカラーも離反する。おまけに、民主党の本命候補にオバマに迫れる器量を持つ黒人が登場する確率は低く、下馬評ではヒラリー・クリントンへの期待はいやましてきているからだ。オバマが開いたパンドラの箱に比べれば、初の女性大統領候補が開くパンドラの箱は複雑怪奇さが少ないからである。

しかも、旧来の票田、ヴァージニア、ニューメキシコ、コロラドでの共和党の勝ち目は薄まり、民主党の地盤で共和党が食い込めそうなのは白人ブルーカラー層が多いウエスト・ヴァージニア(白人ブルーカラー62%)、サウス・ダコタ(53%)、モンタナ(52%)、アーカンソー(50%)、アラスカ(45%)、ノース・キャロライナ従って、アメリカにおいて、「パンドラの箱」を開く度合いが少ない、2人目の黒人大統領候補または多人種(マルタイ＝レイシャル)大統領候補の登場は、女性大統領、ラティーノ大統領（急激な人口増加ゆえに出現時期は早まる）、アジア太平洋系大統領、イスラム系大統領などの幾人かの大統領が、それぞれの「パンドラの箱」を開き続けた後のことになる。いやイタリア系その他のヨーロッパ系の大半がまだ大統領を生み出していない。

最も憂慮すべきなのは、今後の大統領選において、間で登場する白人男性大統領選候補が非白人有権者ばかりか、白人リベラル層有権者の興奮を呼ばず、右派白人だけが興奮する光景である。これは、明らかに多民族社会アメリカの座標軸では「亡国」的光景となる。ジョン・ケネディが未だにアメリカ史で輝きを失わないのは、彼が史上唯一の「アイルランド系カトリックの大統領」だからなのだ。そのアイルランド系カトリックは、半世紀余を経てもまだ2人目の大統領を生み出していない。その意味でも、2人目の多民族系大統領もしくは黒人大統領の登場は、前途遼遠かと思われる。

先に、キングやマルカムXが公民権運動では「モーセ世代」だとすれば、オバマは「ヨシュア世代」だと書いた。しかし、大統領に選ばれた最初の多民族系としては、オバマこそ「モーセ世代」である。「モーセとしてのオバマ」がついに見ることがかなわなった「約束の地」とは、「パンドラの箱」を開くことなく、白人右派の間に「瘴気」をかきたてることなく、合衆国の執政に打ち込める政治環境だった。それこそが、本当の意味での「2代目の多民族系大統領」である。つまり、彼もしくは彼女は、ついに保守派白人の間に「瘴気」をかき立てることなく、「約束の地」に立てるだろう。

『ニューヨーク・タイムズ』の記者たちが、オバマにこう聞いた。「共和党の果てしない妨害とそれがもたらす麻痺――結局はこれがあなたの遺産ということになるかもしれないという懸念はありますか?」。オバマの次の言葉は痛ましい。「議会が私には無意味としか思えない政策を遂行、悪い結果しか残らないとすれば、それが私の遺産だというのは厳しいね」。オバマが第2期に指導力を発揮できずに終わればどうなるか？

しかし、リンカーンが置かれていた状況とは比べものにならないではないか。茶会派と彼らに怯えた共和党がしかけてくるのは、クリントン時代から続いてきた「第2の南北戦争」と呼ばれる「文化戦争」にすぎない。リンカーンは、現実の南北戦争の業火を潜り抜けた。そして、最後には「奴隷解放宣言」と憲法修正第12条（1865年1月31日下院通過）の雷を投げつける非常の措置を断行した。

思えばオバマは、2010年の中間選挙で下院を共和党に奪取されないうちに、包括的移民改革法か温暖化対処のいずれか1つをものにしておければよかった。

2013年3月、ある女性記者がオバマにこう聞いた。「両党の議会指導者らを一室に閉じ込めて、予算案を通過させる内諾を引き出すまで絶対釈放しない手は打てないのか？」と。記者は暗にこう聞いていたのだ。すなわち、〈どうして「雷」を投げないのか？〉と。一瞬虚を衝かれたオバマは、こう答えた。「私は独裁者ではない。大統領だ。首都や世間に流れている噂は聞いている。つまり、私は話が分かり、公平な取引を提示していることは、世間周知のことだ。そして、共和党が私の取引を受け入れない以上、この連中に対して私は何とかして『ジェダイの精神融合』をやり遂げ、連中に正しいことを実行させるよう、納得させなきゃいけないってね」（第7章）

「ジェダイの精神融合」は、前述のように『スター・ウォーズ』の名剣士のマインド・コントロールの秘術だから、オバマは「無茶言うなよ」と彼女に答えたことになる。

オバマ自身の存在価値は、彼が政権を去った後で、精緻な測定が開始される。問題は、「時を経るにつれて彼がケネディのように輝きを増していくかどうか？」にある。

膨大な歴史学者らが、歴代大統領の査定を行ってきた。ワシントン、リンカーン、フランクリン・ローズヴェルトは、上位の常連である。これらの大統領は、必死で高いハードルを飛び越えた。それが「ジェダイの精神融合」だろうと何だろうと、とにかく彼らはハードルを飛び越えた。それが、彼らの「遺産」なのだ。だから業半ばで暗殺されたケネディの、歴史学者らの評価は実績の少なさゆえに低い。

思えば、リンカーン以外、オバマほど歴史に残る自らの立ち姿をひたと見据えていた大統領は稀だ。その下地は、オバマの少年&青年時代の、仮借ない「自己生体解剖」で鍛え上げられていた。

リンカーンのその側面、歴史の中で果たす自身の役割への洞察が、最も生々しいリアリティをもって描かれるのは、何度か触れてきたジョシュア・ウルフ・シェンクのリンカーン像である。シェンクのリンカーン像では鬱病がその洞察への契機となる。オバマの自身の「立ち姿」の錬磨は、ケニア人の「不在の父親」、南部白人の母親、その母親の両親、すなわち白人の祖父母に育てられた背景に起因していた。特に、祖父は閉鎖的な南部からハワイという最西端のアメリカへ逃れ、孫は祖父の逃走路を逆走、ついに最初の「2分の1混血児大統領」となりおおせた。

これほどの黒人の才能開花を目撃していなかったリンカーンの黒人観は、限界があった。しかし、今日、残されたリンカーンの姿は、「白人大統領」という範疇を超越している観がある。そのなにがしかは、オバマがあれほどリンカーンを拠り所とし続けてきたことに起因する。

公民権運動は、それほどはリンカーンを導きの星とはしてこなかった。公民権運動は「統治」以前の活動、「統治への参画権限」を求めるものだったからである。公民権運動の「モーセ世代」が去って、オバマのような「ヨシュア世代」が、自らの「主流化」、つまり「統治」への参画過程で、リンカーンを再びアメリカ史の奥津城(おくつき)から「闘技場」へ呼び戻した。

ただ、繰り返すが、公民権運動では「ヨシュア世代」であるオバマは、大統領としての統治を体験しつつある多民族系としては「モーセ世代」である。翻って、来るべき「2人目の多民族系大統領」は、どのように、オバマを導きの星とすることができるだろうか？

引退して数年後、オバマが後継大統領の誰かにホワイトハウスに招待されて、「リンカーン・ベッドルーム」ではなく、リンカーンが実際に寝起きした部屋に泊まれば、ついに彼はトルーマンのようにリンカーンの幽霊を見るだろうか？　その「後継大統領」がヒラリー・ロダム・クリントンであれば、2008年に沸き起こったアメリカ史の大渦巻きは初めてフルサークルを描くことになるわけだが……。

あとがき

本書の執筆は、2012年のオバマ再選時点で、明石書店常務、大江道雅氏から思いがけずお声をかけて頂いたことが発端だった。しかし残念ながら、本書の仕上げには、再選の興奮がはるかに過ぎ去った今日までかかってしまった。茶会派が営々と日々造り出し続けるぬかるみに足をとられ続けるオバマ像を泥濘から引き出す思いで書き続けた。まさに以下のジョークがぬかるみの深さを表している。「オバマ曰く、『われわれは政権第1期に健保法案を通した。どうやら2期目でもう1度通すことになりそうだ』」。むろん、これはジョークにすぎない。右派評論家マイクル・ガースンがテッド・クルーズを叱ったように、法律は厳然と施行される。

その証拠に、あのジョン・ベイナー連邦下院議長すら11月下旬、首都でオバマ健保の加盟手続きをしようとした。首尾よく悪名高い不具合でドンピシャリ手続きができないと、彼は「それ見たことか!!」と勝ち誇って自分のブログに仰々しく書き立てた。ところが、後書きで自分の加盟手続きが遅れて完了したことをくやしげに追加したのである。

自前の「エクスチェインジ（保険市場）」を開設した州では、カリフォルニアを筆頭に加盟手続きは順調に進行している（まさに「カリフォルニアの過去はアメリカの未来」）。不具合は、以下の州に限られる。すなわち、自前のエクスチェインジ開設を怠り、連邦政府に加盟手続きを代行させた州に手続きの不具合が集中しているのだ。

茶会派が喝采を送るジョークは、質問「レーガン時代とオバマ時代の違いは？」。答え「レーガン時代にはボブ・ホープとジョニー・キャッシュがいた。今ではホープもキャッシュもない」。茶会派の頭では思いつかないジョークで、ジョーク・メイカーらが半分やけくそで悪しき状況を笑うしかないことが窺える。しかし、じりじりと景気回復は続き、ホープもキャッシュも戻ってきつつある。

編集は、岡留洋文さんにお願いした。詳細に目を通して頂き、感謝している。

2013年12月　オバマが前門の虎（シャットダウン）と後門の狼（国家債務上限引上げ拒否米議会）を脱した後。そして2014年2月7日で期限が切れる上限引き上げをめぐる鍔迫り合いを、オバマはどう切り抜けるか?

越智　道雄

〈著者紹介〉

越智道雄（おち・みちお）

1936年愛媛県生まれ。明治大学名誉教授。日本翻訳家協会評議員、日本ポップカルチャー学会顧問、日本ペンクラブ会員（元理事、元国際委員長）。

《主要著訳書》

著書に、『ワスプ（WASP）――アメリカン・エリートはどうつくられるか』（中公新書）、『ブッシュ家とケネディ家』（朝日選書）、『なぜアメリカ大統領は戦争をしたがるのか？』（アスキー新書）、『誰がオバマを大統領に選んだのか』（NTT出版）、『オバマ・ショック』（町山智浩との共著、集英社新書）、『アメリカ合衆国の異端児たち』『大英帝国の異端児たち』（共に日経プレミアシリーズ）、『オーストラリアを知るための58章〈第3版〉』（明石書店）、『ジョージ・ソロス伝』（李白社、発売元ビジネス社）、『大統領選からアメリカを知るための57章』『ニューヨークからアメリカを知るための76章』（共に明石書店）ほか、訳書に、『ヴィジュアル・ヒストリー　アメリカ――植民地時代から覇権国家の未来まで』（アレン・ワインスタインほか著、東洋書林）、『白人の歴史』（ネル・アーヴィン・ペインター著、東洋書林）ほか。

オバマ　「黒人大統領」を救世主と仰いだアメリカ

2014年2月1日　初版第1刷発行

著　者　越　智　道　雄
発行者　石　井　昭　男
発行所　株式会社　明石書店
〒101-0021 東京都千代田区外神田6-9-5
電話 03（5818）1171
FAX 03（5818）1174
振替 00100-7-24505
http://www.akashi.co.jp
組版／装丁　明石書店デザイン室
印刷／製本　モリモト印刷株式会社

（定価はカバーに表示してあります）　ISBN978-4-7503-3959-7